# DUITSE ZINSSTRUCTUREN

Gebaseerd op het populaire:

*German Sentence Builders: A lexicogrammar approach*

## Beginner tot Halfgevorderde

THE LANGUAGE GYM

# Over de auteurs

**Gianfranco Conti** heeft 25 jaar lesgegeven op scholen in Italië, het Verenigd Koninkrijk en in Kuala Lumpur, Maleisië. Hij is ook een universitair docent geweest, heeft een master in toegepaste linguïstiek en een PhD in metacognitieve strategieën toegepast op het schrijven in een tweede taal. Hij is nu auteur, een populaire onafhankelijke onderwijsadviseur en professionele ontwikkelingsprovider. Hij heeft ongeveer 2.000 bronnen voor de TES website geschreven, die hem in 2015 bekroonde met 'the Best Resources Contributor'. Hij is co-auteur van het best verkopende en invloedrijke boek voor taaldocenten, "The Language Teacher Toolkit" en "Breaking the sound barrier: Teaching learners how to listen" waarin hij zijn Listening As Modelling-methodologie naar voren brengt. Gianfranco schrijft een invloedrijk blog over het verwerven van een tweede taal, The Language Gym genaamd, was medeoprichter van de interactieve website language-gym.com en de Facebook beroepsgroep Global Innovative Language Teachers (GILT). Last but not least, Gianfranco heeft de educatieve aanpak ontwikkeld die bekend staat als E.P.I. (Extensive Processing Instruction).

**Dylan Viñales** heeft 15 jaar lesgegeven op scholen in Bath, Beijing en Kuala Lumpur in staatsonafhankelijke en internationale instellingen. Hij woont in Kuala Lumpur. Hij spreekt vloeiend vijf talen, en redt zich in een reeks andere talen. Dylan is naast leraar een professionele ontwikkelingsprovider, gespecialiseerd in E.P.I., metacognitie, talen onderwijzen via muziek (in het bijzonder ukulele) en cognitieve psychologie. In de afgelopen vijf jaar implementeerde hij samen met Dr. Conti E.P.I. in een van de beste internationale scholen ter wereld: Garden International School. Hierdoor kon hij dagelijks de volgorde en activiteiten van dit boek testen met uitstekende resultaten (zijn leerlingen hebben zowel lokale als internationale taalcompetities gewonnen). Hij ontwierp een uniek curriculum voor Spaans, op maat gemaakt instructiemateriaal, gebaseerd op lezen en luisteren als modellering (RAM and LAM). Dylan is medeoprichter van de snelst groeiende professionele ontwikkelingsgroep voor docenten moderne vreemde talen op Facebook, Global Innovative Languages Teachers, waaronder meer dan 12.000 leraren uit alle hoeken van de wereld. Hij schrijft een invloedrijke blog over moderne taaldidactiek waarin hij het onderwijzen van talen ondersteunt via E.P.I. Dylan is de hoofdauteur van de Spaanse inhoud op de Language Gym-website en houdt toezicht op de technologische ontwikkeling van de site. Hij is momenteel bezig met de NPQML-kwalificatie, waarna hij van plan is een master in tweede taalverwerving te gaan volgen.

**Martin Ringenaldus** onderwijst sinds 2004 Duits op een school voor voortgezet onderwijs in Nederland. Daarvoor werkte hij als procesmanager in de automatisering. Martin studeerde Duitse taal- en letterkunde aan de Rijksuniversiteit Leiden en volgde daarna een ICT-opleiding aan het LIACS. In 2015 stopte hij met het geven van cijfers voor toetsen in het vmbo. Vanaf dat moment verdiepte hij zich in formatief handelen en in de cognitieve psychologie. Alles wat hij hierdoor leerde over leerstrategieën en de cognitieve belastingstheorie, vond hij terug in de E.P.I.-aanpak van Dr Conti. Het vertalen van het boek "German Sentence Builders" van Gianfranco Conti, Dylan Viñales en Thomas Weidner is voor Martin een logische stap in het proces om de E.P.I.-aanpak binnen de sectie Duits op zijn school te implementeren. De eerste resultaten zijn veelbelovend. Zijn leerlingen boeken meer leerwinst en kunnen zich veel beter en in correct taalgebruik uiten in het Duits.

# Woord van dank

Oorspronkelijk was dit boek een Engelstalig werkboek voor Engelstalige leerlingen die Duits leren. Het was een enorme en tijdrovende klus om dit werkboek naar het Nederlands te vertalen. Toen Martin het Engelstalige werkboek in de zomer van 2020 in handen kreeg, wist hij direct dat dit werkboek past bij alles wat hij over cognitieve psychologie en de cognitieve belastingstheorie had geleerd. Hij wilde het boek inzetten in de eigen lespraktijk. Om dit op een legale wijze te kunnen doen, zocht hij contact met Dr. Gianfranco Conti en Dylan Viñales. Martin wil hen bedanken voor de kans en het vertrouwen die zij hem hebben gegeven om dit boek te mogen vertalen naar het Nederlands. Bijzondere dank gaat uit naar Dylan met wie Martin door het tijdsverschil met Maleisië veelal in de nachtelijke uren vele malen heeft overlegd over de vormgeving en de opmaak van de inhoud van het boek. Ten opzichte van het originele boek zijn in overleg de nodige verbeteringen in opmaak en vormgeving doorgevoerd, waardoor oefeningen in het boek overzichtelijker en duidelijker zijn geworden. Martin dankt Dylan ook voor de opgebouwde vriendschap en de lol gedurende het vertaalproces en spreekt de wens uit hem ooit in levende lijve ergens op aarde te mogen ontmoeten.

Martin spreekt zijn dank vooral ook uit naar zijn vrouw en kinderen voor wie hij gedurende het vertaalproces niet altijd beschikbaar was, in het bijzonder tijdens de schoolvakanties omdat vooral in die periodes tijd gevonden moest worden om het boek te kunnen vertalen.

Dank gaat ook uit naar collega's en leerlingen die Martin van tijd tot tijd wezen op enkele typfouten en andere onvolkomenheden waardoor deze op tijd hersteld konden worden.

Speciale dank gaat uit naar Gert Verbrugghen, een leraar Engels, die met Martin meedacht over een passende vertaling van de titel van het boek en die Martin zo nu en dan adviseerde over de vertalingen vanuit het Engels naar het Nederlands van de introductie van het boek.

# Inleiding

Hallo en welkom bij het eerste 'tekstboek' dat is ontworpen als begeleiding bij een Duitse E.P.I.-cursus. Het boek is uit noodzaak tot stand gekomen, omdat een dergelijk hulpmiddel voorheen niet bestond.

### Hoe je dit boek gebruikt als je bekend bent met onze E.P.I. aanpak

Dit boek is oorspronkelijk ontworpen als hulpmiddel om te gebruiken in combinatie met onze E.P.I. aanpak en leerstrategieën. Onze cursus geeft de voorkeur aan het overspoelen van de leerlingen met begrijpelijke input, het organiseren van inhoud door communicatieve functies en gerelateerde constructies en een grote focus op lezen en luisteren als modellering. Het doel van dit boek is om de beginnende tot de halfgevorderde leerling taalkundige hulpmiddelen te bieden - hoogfrequente structuren en woordenschat - die nuttig zijn voor communicatie in het echte leven. Aangezien in een typisch E.P.I. hoofdstuk auditief en mondeling werk een grote rol spelen, moet dit boek niet worden gezien als een E.P.I. cursusboek, maar eerder als een **nuttige bron** om uw Luisteren-Als-Modellering- en spreekactiviteiten **aan te vullen**.

### Hoe je dit boek gebruikt als je NIET bekend bent met onze aanpak

Als alternatief kunt u dit boek voor uw lessen gebruiken als een bron van afdrukbaar materiaal waar u van tijd tot tijd uit kunt putten. Hoewel ons curriculum is ingericht naar communicatieve functies in plaats van onderwerpen, hebben we doelbewust de doelconstructies ingebed in onderwerpen die populair zijn bij docenten en die vaak worden aangetroffen in gepubliceerde lesboeken.

Als u meer wilt weten over E.P.I. zou u de blogs van één van de auteurs kunnen lezen. De beste leidraad is Dr. Conti's "Patterns First - How I Teach Lexicogrammar", die te vinden is op zijn blog (www.gianfrancoconti.com). Er zijn ook blogs op de wordpress-site van Dylan (mrvinalesmfl.wordpress.com) zoals "Using sentence builders to reduce (everyone's) workload and create more fluent linguists", die kunnen worden gelezen om lesideeën op te doen en om te leren hoe een cursus te structureren, door alle stadia van E.P.I.

Het boek "Breaking the Sound Barrier: Teaching Learners how to Listen" van Gianfranco Conti en Steve Smith, geeft een gedetailleerde beschrijving van de aanpak en van de luister- en spreekactiviteiten die u in synergie met dit boek kunt gebruiken.

# De basisstructuur van het boek

Het boek bevat 19 hoofdstukken die te maken hebben met een specifieke communicatieve functie, zoals 'Het uiterlijk en de persoonlijkheid van mensen beschrijven', 'Mensen vergelijken en contrasteren', 'Zeggen wat je wel en niet leuk vindt' of 'Zeggen wat jij en anderen in de vrije tijd doen'. In de inhoudsopgave van dit boek is per hoofdstuk de communicatieve functie aagegeven. Elk hoofdstuk bevat:

- een schema met zinsstructuren die constructies in de doeltaal modelleren;
- een reeks oefeningen om de woordenschat op te bouwen;
- een reeks zeer begrijpelijke leesteksten die worden gebruikt voor een diversiteit aan taken die zich richten op zowel de betekenis als de structuur van de tekst;
- een reeks vertaaltaken om de stof op te halen;
- een reeks schrijftaken gericht op belangrijke microvaardigheden zoals spelling, ophalen van woordenschat, syntax en bewerken en communiceren van betekenis.

Elk schema met zinsstructuren aan het begin van een hoofdstuk bevat één of meer constructies die zijn geselecteerd met *real-life* communicatie in gedachten. Elk hoofdstuk is rond die constructie(s) gebouwd, <u>maar niet uitsluitend daarop</u>. Gebaseerd op het principe dat elke EPI-instructiereeks van modellering naar productie moet gaan, breidt elk hoofdstuk het materiaal in elk schema met zinsstructuren uit door het in te bedden in teksten en stapsgewijs opgebouwde taken die zowel bekende als onbekende (maar begrijpelijke en leerbare) woordenschat en structuren bevatten. Door veel en zorgvuldig hergebruik en uitgebreide verwerking van de input, heeft de leerling aan het einde van elk hoofdstuk veel mogelijkheden om met de nieuwe woordenschat en patronen geconfronteerd te worden en deze te verwerken met materiaal van voorgaande hoofdstukken.

Naast de hoofdstukken bevat het boek:

- grammaticablokken: één of twee pagina's met activiteiten regelmatig verspreid tussen de hoofdstukken. Ze richten zich expliciet op de belangrijkste grammaticale structuren die de generatieve kracht van de schema's met zinsstructuren versterken. Op dit niveau gaan ze vooral over de vervoegingen van belangrijke werkwoorden in de tegenwoordige tijd, geven ze de leerlingen een inleiding tot het gebruik van naamvallen en bieden ze mogelijkheden om vertrouwen op te bouwen met de Duitse woordvolgorde;
- blokken vraagvaardigheden: één of twee pagina's over het begrijpen en maken van vragen. Ook deze blokken komen regelmatig verspreid tussen de hoofdstukken in het boek voor, om dezelfde vraagpatronen in verschillende taalkundige contexten te hergebruiken;
- blokken 'Even Herhalen': dit zijn herhalingsoefeningen die erop gericht zijn de eerder geleerde woordenschat levend te houden. Ook deze komen regelmatig voor;
- zelftesten: deze tref je aan het einde van het boek aan. Ze zijn verdeeld in twee secties, een voor minder zelfverzekerde een een voor meer zelfverzekerde leerlingen.

Het doel van alle bovenstaande blokken is om veel systematisch hergebruik en afwisseling te implementeren, twee technieken die een sterkere retentie en overdracht van leren mogelijk maken.

# Overige belangrijke *waarschuwingen*

1) Dit is een boek '**zonder franje**'. Dit betekent dat slechts een beperkt aantal illustraties (uitsluitend op de titelpagina's van de hoofdstukken) is gebruikt. Dit is omdat we elk afzonderlijk onderdeel van dit boek nuttig willen laten zijn. Als gevolg daarvan hebben we een substantieve hoeveelheid content samengepakt ten koste van het uiterlijk. In het bijzonder hebben we grondig nagedacht over zowel **herhalen** als **afwisselen** om ervoor te zorgen dat belangrijke constructies woorden en grammaticale items regelmatig opnieuw worden bekeken om hun retentie exponentieel te verbeteren.

2) **Luisteren** als modellering is een belangrijk onderdeel van E.P.I. In de toekomst zal er een bijbehorend luisterboekje uitgebracht worden dat luisteroefeningen voor alle 19 hoofdstukken zal bevatten volgens dezelfde inhoud als dit boek. In deze oefeningen worden leerlingen veelvuldig blootgesteld aan de te leren Duitse zinsstructuren.

3) Een **antwoordenboekje** is ook verkrijgbaar, voor hen die dat graag willen. We hebben het apart gemaakt om te voorkomen dat dit boek erg omvangrijk zou worden.

4) Dit boek is geschikt voor **beginnende** tot **halfgevorderde** leerlingen. Dit verhoudt zich tot een **ERK A1-A2** niveau, of een beginner **klas 2-3**. Je hoeft niet bij het begin te beginnen, hoewel je in sommige hoofdstukken zal willen duiken voor revisie/herhaling. Je hoeft het boek niet in volgorde te doorlopen, hoewel velen van jullie dat wellicht zullen doen, en als je het doet, zul je profijt hebben van de specifieke herhalings- en afwisselingsstrategieën. Hoe dan ook, alle onderwerpen worden regelmatig herhaald door het boek heen.

We hopen dat jij en je leerlingen dit boek nuttig zullen vinden en met plezier zullen gebruiken.

**Gianfranco, Dylan, Thomas en Martin**

# INHOUDSOPGAVE


| | Titel van het hoofdstuk | Communicatieve functie | Pag. |
|---|---|---|---|
| **1** | Vertellen over mijn leeftijd | Jezelf en andere mensen beschrijven | 1 |
| **2** | Vertellen wanneer mijn verjaardag is | Jezelf en andere mensen beschrijven | 7 |
| **3** | Haar en ogen beschrijven | Jezelf en andere mensen beschrijven | 13 |
| **4** | Vertellen waar ik woon en waar ik vandaan kom<br>Hoofdstuk 4a: Vertellen over het weer | Locatie aangeven | 19 |
| **5** | Vertellen over mijn familieleden, hun leeftijd vertellen en hoe goed we het met hen kunnen vinden. Tellen tot 100 | Mensen en relaties beschrijven | 31 |
| | **Even Herhalen 1:** Getallen 1-100 / Datums / Verjaardagen | | 36 |
| **6** | Deel 1: Mijzelf en andere familieleden beschrijven | Jezelf en andere mensen beschrijven | 37 |
| | **Tijd voor Grammatica 1:** SEIN (Deel 1) | | 40 |
| | **Tijd voor Grammatica 2:** HABEN (Deel 1) | | 43 |
| | Deel 2: Mijn familie beschrijven en vertellen waarom ik ze mag of niet mag<br>Unit 6a: Vertellen over vaardigheden | Mensen en relaties beschrijven en meningen uiten | 45 |
| **7** | Vertellen over huisdieren (die ik heb en die ik graag zou willen hebben); standaard vragen stellen | Mensen/Dieren beschrijven en vragen stellen | 54 |
| | **Tijd voor Grammatica 3:** HABEN (Deel 2) - Huisdieren en beschrijving | | 60 |
| | **Tijd voor Grammatica 4:** EEN, DE/HET, en MIJN in de eerste en vierde naamval | | 61 |
| | **Vraagvaardigheden 1:** Leeftijd / beschrijvingen / huisdieren | | 63 |
| **8** | Vertellen wat voor werk mensen doen, waarom ze hun werk leuk/niet leuk vinden en waar ze werken | Mensen beschrijven, meningen uiten en locatie aangeven | 65 |
| | **Tijd voor Grammatica 5:** WOHNEN & ARBEITEN en andere regelmatige werkwoorden in de tegenwoordige tijd | | 70 |
| | Hoofdstuk 8a: FINDEN + 4e naamval om een mening te uiten | Meningen uiten | |
| | **Tijd voor Grammatica 6:** SEIN (Deel 2) - Jobs | | 74 |
| **9** | Het uiterlijk en de persoonlijkheid van mensen vergelijken | Vergelijken en contrasteren | 76 |
| | **Even Herhalen 2:** Familie / Huisdieren / Beroepen | | 81 |
| **10** | Vertellen wat in mijn schooltas zit / klaslokaal / kleuren beschrijven | Aangeven wat je hebt en voorwerpen beschrijven | 82 |
| | **Tijd voor Grammatica 7:** HABEN + onbepaald lidwoord + zelfstandig naamwoord | | 88 |
| | **Tijd voor Grammatica 8:** HABEN + onbepaald lidwoord + bijv. nw. + zelfst. nw. | | 91 |
| **11** | Vertellen over voedsel (Deel 1): Voorkeuren / afkeuren / redenen | Voedsel beschrijven en meningen uiten | 94 |

| | | | |
|---|---|---|---|
| | **Tijd voor Grammatica 9:** ESSEN & TRINKEN + gern/lieber/am liebsten | | 100 |
| **12** | Vertellen over voedsel (Deel 2): voorkeuren / afkeuren / maaltijden | Routinegedrag beschrijven in het heden, tijd aangeven en meningen uiten | 103 |
| | **Tijd voor Grammatica 10:** Woordvolgorde in hoofdzinnen | | 108 |
| | **Vraagvaardigheden 2:** Beroepen / Schooltas / Voedsel | | 111 |
| **13** | Vertellen over kleding en accessoires die ik draag, hoe vaak en wanneer | Mensen beschrijven, routinegedrag in het heden en tijd aangeven | 112 |
| | **Tijd voor Grammatica 11:** TRAGEN + onbepaald lidwoord + bijv. nw. + zelfst. nw. | | 117 |
| | **Tijd voor Grammatica 12:** Woordvolgorde in bijzinnen | | 119 |
| | **Even Herhalen 3:** Beroepen, voedsel, kleding en getallen 20-100 | | 121 |
| **14** | Vertellen wat ik en anderen in onze vrije tijd doen | Routinegedrag beschrijven in het heden en tijd aangeven | 122 |
| | **Tijd voor Grammatica 13:** SPIELEN, MACHEN, GEHEN + Gebruik van bijwoorden om interesse toe te voegen | | 128 |
| | **Tijd voor Grammatica 14:** 3 soorten voegwoorden | | 131 |
| **15** | Vertellen over het weer en vrije tijd | Gebeurtenissen en routinegedrag beschrijven in het heden en locatie aangeven | 133 |
| | **Tijd voor Grammatica 15:** SPIELEN, MACHEN, GEHEN (Deel 2) & SEIN, HABEN (Deel 3) | | 139 |
| | **Even Herhalen 4:** Weer / Vrije tijd / Kleding | | 141 |
| | **Vraagvaardigheden 3:** Weer / Vrije tijd / Kleding | | 142 |
| **16** | Vertellen over mijn dagelijkse routine | Routinegedrag beschrijven in het heden, tijd en volgorde van activiteiten aangeven | 143 |
| | **Even Herhalen 5:** Kleding / Voedsel / Vrije tijd / Mensen beschrijven | | 150 |
| **17** | Mijn huis beschrijven, locatie aangeven & vertellen wat ik er leuk en niet leuk aan vind | Locatie aangeven, dingen beschrijven en voorkeur / afkeer uiten | 152 |
| | **Tijd voor Grammatica 16:** WOHNEN + locaties in de derde naamval | | 158 |
| | **Tijd voor Grammatica 17:** REFLEXIEVE WERKWOORDEN (Deel 1) | | 160 |
| | **Tijd voor Grammatica 18:** ES GIBT + onbepaald lidwoord + bijv. nw. + zelfst. nw. | | 162 |
| **18** | Vertellen wat ik thuis doe, hoe vaak, wanneer en waar | Routinegedrag beschrijven in het heden, tijd, frequentie en locatie | 165 |
| | **Tijd voor Grammatica 19:** Bestemmingen vs Locaties | | 171 |
| | **Tijd voor Grammatica 20:** SPIELEN, MACHEN, GEHEN (Deel 3) | | 173 |
| **19** | Vertellen over toekomstige plannen voor vakanties | Toekomstplannen maken, tijd en locatie aangeven, en meningen uiten | 175 |
| | **Even Herhalen 6:** Dagelijkse routine / Huis / Leven thuis / Vakanties | | 181 |
| | **Vraagvaardigheden 4:** Dagelijkse routine / Huis / Leven thuis / Vakanties | | 183 |
| **20** | Woordenschat toetsen | | 184 |

# Hoofdstuk 1
# Vertellen over mijn leeftijd

Ich bin fünfzehn Jahre alt.

Sie ist zehn Jahre alt.

Ich bin sechs Jahre alt.

Er ist ein Jahr alt.

# HOOFDSTUK 1
## Vertellen over mijn leeftijd

| Ich<br>*Ik* | heiße<br>*heet* | Alex<br>Ben<br>Clara<br>Dennis<br>Finn<br>Hannah<br>Jonas<br>Julia | und<br><br>*en* | ich bin<br><br>*ik ben* | ein<br>zwei<br>drei<br>vier<br>fünf<br>sechs<br>sieben<br>acht | 1<br>2<br>3<br>4<br>5<br>6<br>7<br>8 | **Jahr alt** *jaar oud*<br>**Jahre alt** *jaar oud* |
|---|---|---|---|---|---|---|---|
| **Mein Bruder**<br>*Mijn broer*<br><br>**Meine Schwester**<br>*Mijn zus* | heißt<br>*heet* | Leonie<br>Luzi<br>Max<br>Michi<br>Nina<br>Paul<br>Sarah<br>Simon<br>Stefan<br>Tim<br>Toni<br>Yildiz | | er ist<br>*hij is*<br><br><br>sie ist<br>*zij is* | neun<br>zehn<br>elf<br>zwölf<br>dreizehn<br>vierzehn<br>fünfzehn<br>sechzehn<br>siebzehn<br>achtzehn<br>neunzehn<br>zwanzig<br>einundzwanzig<br>… | 9<br>10<br>11<br>12<br>13<br>14<br>15<br>16<br>17<br>18<br>19<br>20<br>21 | |

**Opmerking:**

*Als je telt, is het woord voor nummer 1 in het Duits "eins".*

*Bijv. 1, 2, 3… = „eins, zwei, drei"*

# Hoofdstuk 1. Vertellen over mijn leeftijd: WOORDENSCHAT OPBOUWEN

## 1. Combineer

| | |
|---|---|
| **ein Jahr** | zeven jaar |
| **zwei Jahre** | vier jaar |
| **drei Jahre** | vijf jaar |
| **vier Jahre** | zes jaar |
| **fünf Jahre** | elf jaar |
| **sechs Jahre** | tien jaar |
| **sieben Jahre** | twaalf jaar |
| **acht Jahre** | negen jaar |
| **neun Jahre** | twee jaar |
| **zehn Jahre** | acht jaar |
| **elf Jahre** | een jaar |
| **zwölf Jahre** | drie jaar |

## 2. Vul het ontbrekende woord in

a. Ich bin __________ Jahre alt.    *Ik ben veertien jaar oud.*

b. Mein Bruder __________ Max.    *Mijn broer heet Max.*

c. Ich __________ Stefan.    *Ik heet Stefan.*

d. Mein Bruder __________ zwei.    *Mijn broer is twee.*

e. Meine Schwester ist __________.    *Mijn zus is vier.*

f. __________ heiße Anna.    *Mijn naam is Anna.*

| | | |
|---|---|---|
| vier | ist | heißt |
| ich | vierzehn | heiße |

## 3. Vertaal naar het Nederlands

a. Ich heiße …

b. Ich bin sechs Jahre alt.

c. Ich bin zwölf Jahre alt.

d. Er ist vierzehn Jahre alt.

e. Sie ist acht Jahre alt.

f. Er heißt …

g. Mein Bruder ist …

h. Meine Schwester ist …

i. Sie heißt …

## 4. Gebroken woorden

a. ich b_____    *ik ben*

b. ich hei_____    *ik heet*

c. meine Schwe_______    *mijn zus*

d. zw_____    *twaalf*

e. fünfz______    *vijftien*

f. e_____    *elf*

g. ne_____    *negen*

h. vier______    *veertien*

i. a_____    *acht*

## 5. Orden de mensen hieronder van oudste naar jongste zoals in het voorbeeld te zien is

| | |
|---|---|
| Nina ist fünfzehn Jahre alt. | 1 |
| Finn ist dreizehn Jahre alt. | |
| Julia ist fünf Jahre alt. | |
| Toni ist ein Jahr alt. | |
| Max ist zwölf Jahre alt. | |
| Selim ist drei Jahre alt. | |
| Lena ist acht Jahre alt. | |
| Luzi ist elf Jahre alt. | |

## 6. Schrijf voor elk paar mensen op wie van beide de oudste is, zoals te zien is in het voorbeeld

| A | B | ouder |
|---|---|---|
| Ich bin elf Jahre alt. | Ich bin drei Jahre alt. | A |
| Ich bin acht Jahre alt. | Ich bin sieben Jahre alt. | |
| Ich bin vierzehn Jahre alt. | Ich bin neun Jahre alt. | |
| Ich bin ein Jahr alt. | Ich bin sechs Jahre alt. | |
| Ich bin zwölf Jahre alt. | Ich bin vier Jahre alt. | |
| Ich bin dreizehn Jahre alt. | Ich bin fünfzehn Jahre alt. | |
| Ich bin zehn Jahre alt. | Ich bin zwei Jahre alt. | |

# Hoofdstuk 1. Vertellen over mijn leeftijd: LEZEN

Ich heiße Alex. Ich bin zwölf Jahre alt und ich wohne in Berlin. Das ist die Hauptstadt von Deutschland! Ich habe einen Bruder. Er heißt Max und er ist vierzehn Jahre alt.

Ich heiße Tim. Ich bin zehn Jahre alt und ich wohne in Bern. Das ist die Hauptstadt der Schweiz. Ich habe eine Schwester. Sie heißt Barbara und sie ist fünf Jahre alt. Ich habe auch einen Bruder. Er heißt Finn und er ist neun Jahre alt.

Ich heiße Laura. Ich bin dreizehn Jahre alt und ich wohne in Wien. Das ist die Hauptstadt von Österreich. Ich habe einen Bruder. Er heißt Roberto und er ist fünfzehn Jahre alt.

Ich heiße Luise. Ich bin neun Jahre alt und ich wohne in Brüssel. Das ist die Hauptstadt von Belgien. Ich habe eine Schwester. Sie heißt Luzi und sie ist elf Jahre alt. Ich habe auch einen Bruder. Er heißt Pierre und er ist vierzehn Jahre alt.

## 1. Vind het Duits voor de volgende woorden in de tekst van Alex

a. ik woon in

b. Dat is de hoofdstad

c. Ik heb een broer.

d. Ik ben twaalf jaar oud.

e. Hij heet

f. van Duitsland

g. hij is veertien jaar oud.

## 2. Beantwoord deze vragen over Tim

a. Waar woont Tim?

b. Hoe oud is hij?

c. Hoeveel broers en/of zussen heeft hij?

d. Wat zijn hun namen en leeftijden?

Ich heiße Marcel. Ich bin vierzehn Jahre alt und ich wohne in Vaduz. Das ist die Hauptstadt von Liechtenstein. Ich habe keine Geschwister, aber ich habe einen Cousin. Er heißt Linus und er ist zwölf Jahre alt. Ich habe auch eine Cousine. Sie heißt Maja und sie ist sieben Jahre alt.

## 3. Vul onderstaande tabel in

|  | Leef-tijd | Land | Hoeveel broers/zussen | Leeftijd broers/zussen |
|---|---|---|---|---|
| Laura |  |  |  |  |
| Tim |  |  |  |  |
| Alex |  |  |  |  |

Ich heiße Anna. Ich bin elf Jahre alt und ich wohne in Bozen. Das ist in Südtirol. Ich habe keine Schwester, aber ich habe zwei Brüder. Sie heißen Martin und Johannes. Martin ist mein großer Bruder, er ist dreizehn Jahre alt. Johannes ist mein kleiner Bruder, er ist sieben Jahre alt.

## 4. Luise, Marcel of Anna?

a. Wie woont in het noorden van Italië?

b. Wie heeft een 11 jaar oude zus?

c. Wie heeft geen broers en zussen maar een neef en een nicht?

d. Wie heeft een oudere broer van 13 jaar oud?

e. Wie heeft een 14 jaar oude broer?

# Hoofdstuk 1. Vertellen over mijn leeftijd: VERTALEN

## 1. Slechte vertaling: vind en verbeter (in het Nederlands) alle vertaalfouten die je hieronder vindt

a. Ich heiße Olivia. *Haar naam is Olivia.*

b. Ich habe zwei Schwestern. *Ik heb twee broers.*

c. Meine Schwester heißt Petra. *Mijn tante heet Petra.*

d. Mein Bruder ist fünf Jahre alt. *Mijn zus is 5.*

e. Ich bin fünfzehn Jahre alt. *Ik ben veertien.*

f. Mein Bruder ist acht. *Mijn broer is zeven.*

g. Ich habe keine Geschwister. *Ik heb geen zussen.*

h. ... aber ich habe einen Onkel *... maar ik heb een tante*

i. Ich bin elf Jahre alt. *Ik ben 13 jaar oud.*

j. Er heißt Jens. *Zij heet Jens.*

## 2. Vertaal van Duits naar Nederlands

a. Mein Bruder heißt Jonas.

b. Ich bin fünfzehn Jahre alt.

c. Mein Bruder ist sechs Jahre alt.

d. Meine Schwester heißt Annika.

e. Ich bin sieben Jahre alt.

f. Ich wohne in Berlin.

g. Meine Schwester ist dreizehn Jahre alt.

h. Ich habe einen Bruder und eine Schwester.

i. Ich habe keine Schwester.

j. Franzi ist neun Jahre alt.

## 3. Vertaal van Nederlands naar Duits

a. Ik heet Max. Ik ben zeven jaar oud.

b. Mijn broer is veertien.

c. Ik ben twaalf jaar oud.

d. Mijn zus heet Julia.

e. Ik ben vijftien.

f. Ik heb een broer en een zus.

g. Mijn naam is Miriam en ik ben dertien.

h. Ik heb geen zus, maar ik heb een broer.

i. Ik heet Sebastian. Ik ben tien. Ik heb een broer en een zus.

# Hoofdstuk 1. Vertellen over mijn leeftijd: SCHRIJVEN

## 1. Vul de woorden aan

a. I___ h________ Max.

b. I___ b___ vierz______ J______ a___.

c. I___ h_______ ein___ Br_______r.

d. Me___e Schw________ he_______ Lisa.

e. I___ h______e Kathrin.

f. Me___ Br_________ h_____t Niko.

g. ___h b___ d___i J_______ ___t.

h. M_____e Sch_________ h______ Miriam.

## 2. Schrijf de getallen in het Duits

negen     n____________

tien     z____________

twaalf     z____________

vijftien     f____________

veertien     v____________

acht     a____________

dertien     d____________

elf     e____________

## 3. Vind en verbeter de spelfouten

a. Ich heißen Mark.

b. Ich bin driezehn Jahr alt.

c. Mein Bruder is funf Jahre alt.

d. Meine Swester heiße Birte.

e. Ich hieße Patrick.

f. Meine Bruder heiße Matthias.

## 4. Vul een passend woord in

a. Meine Schwester _________ Laura.

b. _______ Bruder ist fünfzehn Jahre alt.

c. Ich _______ Timo.

d. Ich habe einen __________.

e. Ich habe eine __________.

f. Sie _________ Andrea.

g. Mein Bruder ist neunzehn _______ alt.

## 5. Geleid schrijven – Beschrijf elke persoon hieronder in een korte alinea in de eerste persoon enkelvoud ['ik']

| Naam | Leef-tijd | Woont in | Land | Naam en leeftijd broer | Naam en leeftijd zus |
|---|---|---|---|---|---|
| **Yildiz** | 14 | Berlin | Duitsland | Ahmed 9 | Ellen 8 |
| **Simon** | 15 | Zürich | Zwitserland | Alex 13 | Valentina 10 |
| **Michael** | 11 | Innsbruck | Oostenrijk | Thomas 7 | Gerda 12 |
| **Eva** | 10 | Bozen | Zuid-Tirol | Antonio 6 | Chiara 1 |

## 6. Beschrijf deze persoon in de derde persoon:

**Naam:**     Lars

**Leeftijd:**     12

**Woont in:**     Hamburg

**Broer:**     Tim, 10 jaar oud

**Zus:**     Sarah, 14 jaar oud

# HOOFDSTUK 2
# Vertellen wanneer mijn verjaardag is

**In dit hoofdstuk leer je te vertellen:**

- Waar jij en iemand anders (bijv. een vriend) vandaan komen
- Wanneer jouw verjaardag is
- Getallen van 15 t/m 31
- Maanden
- Namen van locaties waar Duits gesproken wordt
- Waar je woont

| | | | | |
|---|---|---|---|---|
| **Ich heiße Max**<br>*Ik heet Max* | **ich komme aus Berlin**<br>*ik kom uit Berlijn*<br><br>**ich bin X Jahre alt**<br>*ik ben X jaar oud* | **und**    *en*<br><br>**mein Geburtstag ist am**<br>*mijn verjaardag is op* | 1. – **ersten***<br>2. - **zweiten**<br>3. - **dritten**<br>4. - **vierten**<br>5. - **fünften**<br>6. - **sechsten**<br>7. - **siebten**<br>8. - **achten**<br>9. - **neunten**<br>10. - **zehnten**<br>11. - **elften**<br>12. - **zwölften** | **Januar**<br>*januari*<br><br>**Februar**<br><br>**März**<br><br>**April** |
| **Meine Freundin heißt Lena**<br>*Mijn vriendin heet Lena*<br><br>**Mein Freund heißt Toni**<br>*Mijn vriend heet Toni* | **er/sie kommt aus München**<br>*hij/zij komt uit München*<br><br>**er/sie ist X Jahre alt**<br>*hij/zij is X jaar oud* | **und**    *en*<br><br>**sein/ihr Geburtstag ist am**<br>*zijn/haar verjaardag is op* | 13. - **dreizehnten**<br>14. - **vierzehnten**<br>15. - **fünfzehnten**<br>16. - **sechzehnten**<br>17. - **siebzehnten**<br>18. - **achtzehnten**<br>19. - **neunzehnten**<br>20. - **zwanzigsten**<br>21. - **einundzwanzigsten**<br>22. - **zweiundzwanzigsten**<br>23. - **dreiundzwanzigsten**<br>24. - **vierundzwanzigsten**<br>25. - **fünfundzwanzigsten**<br>26. - **sechsundzwanzigsten**<br>27. - **siebenundzwanzigsten**<br>28. - **achtundzwanzigsten**<br>29. - **neunundzwanzigsten**<br>30. - **dreißigsten**<br>31. - **einunddreißigsten** | **Mai**<br><br>**Juni**<br><br>**Juli**<br><br>**August**<br><br>**September**<br><br>**Oktober**<br><br>**November**<br><br>**Dezember** |

***Opmerkingen:***

*(1) Om te zeggen wanneer je verjaardag is, kun je ook gebruiken: 'Ich habe (am ersten Juni) Geburtstag'. Dit is letterlijk vertaald: 'Ik heb (op de eerste juni) verjaardag.' Voorbeelden hiervan zie je in dit hoofdstuk. Let op: bij het geven van een datum gebruik je in het Duits i.p.v. een hoofdtelwoord een lidwoord en een rangtelwoord!*

*(2) In de tabel hierboven zijn de rangtelwoorden van 1 t/m 31 gegeven, zoals je ze nodig hebt om in het Duits een datum te geven. De hoofdtelwoorden (die je bijv. gebruikt om te tellen) voor de getallen 1 t/m 21 kun je vinden in het schema met de zinsstructuren van hoofdstuk 1. Bespreek met je leraar de structuren die je ziet.*

# Hoofdstuk 2. Vertellen wanneer mijn verjaardag is: WOORDENSCHAT

## 1. Vul het ontbrekende woord in

a. Ich _________ Mia.    *Ik heet Mia.*

b. Meine _________ heißt Anna.    *Mijn vriendin heet Anna.*

c. _____ Freund heißt Paul.    *Mijn vriend heet Paul.*

d. mein __________ ist    *mijn verjaardag is*

e. am __________ Juni    *op vijf juni*

f. am ______________ März    *op 18 maart*

g. am neunten __________    *op 9 juli*

h. _____/_____ Geburtstag ist am    *zijn/haar verjaardag is op*

## 2. Combineer

| April | mei |
|---|---|
| **Juli** | mijn verjaardag |
| **Dezember** | mijn vriendin |
| **Mai** | april |
| **Januar** | juli |
| **Februar** | hij/zij heet |
| **mein Geburtstag** | december |
| **mein Freund** | ik heet |
| **meine Freundin** | februari |
| **ich heiße** | januari |
| **er/sie heißt** | mijn vriend |

## 3. Vertaal naar het Nederlands

a. am zwölften Oktober

b. am achten Februar

c. am neunzehnten Juni

d. am fünfundzwanzigsten März

e. am elften August

f. am siebzehnten Dezember

g. am dreißigsten Mai

h. am vierzehnten April

## 4. Vul de ontbrekende letter in

a. Geburt_tag    c. Ma_    e. A_ril    g. J_nuar    i. Jul_    k. De_ember

b. M_rz    d. Febr_ar    f. Jun_    h. A_gust    j. No_ember    l. Sept_mber

## 5. Gebroken woorden

a. a___ d__________ S____________    *op 3 september*

b. a___ f__________ J____________    *op 5 juli*

c. a___ n__________ A____________    *op 9 augustus*

d. a___ d__________ J____________    *op 30 januari*

e. a___ z__________ O____________    *op 20 oktober*

f. a___ n__________ D____________    *op 19 december*

g. a___ s__________ A____________    *op 16 april*

h. a___ v__________ M____________    *op 24 mei*

i. a___ z__________ M____________    *op 12 maart*

## 6. Vul een passend woord in

a. Ich __________ Hansi.

b. Mein __________ ist am zweiten Mai.

c. Ich bin neun _______ alt.

d. Meine ___________ heißt Laura.

e. Laura __________ zehn Jahre alt.

f. Ihr ___________ ist am dritten Juni.

g. Mein ___________ ist am ersten Juli.

h. Mein __________ heißt Max.

i. _____ Geburtstag ist am vierten März.

j. Sein Geburtstag ist _____ ersten April.

k. ______ heiße Gerd Müller.

# Hoofdstuk 2. Vertellen wanneer mijn verjaardag is: LEZEN

Hallo, ich heiße Ben. Ich bin zwölf Jahre alt und ich komme aus Hamburg. Mein Geburtstag ist am zwölften Januar. Mein Freund heißt Luis und er ist dreizehn Jahre alt. Sein Geburtstag ist am achtundzwanzigsten Mai. In meiner Freizeit spiele ich gern Gitarre. Luis auch, wie cool!

Meine Tante heißt Charlotte. Sie ist dreißig Jahre alt und sie ist Lehrerin. Sie hat am einundzwanzigsten September Geburtstag. Charlotte hat einen großen Bruder. Sein Geburtstag ist am siebten Januar.

Hi, wie geht's! Ich heiße Julian. Ich bin einundzwanzig Jahre alt und ich komme aus Graz. Das ist im Süden von Österreich. Ich habe am zehnten September Geburtstag. Meine Freundin heißt Annika und sie ist neunzehn Jahre alt. Sie hat am fünfzehnten April Geburtstag. In meiner Freizeit spiele ich gern Trompete.

Hallo Leute, ich heiße Lena. Ich bin sieben Jahre alt und ich wohne in Leipzig, im Osten von Deutschland. Mein Geburtstag ist am fünften November. Ich habe zwei Brüder, Jens und Maik. Jens ist elf Jahre alt und er ist total nett. Sein Geburtstag ist am dreißigsten März. Maik ist total gemein. Er ist dreizehn Jahre alt und er hat am fünften Januar Geburtstag.

Hallo, na? Ich heiße Anton. Ich bin achtzehn Jahre alt und ich komme aus Aachen. Das ist im Westen von Deutschland. Mein Geburtstag ist am neunten August. Meine kleine Schwester ist vier Jahre alt. Sie ist sehr nett. Sie hat am neunten August Geburtstag. So wie ich!

Mein Freund heißt Luis und er ist siebzehn Jahre alt. Sein Geburtstag ist am fünfundzwanzigsten Oktober.

## 1. Vind het Duits voor de volgende woorden in de tekst van Ben

a. ik heet

b. Ik ben 12 jaar oud.

c. ik kom uit Hamburg.

d. Mijn verjaardag is

e. op twaalf

f. Zijn verjaardag is

g. In mijn vrije tijd

h. Mijn tante

i. heet

j. Zij is 30.

k. op 21

l. Zij heeft een grote broer.

m. op zeven januari

## 2. Beantwoord de volgende vragen over Lena's tekst

a. Hoe oud is zij?

b. Waar woont zij?

c. Wanneer is haar verjaardag?

d. Hoeveel broers heeft zij?

e. Welke broer is erg gemeen?

f. Hoe oud is Maik?

g. Wanneer is zijn verjaardag?

## 3. Vul de ontbrekende woorden in

Ich heiße Max. Ich _______ elf _________ alt und ich _________ aus Köln. Mein ___________________ ist am achtundzwanzigsten Mai. Mein Bruder __________ zehn ___________ alt und sein Geburtstag ist ______ dritten April.

## 4. Vind iemand die ...

a. ... jarig is in november

b. ... uit het zuiden van Oostenrijk komt

c. ... eind maart jarig is

d. ... een tante heeft die 30 jaar oud is

e. ... een erg aardige en een erg gemene broer of zus heeft

f. ... zijn of haar verjaardag met een broer of zus deelt

g. ... 21 jaar oud is

h. ... een klein zusje heeft

i. ... net als zijn vriend gitaarspelen leuk vindt

# Hoofdstuk 2. Vertellen wanneer mijn verjaardag is: VERTALEN

## 1. Slechte vertaling: vind en verbeter (in het Nederlands) alle vertaalfouten die je hieronder vindt

a. Mein Geburtstag ist am sechsundzwanzigsten Mai.
*Zijn verjaardag is op 27 mei.*

b. Ich heiße Laura und ich komme aus der Schweiz.
*Jouw naam is Laura en jij komt uit Zwitserland.*

c. Ich bin vierundzwanzig Jahre alt.
*Ik ben 25 jaar oud.*

d. Mein Freund heißt Stefan und er kommt aus Köln.
*Ik heet Stefan en ik kom uit Keulen.*

e. Ich bin fünfunddreißig Jahre alt.
*Ik ben 34 jaar oud.*

f. Ihr Geburtstag ist am vierten April.
*Mijn verjaardag is op veertien april.*

g. Meine Freundin Ute kommt aus Österreich.
*Mijn vriendin Ute komt uit Australië.*

## 2. Vertaal van Duits naar Nederlands

a. mein Geburtstag ist

b. am fünften Mai

c. meine Freundin heißt

d. ihr Geburtstag ist

e. am ersten Juni

f. am vierzehnten Februar

g. am fünfundzwanzigsten Dezember

h. sein Geburtstag ist

i. am elften März

## 3. Woordgroepen vertalen Nederlands-Duits

a. Mijn naam is …

b. Ik ben elf jaar oud.

c. Mijn verjaardag is …

d. op zeven maart

e. Mijn vriendin heet Maria.

f. Zij is twaalf jaar oud.

g. Haar verjaardag is …

h. op 23 juni

i. op 19 mei

## 4. Zinnen vertalen Nederlands-Duits

a. Ik heet Julia. Ik ben 20 jaar oud. Ik woon in Duitsland. Mijn verjaardag is op 5 juli.

b. Mijn broer heet Peter. Hij is 17 jaar oud. Zijn verjaardag is op 1 april.

c. Mijn vriend heet Luis. Hij is 21 jaar oud en zijn verjaardag is op 12 december.

d. Mijn vriendin heet Angela. Zij is 19 jaar oud en haar verjaardag is op 22 juni.

e. Mijn vriend heet Xaver. Hij is 18 jaar oud. Zijn verjaardag is op 3 januari.

# Hoofdstuk 2. Vertellen wanneer mijn verjaardag is: SCHRIJVEN

## 1. Vul de ontbrekende letters in

a. Ich hei_ _ Luis.

b. Ich kom_ _ a_ _ Frankfurt.

c. Mei_ Geburtst_ _ ist am zweit_ _ M_ _.

d. E_ i_ _ dreize_ _ Jah_ _ al_.

e. Mein_ Freund_ _ he_ _ _ Johanna.

f. Johanna kom_ _ au_ Frankfurt.

g. Mei_ Freu_ _ Nico kom_ _ a_ _ Köln.

h. Nico is_ el_ Ja_ _ _ a_ _.

## 2. Vind en verbeter de spelfouten

a. Mein Geburtstag is am vierten Januar.

b. Ich hieße Luis.

c. Ich komme ous Frankfurt.

d. Meine Freundin heiße Johanna.

e. Johanna ist funfzehn Jahre alt.

f. Ich bin vierzehn jahre alt.

g. Ich habe am ersten Marz Geburtstag.

h. Ich bin zwansig Jahre alt.

## 3. Beantwoord de vragen in het Duits

a. Wie heißt du?

b. Wie alt bist du?

c. Wann ist dein Geburtstag?

d. Wie alt ist dein Bruder/deine Schwester?

e. Wann ist sein/ihr Geburtstag?

## 4. Schrijf de data hieronder uit in woorden zoals in het voorbeeld

a. op 15.05    *am fünfzehnten Mai*

b. op 11.07

c. op 20.04

d. op 07.02

e. op 24.12

f. op 01.06

g. op 04.01

h. op 14.03

## 5. Geleid schrijven – Beschrijf elke persoon hieronder in een korte alinea in de eerste persoon enkelvoud ['ik']

| Naam | Woon-plaats | Leef-tijd | Verjaar-dag | Naam broer | Verjaar-dag broer |
|---|---|---|---|---|---|
| **Jana** | Wien | 15 | 21.07 | Lukas | 03.02 |
| **Maik** | München | 11 | 25.12 | Philipp | 20.08 |
| **Clara** | Kiel | 12 | 02.11 | Martin | 04.06 |
| **Samuel** | Bern | 17 | 01.01 | Leo | 13.10 |

## 6. Beschrijf deze persoon in de derde persoon:

**Naam:**     Toni

**Leeftijd:**     12

**Woont in:**     Salzburg

**Verjaardag:** 14.02

**Broer:**     Roman, 15 jaar oud

**Verjaardag:** 06.12

# HOOFDSTUK 3
## Haar en ogen beschrijven

**In dit hoofdstuk leer je:**
- Beschrijven hoe het haar en de ogen van een persoon eruit zien
- Details van hun gezichten (bijv. baard en bril) beschrijven
- Kleuren
- Ik draag & hij/zij draagt

**Je herhaalt ook:**
- Gewone Duitse namen
- De werkwoorden "haben" en "sein" in de eerste en derde persoon enkelvoud
- Getallen van 1 t/m 15

| | | | | | | |
|---|---|---|---|---|---|---|
| **Ich heiße**<br>*Ik heet / Mijn naam is*<br><br>**Er/Sie heißt**<br>*Hij/Zij heet* | **Amelie**<br>**Christian**<br>**Daniela**<br>**Eike**<br>**Franzi**<br>**Miriam**<br>**Nils**<br>**Julia**<br>**Susi**<br>…. | **und**<br>*en* | **ich bin**<br>*ik ben*<br><br>**er/sie ist**<br>*hij/zij is* | **sechs** *6*<br>**sieben** *7*<br>**acht** *8*<br>**neun** *9*<br>**zehn** *10*<br>**elf** *11*<br>**zwölf** *12*<br>**dreizehn** *13*<br>**vierzehn** *14*<br>**fünfzehn** *15* | **Jahre alt**<br>*jaar oud* | |

| | | | | | |
|---|---|---|---|---|---|
| **Ich habe**<br>*Ik heb*<br><br>**Er/Sie hat**<br>*Hij/Zij heeft* | **kurze** *kort*<br>**lange** *lang*<br>**mittellange** *halflang*<br><br>**glatte** *steil*<br>**lockige** *krullend*<br>**wellige** *golvend*<br><br>**blonde** *blond*<br>**braune** *bruin*<br>**graue** *grijs*<br>**schwarze** *zwart*<br>**rote** *rood*<br>**weiße** *wit* | **Haare**<br>*haar* | **und** *en* | **blaue** *blauwe*<br>**braune** *bruine*<br>**graue** *grijze*<br>**grüne** *groene* | **Augen**<br>*ogen* |

| | | | |
|---|---|---|---|
| **Ich trage**<br>*Ik draag*<br><br>**Er/Sie trägt**<br>*Hij/Zij draagt* | **eine Brille** *een bril*<br>**keine Brille** *geen bril*<br>**einen Bart** *een baard*<br>**keinen Bart** *geen baard* | **und** *en*<br>**aber** *maar* | **Kontaktlinsen** *contactlenzen*<br>**Ohrringe** *oorbellen*<br>**keine Ohrringe** *geen oorbellen* |

# Hoofdstuk 3. Haar en ogen beschrijven: WOORDENSCHAT OPBOUWEN

## 1. Vul het ontbrekende woord in

a. Ich habe br__________ Haare.     *Ik heb bruin haar.*

b. Ich habe bl__________ Haare.     *Ik heb blond haar.*

c. Ich trage einen B__________.     *Ik draag een baard.*

d. Ich habe blaue A__________.     *Ik heb blauwe ogen.*

e. Ich trage keine Br__________.     *Ik draag geen bril.*

f. Ich habe mitt__________ Haare.     *Ik heb halflang haar.*

g. Ich habe dunkelbr______ Augen.     *Ik heb donkerbruine ogen.*

h. Ich habe rote H__________.     *Ik heb rood haar.*

## 2. Combineer

| ich habe | ik draag |
|---|---|
| schwarze Haare | geen haar |
| blonde Haare | een baard |
| keine Haare | groene ogen |
| eine Brille | zwart haar |
| einen Bart | kort haar |
| blaue Augen | ik heb |
| grüne Augen | rood haar |
| kurze Haare | blond haar |
| ich trage | een bril |
| rote Haare | blauwe ogen |

## 3. Vertaal naar het Nederlands

a. lockige Haare

b. blaue Augen

c. Ich trage eine Brille.

d. Ich trage einen Bart.

e. grüne Augen

f. rote Haare

g. dunkelbraune Augen

h. keine Haare

## 4. Vul de ontbrekende letter in

a. lan_e    c. _aare    e. bla_e    g. loc_ige    i. br_une    k. Au_en

b. Bri_le    d. B_rt    f. gr_ne    h. g_atte    j. mit_ellange    l. ich tr_ge

## 5. Gebroken woorden

a. I____ h________ l________ H________.     *Ik heb krullend haar.*

b. I____ t________ e______ B________.     *Ik draag een bril.*

c. I____ h______ k______ H________.     *Ik heb kort haar.*

d. I____ h______ k______ B______.     *Ik heb geen baard.*

e. I____ h______ b______ A________.     *Ik heb bruine ogen.*

f. E____ h____ e______ B______.     *Hij heeft een baard.*

g. I____ b____ a______ J______ a____.     *Ik ben acht jaar oud.*

h. I____ h______ L_____.     *Mijn naam is Lena.*

i. I____ t______ k______ B________.     *Ik draag geen bril.*

## 6. Vul een passend woord in

a. Ich bin zehn __________ alt.

b. Ich ________ einen Bart.

c. Ich ________ Sascha.

d. Ich trage ein_e ________.

e. Ich habe lange rote ________.

f. Ich habe kein_en ________.

g. Ich ________ braune Augen.

h. Ich habe __________ Haare.

i. Ich trage kein_e __________.

j. Ich trage ______________.

k. Ich habe ____________ Augen.

l. Ich __________ elf Jahre alt.

# Hoofdstuk 3. Haar en ogen beschrijven: LEZEN

Ich heiße Lisa. Ich bin zwölf Jahre alt und ich wohne in Berlin. Das ist die Hauptstadt von Deutschland. Ich habe lange, glatte schwarze Haare und blaue Augen. Ich trage eine Brille. Mein Geburtstag ist am neunten September. Meine Schwester hat glatte Haare. Sie ist zehn Jahre alt.

Ich heiße Manuel. Ich bin fünfzehn Jahre alt und ich wohne in Vaduz. Das ist die Hauptstadt von Liechtenstein.

Ich habe kurze, lockige rote Haare und blaue Augen. Ich trage keine Brille. Mein Geburtstag ist am vierzehnten Dezember.

Ich heiße Alex. Ich bin neun Jahre alt und ich wohne in München. Das ist die Hauptstadt von Bayern. Ich habe mittellange, wellige braune Haare und braune Augen. Ich trage keine Brille, aber ich trage Kontaktlinsen. Mein Geburtstag ist am fünften Dezember.

Mein Bruder heißt Timo. Er ist fünfzehn Jahre alt. Er hat lange, glatte rote Haare und blaue Augen. Er trägt eine Brille. Sein Geburtstag ist am dreizehnten November. Er hat Sommersprossen und er ist sehr muskulös.

Ich heiße Aline. Ich bin elf Jahre alt und ich wohne in Hannover. Das ist die Hauptstadt von Niedersachsen. Ich habe lange, lockige dunkelbraune Haare und grüne Augen. Ich trage eine Brille. Mein Geburtstag ist am neunten Mai. Ich habe drei Haustiere, ein Pferd, einen Hund und eine Katze.

Meine Schwester heißt Sabina. Sie ist vierzehn Jahre alt. Sie hat lange, glatte blonde Haare und grüne Augen, so wie ich. Sie trägt auch eine Brille, so wie mein Vater. Ihr Geburtstag ist am zweiten Juni. Sie ist sehr intelligent.

Ich heiße Paul. Ich bin zehn Jahre alt und ich wohne in Wien. Das ist die Hauptstadt von Österreich. Ich habe kurze, glatte blonde Haare und grüne Augen. Ich trage eine Brille. Mein Geburtstag ist am achten April.

## 1. Vind het Duits voor de volgende woorden in de tekst van Lisa

a. Ik heet

b. ik woon in

c. Ik draag een bril.

d. Mijn verjaardag is

e. op negen

f. Ik heb

g. lang haar

h. blauwe ogen

i. Zij is

## 2. Beantwoord de volgende vragen over de tekst van Manuel

a. Hoe oud is hij?

b. Waar is Vaduz?

c. Wat voor kleur heeft zijn haar?

d. Is zijn haar golvend, steil of krullend?

e. Hoe lang is zijn haar?

f. Wat is de kleur van zijn ogen?

g. Wanneer is zijn verjaardag?

## 3. Vul de ontbrekende woorden in

Ich heiße Nils. Ich ______ zehn Jahre alt und ich __________ in Bern. Das ist die ______________ der Schweiz. Ich habe kurze, glatte blonde __________ und grüne __________. Ich trage eine _________. Mein ________________ ist am achten April.

## 4. Beantwoord de vragen hieronder over de 5 teksten

a. Wie heeft een zus die Sabina heet?

b. Wie is elf jaar oud?

c. Wie viert zijn/haar verjaardag op 9 mei?

d. Hoeveel mensen dragen een bril?

e. Wie heeft kort rood haar en blauwe ogen?

f. Wie heeft een erg intelligente zus?

g. Wiens verjaardag is in april?

h. Wie is gespierd en heeft zomersproeten?

# Hoofdstuk 3. Haar en ogen beschrijven: VERTALEN

## 1. Slechte vertaling: vind en verbeter (in het Nederlands) alle vertaalfouten die je hieronder vindt

a. Ich habe schwarze Haare.    *Ik heb blond haar.*

b. Er hat grüne Augen.    *Hij heeft bruine ogen.*

c. Ich habe einen Bart.    *Hij heeft een baard.*

d. Sie heißt Maria.    *Ik heet Maria.*

e. Er hat kurze Haare.    *Ik heb kort haar.*

f. Ich habe braune Augen.    *Ik heb groene ogen.*

g. Ich wohne in München.    *Hij komt uit München.*

## 3. Woordgroepen vertalen Nederlands-Duits

a. blond haar

b. Ik heet

c. Ik heb

d. blauwe ogen

e. steil haar

f. Hij heeft

g. tien jaar oud

h. Ik heb groene ogen.

i. lang krullend haar

j. Zij heeft bruine ogen.

k. zwart haar

## 2. Vertaal van Duits naar Nederlands

a. Ich habe braune Haare.

b. Ich habe grüne Augen.

c. Er hat kurze Haare.

d. Sie trägt eine Brille.

e. Er hat Sommersprossen.

f. Ich trage eine Brille …

g. … aber ich habe keinen Bart.

h. Ich habe lange blonde Haare.

i. Sie trägt Ohrringe.

## 4. Zinnen vertalen Nederlands-Duits

a. Ik heet Ben. Ik ben negen jaar oud. Ik heb lang bruin haar en blauwe ogen.

b. Ik ben twaalf jaar oud. Ik heb groene ogen en kort, steil blond haar.

c. Ik heet Lena. Ik woon in München. Ik heb lang, blond haar en bruine ogen.

d. Ik heet Johannes. Ik woon in Hamburg. Ik heb kort, golvend zwart haar.

e. Ik ben dertien jaar oud. Ik heb halflang rood haar en blauwe ogen.

f. Ik ben vijftien jaar oud. Ik heb lang, krullend zwart haar en bruine ogen.

# Hoofdstuk 3. Haar en ogen beschrijven: SCHRIJVEN

## 1. Gesplitste zinnen

| | |
|---|---|
| **Ich habe kurze** | Augen. |
| **Ich trage eine** | Brille. |
| **Ich habe blaue** | in Köln. |
| **Ich bin zehn** | am ersten Mai. |
| **Ich wohne** | blonde Haare. |
| **Ich heiße** | Jahre alt. |
| **Mein Geburtstag ist** | Jonas. |

## 2. Schrijf de woorden van de zinnen in de goede volgorde

a. schwarze ich Haare habe

b. keinen Bart habe ich

c. heiße ich Max

d. rote ich habe Haare

e. Bruder mein Augen braune hat

f. hat Haare blonde Schwester meine

## 3. Vind en verbeter de grammaticale fouten en de spelfouten

a. Ich habe schwarz Haare.

b. Mein Bruder heiße Max.

c. Er habe braune Haare.

d. Sei heißt Maria.

e. Ich habe fierzehn Jahre alt.

f. Ich habe glatte Hare.

g. Ich habe grune Augen.

h. Ich tragen keine Brille.

i. Er tragt eine Brille.

j. Ich habe keine Bart.

## 4. Anagrammen

a. raHae      Haare

b. traB

c. gueAn

d. hrJae

e. wzarsche

f. genla

g. treo

h. llreBi

## 5. Geleid schrijven – Beschrijf elke persoon hieronder in een korte alinea in de eerste persoon enkelvoud ['ik']

| Naam | Leef-tijd | Woont in | Haar | Ogen | Bril | Baard |
|---|---|---|---|---|---|---|
| **Alex** | 12 | Berlijn, Duits-land | lang krullend bruin | groen | draagt | heeft geen |
| **Tina** | 11 | Wenen, Oosten-rijk | kort steil rood | blauw | draagt geen | heeft geen |
| **Chris** | 15 | Bern, Zwitser-land | halflang golvend bruin | bruin | draagt | heeft |

## 6. Beschrijf deze persoon in de derde persoon:

**Naam:** Martin

**Leeftijd:** 15

**Haar:** kort, golvend, bruin

**Ogen:** blauw

**Bril:** nee

**Baard:** ja

# HOOFDSTUK 4
# Vertellen waar ik woon en vandaan kom

## Hoofdstuk 4a – Vertellen over het weer

**In dit hoofdstuk leer je te vertellen over:**

- Waar je woont en vandaan komt
- Of je in een appartement of in een huis woont
- Hoe je woning eruit ziet
- Waar hij zich bevindt
- De namen van bekende steden in Duitstalige landen
- Hoe het weer is waar je woont

**Je herhaalt ook:**
- Jezelf voorstellen
- Je naam een verjaardag vertellen

# HOOFDSTUK 4
## Vertellen waar ik woon en vandaan kom

| Ich heiße Leonie und ... *Ik heet Leonie en ...* | ich wohne *ik woon* | in einem kleinen Haus / *in een klein huis*<br>in einem großen Haus / *in een groot huis*<br>in einem schönen Haus / *in een mooi huis*<br>in einem hässlichen Haus / *in een lelijk huis* | | im Stadtzentrum *in het stadscentrum*<br>am Stadtrand *in de buitenwijken*<br>auf dem Land *op het platteland*<br>in den Bergen *in de bergen*<br>an der Küste *aan de kust* |
| | | in einer Wohnung *in een appartement* | in einem alten Gebäude *in een oud gebouw*<br>in einem modernen Gebäude *in een modern gebouw* | |
| | ich komme aus *ik kom uit* | <u>Berlin</u> *Berlijn*<br>Hamburg<br>München<br>Köln *Keulen*<br>Frankfurt<br>Stuttgart<br><br><u>Wien</u> *Wenen*<br>Graz<br>Linz<br>Salzburg<br>Innsbruck<br><br>Zürich<br>Basel<br><u>Bern</u><br>Winterthur<br>Luzern | Das ist ... *Dat is ...* | die <u>Hauptstadt</u> *de hoofdstad*<br>im Norden *in het noorden*<br>im Osten *in het oosten*<br>im Süden *in het zuiden*<br>im Südwesten *in het zuidwesten*<br>im Westen *in het westen*<br>im Zentrum *in het centrum* | von Deutschland *van Duitsland*<br><br>von Österreich *van Oostenrijk*<br><br>der Schweiz *van Zwitserland* |

**Opmerkingen:** *(1) De tabel hierboven toont de grootste steden in Duitsland, Oostenrijk en in de Duitstalige delen van Zwitserland. Gebruik een kaart om uit te zoeken waar de steden precies liggen! (2) Duits is de taal met de meeste moedertaalsprekers in de Europese Unie (ongeveer 100 miljoen). In zeven landen in Europa is Duits of de officiële taal (Duitsland, Oostenrijk, Liechtenstein) of een tweede officiële taal (Zwitserland, België, Luxemburg, en Zuid-Tirol in Italië).*

# Hoofdstuk 4. Vertellen waar ik woon en vandaan kom: WOORDENSCHAT

## 1. Vul het ontbrekende woord in

a. Ich komme __________ Berlin.          *Ik kom uit Berlijn.*

b. Ich wohne in einem ________ Haus.     *Ik woon in een mooi huis.*

c. Ich mag meine ____________.           *Ik vind mijn appartement leuk.*

d. Ich ________ an der Küste.            *Ik woon aan de kust.*

e. Ich wohne in einem alten ____, ...    *Ik woon in een oud huis, ...*

f. ... im ________ von Österreich.       *... in het zuiden van Oostenrijk.*

g. Ich wohne in einem ________ Haus.     *Ik woon in een lelijk huis.*

h. Ich wohne am ____________.            *Ik woon in de buitenwijken.*

## 2. Combineer

| in den Bergen | groot |
|---|---|
| **Wohnung** | klein |
| **groß** | oud |
| **Gebäude** | appartement |
| **ich komme aus** | in de bergen |
| **alt** | aan de kust |
| **an der Küste** | mooi |
| **schön** | lelijk |
| **hässlich** | ik kom uit |
| **klein** | ik woon in |
| **ich wohne in** | gebouw |

## 3. Vertaal naar het Nederlands

a. Ich komme aus der Schweiz.

b. Ich wohne in einem Haus.

c. Meine Wohnung ist klein.

d. in einer kleinen Wohnung

e. in einem alten Gebäude

f. Ich komme aus München.

g. Ich wohne im Stadtzentrum.

h. Das ist im Norden von Deutschland.

## 4. Vul de missende letter in

a. Ham_urg

b. Vad_z

c. In_sbruck

d. Lu_ern

e. Zü_ich

f. Wi_n

g. Ber_in

h. M_nchen

i. Öster_eich

j. Leip_ig

## 5. Gebroken woorden

a. I___ w_______ i__ N__________ v____ D______________.
*Ik woon in het noorden van Duitsland.*

b. I___ w_______ i__ e_______ a________ H________.
*Ik woon in een oud huis.*

c. D___ i____ d____ H___________ d____ S__________.
*Dat is de hoofdstad van Zwitserland.*

d. I___ w______ i__ e______ W________ a___ S__________.
*Ik woon in een appartement in de buitenwijken.*

e. I___ w_______ i__ e______ k_______, aber s___________ W__________.
*Ik woon in een klein maar mooi appartement.*

f. D___ i____ i__ W_________ v____ D__________.
*Dat is in het westen van Duitsland.*

g. I____ k_______ a____ Z________.
*Ik kom uit Zürich.*

## 6. Vul een passend woord in

a. Ich komme ______ Frankfurt.

b. Ich ______ in einer schönen Wohnung.

c. Ich wohne in _________ alten Haus.

d. Ich wohne im ____________ von Köln.

e. Das ist im _________ von Deutschland.

f. Ich wohne in einer kleinen __________.

g. Ich wohne in einem Haus am ___________.

h. Ich wohne auf dem __________.

i. Linz ist im Nordosten von ___________.

j. Zürich ist im Norden der ___________.

# Hoofdstuk 4. "Topografie toets": Gebruik je eigen kennis (en een beetje hulp van Google/je leraar) om de nummers en de bijbehorende steden te combineren

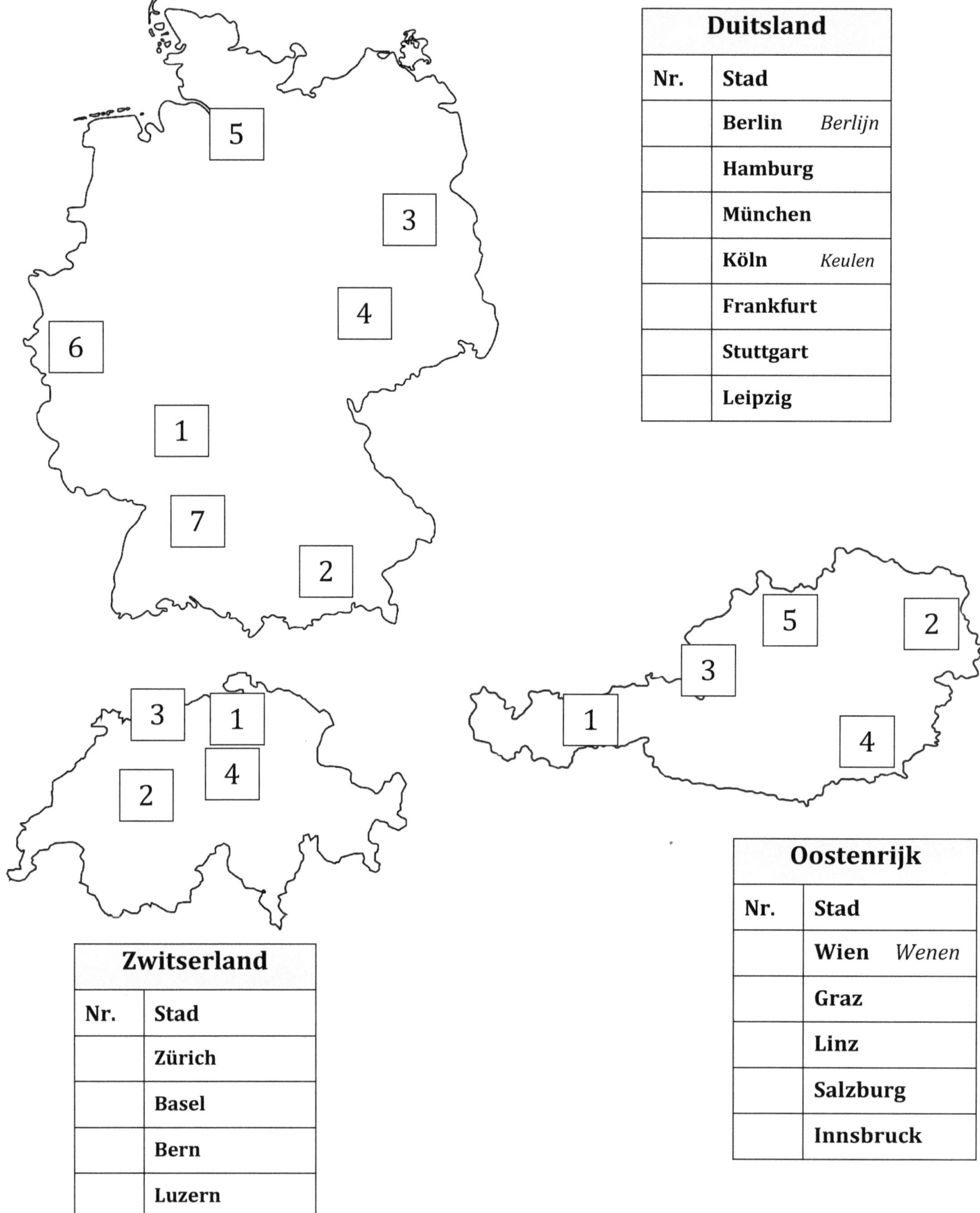



| Duitsland | |
|---|---|
| **Nr.** | **Stad** |
| | **Berlin** *Berlijn* |
| | **Hamburg** |
| | **München** |
| | **Köln** *Keulen* |
| | **Frankfurt** |
| | **Stuttgart** |
| | **Leipzig** |

| Zwitserland | |
|---|---|
| **Nr.** | **Stad** |
| | Zürich |
| | Basel |
| | Bern |
| | Luzern |

| Oostenrijk | |
|---|---|
| **Nr.** | **Stad** |
| | **Wien** *Wenen* |
| | **Graz** |
| | **Linz** |
| | **Salzburg** |
| | **Innsbruck** |

# Hoofdstuk 4. Vertellen waar ik woon en vandaan kom: LEZEN

Ich heiße Christian. Ich bin einundzwanzig Jahre alt und mein Geburtstag ist am achten August. Ich komme aus Wien – das ist die Hauptstadt von Österreich! Ich wohne in einem schönen Haus im Stadtzentrum.

Ich habe zwei Brüder: Lars und Michael. Ich mag Lars nicht, aber Michael ist total nett.

Mein Freund Max wohnt in Graz. Das ist im Südosten von Österreich. Er wohnt in einer Wohnung in einem alten Gebäude, auch im Stadtzentrum.

Ich heiße Kathi. Ich bin zweiundzwanzig Jahre alt und ich wohne in Berlin, das ist die Hauptstadt von Deutschland. Ich wohne mit meiner Freundin Marina in einer großen und modernen Wohnung am Stadtrand. Mein Geburtstag ist am dritten Juni und Marinas Geburtstag ist am zwölften Juli.

Ich habe einen Hund in meiner Wohnung. Er heißt „Litti" und er kommt aus Köln. Er ist sehr groß! Sein Geburtstag ist am ersten April und er ist drei Jahre alt. Ich habe auch eine Spinne. Sie heißt Luisa und sie ist sehr klein, aber gefährlich! Ihr Geburtstag ist auch am ersten April. Also mache ich eine Party für beide Haustiere zusammen. Das ist sehr praktisch.

Ich heiße Daniel. Ich bin fünfzehn Jahre alt und ich wohne in Bern. Das ist die Hauptstadt der Schweiz. In meiner Familie gibt es vier Personen: meine Eltern, meinen Bruder Anton und mich. Ich habe am zehnten September Geburtstag, genau wie Anton. Wir sind Zwillinge!

Ich heiße Stefanie. Ich bin neun Jahre alt und ich wohne in Hamburg, im Norden von Deutschland. In meiner Familie gibt es vier Personen: meine Eltern, meine Schwester Amelie und mich. Mein Geburtstag ist am sechsten Mai und Amelies Geburtstag ist am dreißigsten März. Sie ist elf Jahre alt. Mein Haus ist groß und schön! Es ist am Stadtrand und ich mag es sehr.

## 1. Vind het Duits voor de volgende woorden in de tekst van Kathi

a. Ik heet

b. Ik ben 22 jaar oud.

c. ik woon

d. in een groot appartement

e. in de buitenwijken

f. op 3 juni

g. Ik heb een hond.

h. Hij is erg groot.

i. hij is 3 jaar oud.

j. Ik heb ook een spin.

k. klein, maar gevaarlijk

## 2. Vul onderstaande beweringen in met behulp van de tekst van Christian

a. Ik ben _______ jaar oud.

b. Mijn verjaardag is op ____ __________ .

c. Ik woon in een _______ huis.

d. Mijn huis is in het _________ van de stad.

e. Ik vind Lars niet leuk, maar Michael is erg ________.

f. Mijn vriend Max _______ in Graz.

g. Hij woont in een oud ____________.

## 3. Beantwoord de vragen over de 4 teksten hierboven

a. Hoe oud is Daniel?

b. Waarom hebben Daniel en Anton dezelfde verjaardag? *(wat denk je dat een 'Zwilling' is?)*

c. Wiens verjaardag is op twaalf juli?

d. Wie vindt maar één van zijn broers en/of zussen leuk?

e. Wie woont niet in de hoofdstad van zijn/haar land?

f. Wie heeft een vriend die in een andere stad woont?

g. Wie heeft twee huisdieren met dezelfde verjaardag?

h. Waarom is het handig dat ze dezelfde verjaardag hebben?

## 4. Verbeter alle onderstaande incorrecte beweringen [over de tekst van Stefanie]

a. Stefanie wohnt in Hamburg, in der Mitte von Deutschland.

b. In ihrer Familie gibt es *[In haar gezin, zijn er]* fünf Personen.

c. Ihr Geburtstag ist im März.

d. Amelies Geburtstag ist am vierten März.

e. Stefanie wohnt in einem großen, aber hässlichen Haus am Stadtrand.

f. Sie mag das Haus nicht.

# Hoofdstuk 4. Vertellen waar ik woon en vandaan kom: VERTALEN/SCHRIJVEN

## 1. Vertaal naar het Nederlands

a. ich wohne

b. in einem Haus

c. in einer kleinen Wohnung

d. ich komme aus

e. groß

f. in einem alten Gebäude

g. alt

h. mein Freund Max wohnt

i. im Stadtzentrum

j. am Stadtrand

k. an der Küste

l. er kommt aus

m. in Köln

n. im Norden von

## 2. Zinnen met gaten

a. Ich wohne in einer großen _________ ...
*Ik woon in een groot appartement ...*

b. ... in einem neuen ___________.
*... in een nieuw gebouw.*

c. Ich wohne in einem kleinen _____ ...
*Ik woon in een klein huis ...*

d. ... im __________ von München.
*... in het noorden van München.*

e. Ich _______ ____ Berlin, das ist die Hauptstadt von Deutschland.
*Ik kom uit Berlijn, dat is de hoofdstad van Duitsland.*

## 3. Vul telkens een passend woord in

a. Ich wohne in __________, das ist die Hauptstadt von Österreich.

b. Ich komme aus München, im ___________ von Deutschland.

c. Ich wohne in einem schönen ____________ an der ___________.

d. Mein Freund wohnt in einer ____________ Wohnung.

e. Er kommt aus _______, das ist im ___________ der Schweiz.

f. Ich wohne in einem modernen ____________ im Stadtzentrum.

## 4. Zinsdelen vertalen Nederlands-Duits

a. ik woon

b. ik kom uit

c. in een huis

d. in een mooi appartement

e. in een lelijk huis

f. in een oud huis

g. in een modern gebouw

h. in het stadscentrum

i. in de buitenwijken

j. aan de kust

k. in Zwitserland

## 5. Zinnen vertalen Nederlands-Duits

a. Ik kom uit Keulen. Dat is in het westen van Duitsland. Ik woon in een mooi en groot huis in de buitenwijken.

b. Ik kom uit Bern. Dat is de hoofdstad van Zwitserland. Ik woon in een klein en lelijk appartement in het stadscentrum.

c. Ik kom uit Innsbruck. Dat is in het westen van Oostenrijk. Ik woon in een appartement in een nieuw gebouw in het stadscentrum. Mijn appartement is groot maar lelijk.

d. Ik kom uit München. Dat is in het zuiden van Duitsland. Ik woon in een groot en modern huis in de buitenwijken. Ik vind het erg leuk.

# Hoofdstuk 4. Vertellen waar ik woon en vandaan kom: SCHRIJVEN

## 1. Vul de ontbrekende letters in

a. Ich hei_ _ Manuel.

b. Ich woh_ _ in ein_ _ klein_ _ Wohnu_ _.

c. I_ _ wo_ _ _ i_ ein_ _ groß_ _ Ha_ _.

d. I_ _ kom_ _ au_ Deutschl_ _ _.

e. Da_ is_ i_ Nordost_ _ v_ _ Österre_ _ _.

f. E_ komm_ au_ Züri_ _ i_ d_ _ Schw_ _ _.

g. I_ _ wo_ _ _ i_ e_ _ _ _ alt_ _ Gebä_ _ _.

h. D_ _ ist d_ _ Haupts_ _ _ _ d_ _ Sc_ _ _ _ _ _.

## 2. Vind en verbeter de spelfouten

a. Ich komme aus Koln.

b. Ich wohne in einer kleinen Wohnung.

c. Ich wohne in einem hässlichen Haus.

d. Ich wohne in einem modern Gebäude.

e. Ich wohne am Stattrand.

f. Ich wohne im Norden von Deutshland.

g. Ich komme aus der Schweitz.

h. Sie kommt aus Munchen.

## 3. Beantwoord de vragen in het Duits

a. Wie heißt du?

b. Wie alt bist du?

c. Wann hast du Geburtstag?

d. Woher kommst du?

e. Wo wohnst du?

f. Wohnst du in einem Haus oder in einer Wohnung?

## 4. Anagrammen (steden in Duitstalige landen)

a. lnKö            *Köln*

b. chenMün

c. zGar

d. zerLun

e. rgubmHa

f. rnBe

g. eWni

h. ttgSrautt

i. nnIkcursb

j. chriZü

## 5. Geleid schrijven – Beschrijf elke persoon hieronder in een korte alinea in de eerste persoon enkelvoud ['ik']

| Naam | Leef-tijd | Verjaardag | Stad | Land |
|---|---|---|---|---|
| Tina | 14 | 18.06 | Bern | Zwitserland |
| Jonas | 11 | 20.10 | Stuttgart | Duitsland |
| Paul | 15 | 07.02 | Innsbruck | Oostenrijk |
| Luzi | 12 | 15.01 | Leipzig | Duitsland |
| Stefanie | 13 | 30.11 | Wien | Oostenrijk |

## 6. Beschrijf deze persoon in de derde persoon:

**Naam:** Florian

**Leeftijd:** 16

**Verjaardag:** 4 november

**Geboorteplaats:** Hamburg, Duitsland

**Woont in stad/land:** Luzern, Zwitserland

# Hoofdstuk 4a – Vertellen over het weer

## Wie ist das Wetter? – *Hoe is het weer?*

| Onderwerp - Werkwoord | Bijwoorden van frequentie | Bijvoeglijke naamwoorden bij het weer | | Bijwoordelijke bepaling |
|---|---|---|---|---|
| **Das Wetter ist**<br>*Het weer is* | **normalerweise**<br>*normaal gesproken*<br><br>**immer**<br>*altijd* | **schön**<br>**gut**<br>**okay**<br>**schlecht**<br>**furchtbar** | *mooi*<br>*goed*<br>*oké*<br>*slecht*<br>*verschrikkelijk* | **im Frühling**<br>*in de lente*<br>**im Sommer**<br>*in de zomer*<br>**im Herbst**<br>*in de herfst* |
| **Es ist**<br>*Het is* | **oft**<br>*vaak*<br><br>**manchmal**<br>*soms*<br><br>**selten**<br>*zelden*<br><br>**nie**<br>*nooit* | **bedeckt**<br>**bewölkt**<br>**heiter**<br>**heiß**<br>**kalt**<br>**neblig**<br>**schön**<br>**sonnig**<br>**stürmisch**<br>**warm**<br>**windig** | *zwaar bewolkt*<br>*bewolkt*<br>*onbewolkt*<br>*heet*<br>*koud*<br>*mistig*<br>*mooi*<br>*zonnig*<br>*stormachtig*<br>*warm*<br>*winderig* | **im Winter**<br>*in de winter*<br><br>**im Januar, Februar, …**<br>*in januari, februari, …*<br><br>**wo ich wohne**<br>*waar ik woon*<br><br>**in Berlin, Wien, …**<br>*in Berlijn, Wenen, …*<br>**im Norden, Süden, …**<br>*in het noorden, zuiden, …* |

| | |
|---|---|
| **Die Sonne scheint oft.** | *De zon schijnt vaak.* |
| **Es gibt oft Gewitter.** | *Er is vaak onweer.* |
| **Es regnet oft.** | *Het regent vaak.* |
| **Es schneit oft.** | *Het sneeuwt vaak.* |

*Opmerking:*
*Als je je zinnen bouwt, kun je net als in het Nederlands elk bijwoord of bijwoordelijke bepaling naar het begin van de zin halen. Als je dit doet, zorg er dan voor dat je onderwerp en werkwoord van plaats verwisselt. Voorbeeld:*

        W-O

**Im Frühling <u>ist es</u> oft sonnig.**     *In het voorjaar is het vaak zonnig.*

# Hoofdstuk 4a. Vertellen over het weer: WOORDENSCHAT OPBOUWEN

## 1. Combineer

| | |
|---|---|
| **bedeckt** | koud |
| **warm** | onbewolkt |
| **furchtbar** | verschrikkelijk |
| **die Sonne** | het is |
| **stürmisch** | onweer |
| **kalt** | zwaar bewolkt |
| **heiter** | de zon |
| **es ist** | mistig |
| **neblig** | warm |
| **windig** | stormachtig |
| **Gewitter** | winderig |

## 2. Vul het ontbrekende woord in

a. Im Sommer ist es oft sehr __________ in Berlin.
*In de zomer is het vaak erg heet in Berlijn.*

b. ... aber es ist meistens __________ im Winter.
*... maar het is meestal koud in de winter.*

c. Im Norden von Deutschland ist es oft __________.
*In het noorden van Duitsland is het vaak winderig.*

d. Im Sommer gibt es manchmal ein starkes __________.
*In de zomer is er soms een stevig onweer.*

e. Ich liebe es, wenn das Wetter __________ ist.
*Ik vind het leuk, als het weer mooi is.*

## 3. Vertaal naar het Nederlands

a. Im Norden ist es schön.

b. Im Osten ist es windig.

c. Im Südwesten regnet es.

d. Im Westen scheint die Sonne.

e. In Berlin ist es heiter und warm.

f. In Basel ist es bedeckt, aber warm.

g. In Wien ist es sehr heiß.

h. Wo ich wohne, schneit es oft.

## 4. Vul de ontbrekende letter in

a. sch_n

b. ka_t

c. im Nor_en

d. im S_den

e. he_ter

f. wo ich wo_ne

g. st_rmisch

h. im S_mmer

i. im Frü_ling

j. im Her_st

## 5. Gebroken woorden

a. I___ S______ i__ e_____ n____________ w_______.
*In de zomer, is het normaal gesproken warm.*

b. M_________ s_________ d____ S_______.
*Soms schijnt de zon.*

c. I___ H_________ i__ e___ o___ b________.
*In de herfst is het vaak zwaar bewolkt.*

d. W___ i___ w________, s_________ e__ n____.
*Waar ik woon, sneeuwt het nooit.*

e. D___ W________ i___ o_____ sehr s_________.
*Het weer is vaak erg mooi.*

f. Heute i__ d____ W________ o_____.
*Vandaag is het weer oké.*

g. W___ i___ d____ W________ n____________ i__ Zürich?
*Hoe is het weer normaal gesproken in Zürich?*

## 6. Vul een passend woord in

a. Es ist oft __________ in Berlin.

b. Im Sommer ist es normalerweise __________.

c. Das Wetter ist __________ schön.

d. Es ist oft ____________ im Herbst.

e. Im Winter __________ es oft.

f. Wo ich wohne, gibt es nie __________.

g. Ich liebe es, wenn es __________ ist*.

h. Wo ich wohne, schneit es __________.

i. In Innsbruck ist es warm im ____________.

j. Ich finde es super, wenn es ____________*.

** "wenn" [als/indien] leidt in het Duits een bijzin in, net als in het Nederlands, maar in het Duits, moet de persoonsvorm in de bijzin helemaal achteraan staan.*

# Hoofdstuk 4a. Vertellen over het weer: LEZEN

Ich heiße Eduardo. Ich bin dreizehn Jahre alt und ich komme aus Madrid. Das ist die Hauptstadt von Spanien! Ich wohne in einer Wohnung im Stadtzentrum. Ich finde das Wetter hier okay. Es ist oft sonnig und warm und im Winter ist es nicht zu kalt. Aber im Sommer ist es manchmal zu heiß! Dann fahre ich in den Norden an die Küste.

Hi Leute, ich heiße Dylan. Ich bin fünfzehn Jahre alt und ich wohne in einem schönen Haus in Kuala Lumpur, in der Hauptstadt von Malaysia. Ich finde das Wetter hier super! Es ist immer warm und es gibt oft Regen. Dann sitze ich auf dem Balkon. Manchmal gibt es Gewitter, das ist das Beste! Ich liebe die Blitze und den Donner!

Ich heiße Mo. Ich bin achtundzwanzig Jahre alt und ich wohne in Liverpool im Nordwesten von England. Ich wohne in einem alten Haus am Stadtrand. Ich liebe meine Stadt, aber das Wetter finde ich nicht so schön. Es ist oft sehr kalt und es regnet viel. Ich komme aus Ägypten, da ist es immer sonnig und heiß!

Ich heiße Annika. Ich bin zwölf Jahre alt und ich wohne auf Sylt. Das ist eine Insel im Norden von Deutschland. Ich wohne in einem großen Haus direkt am Strand. Das Wetter hier ist ganz okay. Manchmal scheint die Sonne und manchmal regnet es. Ich liebe es, wenn es windig ist. Dann kann ich surfen gehen!

## 1. Vind het Duits voor de volgende woorden in de tekst van Eduardo

a. ik kom uit

b. de hoofdstad

c. Ik woon

d. in het stadscentrum

e. Ik vind

f. het weer hier

g. Het is vaak

h. en in de winter

i. te koud

j. soms

k. te heet

l. Dan rijd ik naar het noorden

## 2. Vul de beweringen hieronder in met behulp van de tekst van Dylan

a. Ik ben __________ jaar oud.

b. Ik woon in een ________ huis in de __________ van Maleisië.

c. Ik vind het weer hier __________.

d. Het is altijd ________ en er is vaak __________.

e. Dan zit ik op het ________.

f. Soms is er een ____________.

g. Ik houd van de bliksem en de ____________,

h. Dat is het ________.

Ich heiße Robert und ich bin sechzehn Jahre alt. Ich wohne in Zürich in der Schweiz, in einer großen Wohnung in der Stadtmitte. Ich liebe das Wetter hier. Im Sommer ist es oft sonnig und ich kann in einem Café in der Sonne sitzen. Im Winter schneit es oft. Dann fahre ich in die Berge und ich fahre Ski.

Meine große Schwester heißt Veronika. Sie ist Biologin und sie ist auf einer Expedition in der Antarktis! Sie sagt, das Wetter da ist unglaublich. Es ist immer eiskalt, aber jetzt im Sommer scheint die Sonne vierundzwanzig Stunden am Tag. Krass, oder?

## 3. Eduardo, Dylan, Annika of Mo?

a. Wie is het oudst?

b. Wie houdt niet van het weer waar hij woont?

c. Wie houdt er van onweer?

d. Wie woont direct aan het strand?

e. Wie vindt het leuk als het winderig is?

f. Wie woont er in een appartement?

g. Wie komt uit een plaats waar het altijd zonnig en heet is?

h. Wie houdt van zijn stad?

i. Wie verlaat de stad als het te heet wordt?

## 4. Verbeter elke bewering hieronder [over Robert's tekst] die onjuist is

a. Robert wohnt in einem Haus.

b. Robert liebt das Wetter, wo er wohnt.

c. Er sitzt in einem Café, wenn es kalt ist.

d. Im Winter schneit es nie.

e. Robert hat eine große Schwester.

f. Sie ist auf einer Expedition in der Arktis.

g. Da [daar] ist es sehr heiß.

# Hoofdstuk 4a. Vertellen over het weer: VERTALEN & SCHRIJVEN

## 1. Vertaal naar het Nederlands

a. Es ist immer kalt.

b. Es ist oft warm.

c. Im Sommer ist es heiß.

d. Im Winter schneit es.

e. Es regnet oft in Berlin.

f. Ich wohne …

g. … in einem schönen Haus.

h. … in einer alten Wohnung.

i. Es ist zu kalt.

j. Ich liebe es, …

k. … wenn es regnet.

## 2. Slechte vertaling: vind en verbeter elke vertaalfout (in het Nederlands) die je hieronder vindt

a. Wo ich wohne, regnet es oft.
*Waar ik woon, sneeuwt het vaak.*

b. Das Wetter ist normalerweise sehr gut.
*Het weer is normaal gesproken erg slecht.*

c. Im Sommer ist das Wetter oft schön.
*In de zomer is het weer soms mooi.*

d. Ich wohne in einer modernen Wohnung am Stadtrand.
*Ik woon in een modern huis in de buitenwijken.*

e. Ich liebe es, wenn es schneit.
*Ik houd ervan als het regent.*

f. Es ist immer heiß und es regnet nie.
*Het is altijd koud en het regent zelden.*

g. Manchmal scheint die Sonne.
*Nooit schijnt de zon.*

h. Im Januar ist es oft bewölkt.
*In januari is het vaak onbewolkt.*

## 3. Vind en verbeter de grammaticale fouten en de spelfouten

a. Die Wetter ist immer schön in Berlin.

b. Im Sommer es ist oft warm in Wien.

c. Es oft schneit im Winter.

d. Ich leibe es, wenn es heiß ist.

e. Ich finde das wetter nicht schön im winter.

f. Ich wohnen in einer modernen Wohnung.

g. Hier ist es manchmal su kalt.

## 4. Vul de ontbrekende letters in

a. Im S_mmer i_t es man_hmal _u hei_.

b. Im Fr_hling gi_t e_ o_t Ge_itter.

c. I_h wo_ne in eine_ Hau_ am Sta_trand.

d. H_er is_ e_ im_er bede_kt und ka_t.

e. Ich l_ebe _s, we_n das Wette_ sch_n is_.

f. W_ ic_ w_hne, re_net e_ jeden Tag*.

g. I_ d_r Sch_eiz s_hneit _s o_t im _inter.

**jeden Tag = elke dag*

## 5. Geleid schrijven – Beschrijf elke persoon hieronder in een korte alinea in de eerste persoon enkelvoud ['ik']

| Naam | Leef-tijd | Stad | Woont in | Weer in de zomer | Weer in de winter |
|---|---|---|---|---|---|
| **Anna** | 13 | Hamburg | modern appartement | vaak zwaar bewolkt | Koud en het regent vaak |
| **Andrea** | 14 | Buenos Aires | groot huis | zonnig en heet | te koud |
| **Olaf** | 12 | Reykjavík | oud huis | mooi maar niet zo warm | het sneeuwt vaak |

## 6. Beschrijf deze persoon in de 3e persoon

**Naam & Leeftijd**:
Akari, 16

**Woont in**:
een mooi appartement in Tokio

**Weer in de zomer**:
vaak warm en zonnig

**In de winter**:
zelden sneeuw, niet koud

# HOOFDSTUK 5
## Vertellen over mijn familieleden, hun leeftijd zeggen en hoe goed ik het met hen kan vinden. Tellen t/m 100.

### Even Herhalen 1: Getallen 1-100 / Data / Verjaardagen

**In dit hoofdstuk leer je te praten over:**

- Hoeveel mensen er in je familie zijn en wie zij zijn
- Of je het met hen kunt vinden
- Woorden voor familieleden
- Wat hun leeftijd is
- Getallen van 31 tot en met 100

**Je herhaalt**

- Getallen van 1 tot en met 31
- Beschrijving van haar en ogen

# HOOFDSTUK 5
## Vertellen over familieleden, hun leeftijd zeggen en hoe goed ik het met hen kan vinden. Tellen t/m 100.

Es gibt <u>vier</u> Personen in meiner Familie.
*Er zijn <u>vier</u> personen in mijn familie.*

|  |  |  | ein | *1* | Jahr alt |
|---|---|---|---|---|---|
| **Es gibt...** <br> *Er is/zijn...* | **meine** Oma Adele <br> *mijn oma Adele* <br><br> **meine** Mutter Lisa <br> *mijn moeder Lisa* <br><br> **meine** Tante Mareike <br> *mijn tante Mareike* <br><br> **meine** große/kleine Schwester Anna <br> *mijn grote/kleine zus Anna* <br><br> **meine** Cousine Klara <br> *mijn nicht Klara* | **Sie ist** <br> *Zij is* <br><br> **Meine Tante ist** <br> *Mijn tante is* | zwei <br> drei <br> vier <br> fünf <br> sechs <br> sieben <br> acht <br> neun <br> zehn <br> elf <br> zwölf <br> dreizehn <br> vierzehn <br> fünfzehn <br> sechzehn <br> siebzehn <br> achtzehn | *11* <br> *12* <br> *13* <br> *14* <br> *15* <br> *16* <br> *17* <br> *18* | |
| **...und es gibt...** <br> *...en er is...* |  |  |  |  | **Jahre alt** |
| **Außerdem gibt es...** <br> *Bovendien is er...* <br><br><br><br> **...und mich!** <br> *...en ik!* | **meinen** Opa Martin <br> *mijn opa Martin* <br><br> **meinen** Vater Stefan <br> *mijn vader Stefan* <br><br> **meinen** Onkel Tim <br> *mijn oom Tim* <br><br> **meinen** großen/kleinen Bruder Max <br> *mijn grote/kleine broer Max* <br><br> **meinen** Cousin Jonas <br> *mijn neef Jonas* | **Er ist** <br> *Hij is* <br><br> **Mein Onkel ist** <br> *Mijn oom is* | neunzehn <br> zwanzig <br> einundzwanzig <br> zweiundzwanzig <br> dreißig <br> einunddreißig <br> zweiunddreißig <br> vierzig <br> fünfzig <br> sechzig <br> siebzig <br> achtzig <br> neunzig <br> hundert | *19* <br> *20* <br> *21* <br> *22* <br> *30* <br> *31* <br> *32* <br> *40* <br> *50* <br> *60* <br> *70* <br> *80* <br> *90* <br> *100* | |

| **Ich verstehe mich (nicht) gut** <br> *Ik kan het (niet) goed vinden* | <u>mit</u> mein**em** Onkel <br> <u>mit</u> mein**er** Tante <br> <u>mit</u> mein**en** Eltern | *met mijn oom* <br> *met mijn tante* <br> *met mijn ouders* |
|---|---|---|

**Opmerking:**
*Zie je de verschillende manieren waarop het woord "mijn" in het Duits eruit ziet? Welke patronen zie je? Maak er een aantekening van en laat het aan je leraar zien!*

# Hoofdstuk 5. Vertellen over mijn familie + Tellen t/m 100: WOORDENSCHAT

## 1. Vul het ontbrekende woord in

a. In meiner F_________ gibt es …        *In mijn familie zijn er …*

b. Es gibt _________ Personen, …        *Er zijn vijf personen, …*

c. meinen _________ Peter        *mijn opa Peter*

d. _________ Opa ist achtzig Jahre alt.        *Mijn opa is 80 jaar oud.*

e. Es gibt auch meine _________.        *Er is ook mijn moeder.*

f. Sie ist _________ Jahre alt.        *Zij is veertig jaar oud.*

g. Ich verstehe mich _________ …        *Ik kan het goed vinden …*

h. … mit meinem _________.        *…met mijn broer.*

## 2. Combineer

| sechzehn | 21 |
|---|---|
| zwölf | 12 |
| einundzwanzig | 13 |
| zehn | 79 |
| dreiunddreißig | 52 |
| dreizehn | 16 |
| achtundvierzig | 10 |
| zweiundfünfzig | 48 |
| fünf | 15 |
| fünfzehn | 33 |
| neunundsiebzig | 5 |

## 3. Vertaal naar het Nederlands

a. Ich verstehe mich gut…

b. Es gibt meine Oma Lisa.

c. Es gibt auch meinen Onkel.

d. Ich habe auch eine Schwester.

e. In meiner Familie gibt es…

f. Ich verstehe mich nicht gut…

g. mit meinem Vater

h. Mein Vater ist vierzig Jahre alt.

## 4. Vul de ontbrekende letter in

a. Fam_lie        c. P_rsonen        e. Br_der        g. Mut_er        i. ich verste_e mich gut        k. drei_ig

b. es g_bt        d. au_h        f. gr_ß        h. Co_sine        j. au_erdem gibt es        l. ze_n

## 5. Gebroken woorden

a. E_ g_____ s_______ P_________ i_ m_______ F_________.
*Er zijn 6 personen in mijn familie.*

b. M_______ S__________ i___ d___________ J_______ a____.
*Mijn zus is 13 jaar oud.*

c. I_ m_______ F________ g______ e__
*In mijn familie zijn er*

d. M_____ O_______ h_______
*Mijn oom heet*

e. M_____ V_______ i___ n______________ J_______ a______.
*Mijn vader is 39 jaar oud.*

f. I__ v________ m_____ n_____ g__ m___ m_______ B_______.
*Ik kan het niet goed vinden met mijn broer.*

g. I__ v________ m____ g__ m___ m_______ S_________.
*Ik kan het goed vinden met mijn zus.*

## 6. Vul een passend woord in

a. In meiner Familie _______ es …

b. Es _________ sechs Personen.

c. Ich habe auch einen _________.

d. Er ist _________ Jahre alt.

e. Meine ___________ Luise ist vierzig Jahre alt.

f. Ich verstehe mich ___________ mit meinem Vater.

g. Es gibt auch meinen _________ Max.

h. Ich _________ mich gut mit meiner Oma.

i. Ich verstehe _______ nicht gut mit meiner Tante.

j. Ich habe keine ___________, leider!

# Hoofdstuk 5. Vertellen over mijn familie + Tellen t/m 100: WOORDEN TRAINEN

## 1. Combineer

| | |
|---|---|
| **es gibt** | personen |
| **in meiner Familie** | er zijn |
| **mit meinem Bruder** | met mijn broer |
| **sieben** | ik kan het goed vinden |
| **ich verstehe mich gut** | in mijn familie |
| **Personen** | zeven |

## 2. Vul het ontbrekende woord in

a. Es __________ fünf Personen.  *Er zijn vijf personen.*

b. Mein _________, Nico, ist fünfzig Jahre alt.  *Mijn vader, Nico, is 50.*

c. Ich ___________ mich gut ...  *Ik kan het goed vinden ...*

d. Es gibt meinen _______ Jonas.  *Er is mijn neef Jonas.*

e. Mein Onkel Ben ist _____________ Jahre alt.  *Mijn oom Ben is 41.*

f. Er ist _____________ Jahre alt.  *Hij is 17 jaar oud.*

g. _______ ist sechsunddreißig Jahre alt.  *Zij is 36 jaar oud.*

h. Meine _______ Liese ist achtzig Jahre alt.  *Mijn oma Liese is 80.*

## 3. Vertaal naar het Nederlands

a. Er ist zehn Jahre alt.

b. Sie ist fünfundzwanzig Jahre alt.

c. Meine Mutter ist achtunddreißig Jahre alt.

d. Ich verstehe mich gut mit meinem Opa.

e. Ich verstehe mich gut mit meiner Tante.

f. Meine kleine Schwester ist drei Jahre alt.

g. Es gibt sechs Personen in meiner Familie.

h. Ich verstehe mich nicht so gut mit meinen Eltern.

## 4. Vul de ontbrekende letters in

a. Ich habe einen gr_ _en Bruder.
*Ik heb een grote broer.*

b. In meiner Fa_ _lie g_bt e_ drei Personen.
*In mijn familie zijn er drie personen.*

c. Meine Co_ sine ist s_ _bzehn Jahre alt.
*Mijn nicht is 17.*

d. Ich ver_ _ehe mich g_t mit meiner Oma.
*Ik kan het goed vinden met mijn oma.*

e. Meine T_ _te ist vierzig J_ _ re a_t.
*Mijn tante is 40 jaar oud.*

f. Ich verstehe m_ _h gu_ mit mein_ _ Vater.
*Ik kan het goed vinden met mijn vader.*

g. Meine S_ _ _ester ist f_nf_ehn Ja_re a_t.
*Mijn zus is 15 jaar oud.*

## 5. Vertaal naar het Duits

a. In mijn familie zijn er...

b. ...vier personen.

c. Er is mijn vader.

d. Hij is 40 jaar oud.

e. Ik kan het goed vinden...

f. ...met hem.

## 6. Vind en verbeter de fouten

a. In meine Familie gibt es vier Personen.

b. Es gibt mein Vater.

c. Meine Bruder ist vierzehn Jahre alt.

d. Ich verstehe mich gut mit meine Bruder.

e. Mein Cousine ist sieben Jahre alt.

f. Ich verstehe mich nicht gut mit mein Schwester.

# Hoofdstuk 5. Vertellen over mijn familie + Tellen t/m 100: VERTALEN

## 1. Combineer

| dreißig | 100 |
| --- | --- |
| fünfzig | 30 |
| vierzig | 60 |
| sechzig | 70 |
| achtzig | 90 |
| neunzig | 50 |
| einhundert | 80 |
| zwanzig | 20 |
| siebzig | 40 |

## 3. Schrijf in het Duits

a. 63      d

b. 89      n

c. 100      h

d. 74      v

e. 17      s

f. 36      s

g. 52      z

h. 25      f

i. 98      a

## 2. Schrijf het ontbrekende getal voluit

a. Ich bin einund__________ Jahre alt.
*Ik ben 21.*

b. Mein Vater ist sechsund__________________ Jahre alt.
*Mijn vader is zesenveertig.*

c. Meine Mutter ist neunund__________________ Jahre alt.
*Mijn moeder is negenendertig.*

d. Mein Opa ist einhundertund____________ Jahre alt.
*Mijn opa is honderdenacht jaar oud.*

e. Mein Onkel ist ____________undfünfzig Jahre alt.
*Mijn oom is vijfenvijftig jaar oud.*

f. Sie sind __________________ Jahre alt.
*Zij zijn negentig jaar oud.*

g. Meine Cousins sind ________________undzwanzig Jahre alt.
*Mijn neven zijn vierentwintig jaar oud.*

h. Ist er ____________ Jahre alt?
*Is hij zeventig jaar oud?*

## 4. Verbeter de vertaalfouten

a. Mijn vader is veertig.        *Mein Vater ist fünfzig Jahre alt.*

b. Mijn moeder is tweeënvijftig.  *Meine Mutter ist dreiundfünfzig Jahre alt.*

c. Wij zijn tweeënveertig.      *Wir sind vierundzwanzig Jahre alt.*

d. Ik ben eenenveertig.      *Ich bin einundachtzig Jahre alt.*

e. Zij zijn vierendertig.      *Wir sind dreiundvierzig Jahre alt.*

## 5. Vertaal naar het Duits (schrijf de getallen voluit in letters)

a. In mijn familie zijn er 5 personen.

b. Mijn moeder heet Julia en zij is 41.

c. Mijn vader heet Hannes en hij is 39.

d. Er is ook mijn grote broer Max, hij is 14.

e. Mijn kleine broer heet Jens en hij is 10.

f. Ik heet Annemarie en ik ben 27.

g. Mijn opa heet Alexander en hij is 77.

# Hoofdstuk 5. Vertellen over mijn familie + Tellen t/m 100: SCHRIJVEN

## 1. Vind en verbeter de spelfouten

a. veirzehn       *vierzehn*

b. sechsehn

c. einsundzwanzig

d. achtundreizig

e. siebenzehn

f. funfzehn

g. nineundfünzig

## 2. Vul de ontbrekende letters in

a. Mein V_ter i__t f_nfzig Ja_re a_t.

b. Mein_ Sch_ester is_ vi_rzehn _ahre al_.

c. M__ine E_tern sin_ achtund_reißig Jahr_ __lt.

d. M_in kl_iner Br_der i_t n_un J_hre a_t.

e. M__ _n _pa _st s_ _benunda_ht_ig J__re _ _t.

f. Mei__ _ kl_ _ne_ Sc_ _est_ _ is_ v_ _r J_ _re a_ _.

## 3. Zet de woorden van de volgende zinnen in de juiste volgorde

a. vier In Familie Personen meiner es gibt
*In mijn familie zijn er vier personen.*

b. mit meinem Ich Bruder mich nicht verstehe gut
*Ik kan het niet goed vinden met mijn broer.*

c. Jahre Vater alt und heißt ist er fünfundfünzig Mein Michael
*Mijn vader heet Michael en hij is vijfenvijftig jaar oud.*

d. Vater meinen meine Familie gibt In es meiner und mich drei Personen Mutter
*In mijn familie zijn er drie personen: mijn moeder, mijn vader en ik.*

e. Cousin heißt Jahre er und alt ist siebenundreißig Mein Benjamin
*Mijn neef heet Benjamin en hij is zevenendertig jaar oud.*

f. Opa mit ich ihm Mein heißt und verstehe mich Ferdinand gut
*Mijn opa heet Ferdinand en ik kan het goed met hem vinden.*

## 4. Vul in

a. In mijn familie zijn er…
I__ m_____ F_________ g____ e_ …

b. Er zijn 4 personen.
E_____ g_____ v____ P_________.

c. Mijn zus heet…
M_____ S_________ h________ …

d. Er is ook mijn oma …
E_ g___ a___ m_____ O___ …

e. … en mijn opa.
… u__ m________ O____.

f. Hij is zesenzestig.
E__ i____ s_______________.

g. Ik ben tweeëndertig.
I___ b_____ z______________.

h. Zij is eenenveertig.
S___ i____ e______________.

## 5. Schrijf een kort stukje voor elke persoon zoals in het voorbeeld te zien is

*bijv. Mein bester Freund heißt Jens und er ist dreizehn Jahre alt. Ich verstehe mich sehr gut __mit ihm__*.*

| Naam | Relatie tot mij | Leef-tijd | Hoe ik het met hem/haar kan vinden |
|---|---|---|---|
| *bijv. Jens* | *beste vriend* | *15* | *heel goed* |
| Martin | vader | 47 | goed |
| Laura | moeder | 45 | helemaal niet *gar nicht* |
| Daniela | tante | 60 | heel goed *sehr gut* |
| Andreas | oom | 67 | niet goed |
| Bernhard | opa | 75 | heel goed |

*mit ihm = *met hem*  /  mit ihr = *met haar*

# Even Herhalen 1:
## Getallen 1 t/m 100, data en verjaardagen, haar en ogen, familie

### 1. Combineer

| 11 | zwölf |
|----|-------|
| 12 | fünfzehn |
| 13 | siebzehn |
| 14 | sechzehn |
| 15 | achtzehn |
| 16 | zwanzig |
| 17 | elf |
| 18 | dreizehn |
| 19 | vierzehn |
| 20 | neunzehn |

### 2. Vertaal de dagen naar het Nederlands

a. am vierten März

b. am ersten April

c. am vierundzwanzigsten Dezember

d. am einunddreißigsten Juli

e. am neunten November

f. am achten Mai

g. am dritten Oktober

h. am siebzehnten Juni

### 3. Vul het ontbrekende woord in

a. Mein Geburtstag __________ am fünfzehnten Mai.

b. Ich bin vierzehn __________ alt.

c. Mein Bruder hat blonde __________.

d. Woher __________ du?

e. In meiner Familie __________ es drei Personen.

f. _______ Mutter hat blaue __________.

g. Ich komme _______ Berlin.

h. _______ Bruder _______ Sascha.

| Haare | ist | Meine | gibt | aus |
|-------|-----|-------|------|-----|
| Augen | Mein | Jahre | kommst | heißt |

### 4. Schrijf de oplossing in woorden zoals je kunt zien in het voorbeeld

a. vierzig – dreißig = zehn

b. dreißig – zehn =

c. vierzig + dreißig =

d. zwanzig x drei =

e. achtzig – fünfzig =

f. neunzig – vierzig =

g. dreißig x drei =

h. zwanzig + fünfzig =

i. zwanzig + zwanzig =

### 5. Vul in

a. mein O__ __ — *mijn opa*

b. meine Cou__ __ __ __ — *mijn nicht*

c. die Aug__ __ — *de ogen*

d. gr__ __ — *groen*

e. der B__ __ __ — *de baard*

f. die Bri__ __ __ — *de bril*

g. meine Schw__ __ __ __ __ — *mijn zus*

h. Ic__ h __ __ __ __... — *Ik heb...*

### 6. Vertaal naar het Nederlands

a. Meine Mutter hat braune Haare.

b. Ich habe grüne Augen.

c. Ich bin einundvierzig Jahre alt.

d. Mein Opa ist neunzig Jahre alt.

e. Mein Onkel trägt eine Brille.

f. Mein Bruder hat Sommersprossen.

g. Mein Bruder hat lange schwarze Haare.

h. Meine Schwester hat graublaue Augen.

# HOOFDSTUK 6 (Deel 1/2)
# Mijzelf en andere familieleden beschrijven (lichamelijk en persoonlijkheid)

**Tijd voor Grammatica 1:** SEIN (Deel 1)

**Tijd voor Grammatica 2:** HABEN (Deel 1)

**Hoofdstuk 6a:** Vertellen over vaardigheden

## In dit hoofdstuk leer je:

- Vertellen hoe je directe familieleden zijn
- Bruikbare bijvoeglijke naamwoorden om hen te beschrijven
- Bijwoorden van frequentie
- Alle vormen van het werkwoord 'sein' (zijn) en 'haben' (hebben) in de tegenwoordige tijd
- Hoe je het werkwoord 'können' gebruikt om te vertellen over wat iemand goed kan

## Je herhaalt:
- Getallen van 1 t/m 31
- Haar en ogen beschrijven

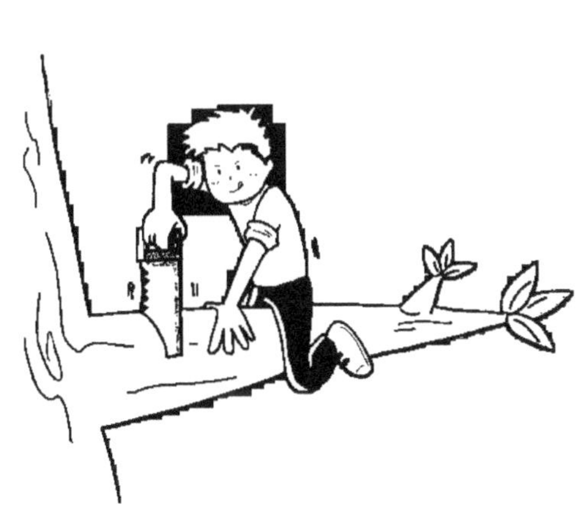

| | | |
|---|---|---|
| **Ich bin**<br>*Ik ben* | | **groß** — *lang* |
| | | **hässlich** — *lelijk* |
| **...und ich bin auch**<br>*...en ik ben ook* | **sehr** — *erg* | **hübsch** — *mooi* |
| | **ziemlich** — *nogal* | **klein** — *klein* |
| **Außerdem bin ich**<br>*Bovendien ben ik* | **ein bisschen** — *een beetje* | **muskulös** — *gespierd* |
| | **nicht** — *niet* | **pummelig** — *mollig* |
| **..., aber ich bin**<br>*...maar ik ben* | **gar nicht** — *helemaal niet* | **schlank** — *slank* |
| | | **schön** — *mooi* |
| | | **stark** — *sterk* |
| **Meine kleine Schwester ist**<br>*Mijn kleine zus is* | | **faul** — *lui* |
| | | **fleißig** — *ijverig* |
| **Mein kleiner Bruder ist**<br>*Mijn kleine broer is* | | **frech** — *brutaal* |
| | **immer** — *altijd* | **freundlich** — *vriendelijk* |
| **...und sie ist auch**<br>*...en zij is ook* | **meistens** — *meestal* | **gemein** — *gemeen* |
| | **oft** — *vaak* | **langweilig** — *saai* |
| **...und er ist**<br>*...en hij is* | **manchmal** — *soms* | **lustig** — *grappig* |
| | **selten** — *zelden* | **nervig** — *irritant* |
| **Außerdem ist er...**<br>*Bovendien is hij...* | **nie** — *nooit* | **nett zu mir** — *aardig voor me* |
| | | **schlau** — *slim* |
| **..., aber sie ist**<br>*...maar zij is* | | **stur** — *koppig* |

## Hoofdstuk 6. Woordenschat opbouwen

**1. Combineer**

| | |
|---|---|
| **Ich bin hübsch.** | Ik ben sterk. |
| **Ich bin stur.** | Ik ben slank. |
| **Ich bin lustig.** | Ik ben lui. |
| **Ich bin gemein.** | Ik ben mooi. |
| **Ich bin faul.** | Ik ben grappig. |
| **Ich bin stark.** | Ik ben gemeen. |
| **Ich bin frech.** | Ik ben koppig. |
| **Ich bin schlank .** | Ik ben brutaal. |
| **Ich bin groß.** | Ik ben lang. |

**2. Vul in**

a. Mein kleiner Bruder ist ein bisschen n__________.
*Mijn kleine broer is een beetje irritant.*

b. Mein Vater ist sehr f__________.
*Mijn vader is erg vriendelijk.*

c. Meine große Schwester ist ziemlich s________.
*Mijn grote zus is nogal koppig.*

d. Meine Oma ist immer l________.
*Mijn oma is altijd grappig.*

e. Mein Freund Mo ist sehr m______.
*Mijn vriend Mo is erg gespierd.*

**3. Categorieën – sorteer de bijvoeglijk naamwoorden hieronder naar de gegeven categorieën**

a. lustig; b. stur; c. nett; d. muskulös; e. schön; f. schlau;
g. geduldig; h. gemein; i. pummelig; j. langweilig; k. nervig;
l. hässlich; m. stark; n. hübsch

| das Aussehen | die Persönlichkeit |
|---|---|
|  |  |

**4. Vul de woorden aan**

a. Ich bin langwei_ _ _ .

b. Ich bin sch_ _ .

c. Ich bin musk_ _ _ _ _ .

d. Ich bin st _ _ .

e. Ich bin n_ _ _ .

f. Ich bin fle_ _ _ _ .

g. Ich bin kl_ _ _ .

h. Ich bin schl_ _ .

**5. Vertaal naar het Nederlands**

a. Meine große Schwester ist immer nett.

b. Mein großer Bruder ist ein bisschen pummelig.

c. Mein Vater ist immer nett zu mir...

d. ..., aber meine Mutter ist oft nervig.

e. Ich bin total hübsch, ...

f. ..., aber ein bisschen stur.

g. Außerdem bin ich sehr kreativ.

h. Mein Freund Karl ist superstark.

**6. Vind en verbeter de vertaalfouten in het Nederlands**

a. Ich bin sehr stark. — *Hij is erg sterk.*

b. Er ist ziemlich schlank. — *Hij is nogal mollig.*

c. Ich bin nicht so hässlich. — *Ik ben niet erg mooi.*

d. Meine Mutter ist sehr groß. — *Mijn moeder is lang.*

e. Mein Bruder ist meistens nervig. — *Mijn broer is nooit irritant.*

f. Meine Schwester ist total stur. — *Mijn zus is heel saai..*

g. Mein Vater ist manchmal gemein. — *Mijn vader is altijd gemeen.*

**7. Vul in**

a. Mei_ Br_ _ _ _r is_ of_ fr_ _h.

b. Me_ _ _ Sc_ _ _ _ _ _ _ _ i_ _ ne_t.

c. M_ _n Va_ _ _ i_ _ ni_ _ _ _ st_ _ ...

d. ..., ab_ _ _ e_ i_ _ im_ _ _ _ fa_ _.

e. M_ _ _ _ _ Mu_ _ _ _ _ i_ _ se_r lu_ _ _ _ _ ...

f. ... u_d s_ _ i_ _ ga_ ni_ _ _ g_m_ _ _ _.

**8. Vertaal naar het Duits**

a. Ik ben nogal sterk.

b. Ik ben ook erg mooi.

c. Mijn kleine broer is een beetje irritant...

d. ..., maar hij is erg slim.

e. Mijn grote zus is erg aardig.

f. Zij is ook altijd ijverig.

g. Mijn vader is een beetje lui.

h. Bovendien is hij nogal koppig.

# Tijd voor Grammatica 1: SEIN - Zijn (Deel 1)

| | | | | | |
|---|---|---|---|---|---|
| **ich** | *ik* | **bin** | *ben* | **groß** | *lang* |
| | | | | **gutaussehend** | *knap* |
| | | | | **hässlich** | *lelijk* |
| **du** | *jij* | **bist** | *bent* | **hübsch** | *mooi* |
| | | | | **klein** | *klein* |

| Duits | Nederlands | | | Bijvoeglijke naamwoorden | |
|---|---|---|---|---|---|
| **er** | *hij* | | | **muskulös** | *gespierd* |
| mein Bruder | | | | **pummelig** | *mollig* |
| mein Vater | | | | **schlank** | *slank* |
| ... | | | | **schön** | *mooi* |
| **sie** | *zij* | | | **stark** | *sterk* |
| meine Mutter | | **ist** | *is* | -- | |
| meine Schwester | | | | **ehrlich** | *eerlijk* |
| ... | | | | **entspannt** | *ontspannen* |
| **es** | *het* | | | **faul** | *lui* |
| das Kind | *het kind* | | | **fleißig** | *ijverig* |
| das Baby | *de baby* | | | **frech** | *brutaal* |
| mein Brüderchen | *mijn broertje* | | | **freundlich** | *vriendelijk* |
| mein Schwesterchen | *mijn zusje* | | | **geduldig** | *geduldig* |
| ... | | | | **geizig** | *gierig* |
| **wir** | *wij* | | | **gemein zu mir** | *gemeen voor mij* |
| mein Vater und ich | | **sind** | *zijn* | **geschwätzig** | *spraakzaam* |
| meine Freundin Maria und ich | | | | **großzügig** | *gul* |
| ... | | | | **gut gelaunt** | *goed gehumeurd* |
| **ihr** | *jullie* | **s<u>ei</u>d** | *zijn* | **hilfsbereit** | *behulpzaam* |
| | | | | **intelligent** | *intelligent* |
| **sie** | *zij* | | | **langweilig** | *saai* |
| meine Eltern | | | | **lustig** | *grappig* |
| meine Freunde | | | | **nervig** | *irritant* |
| meine Geschwister | *mijn broers/zussen* | **sind** | *zijn* | **nett** | *aardig* |
| meine Großeltern | *mijn grootouders* | | | **schlau** | *slim* |
| ... | | | | **schüchtern** | *verlegen* |
| **Sie** | *u* | | | **stur** | *koppig* |
| Frau Direktorin, Sie | | | | **streng** | *streng* |
| *Mevrouw de directeur, u* | | **sind** | *bent* | **zuverlässig** | *betrouwbaar* |
| Herr Lehrer, Sie | | | | | |
| *Meneer de leraar, u* | | | | | |
| ... | | | | | |

# Tegenwoordige tijd van "sein" *[zijn]* – Training 1

## 1. Combineer

| | |
|---|---|
| **wir sind** | ik ben |
| **sie sind** | jij bent |
| **ich bin** | hij is |
| **du bist** | zij zijn |
| **ihr seid** | wij zijn |
| **er ist** | jullie zijn |

## 2. Vul de ontbrekende vorm van 'sein' in

a. Ich __________ sehr geschwätzig.     *Ik ben erg spraakzaam.*

b. Meine Mutter _______ superlustig.     *Mijn moeder is supergrappig.*

c. Meine Schwestern _______ total frech.     *Mijn zussen zijn heel brutaal.*

d. Mein Bruder _______ sehr geduldig.     *Mijn broer is erg geduldig.*

e. Meine Eltern _______ nicht streng.     *Mijn ouders zijn niet streng.*

f. Wie _______ du?     *Hoe ben jij?*

g. Wie _______ deine Haare?     *Hoe is jouw haar?*

h. Ihr _______ gar nicht stark!     *Jullie zijn helemaal niet sterk!*

## 3. Vertaal naar het Nederlands

a. Mein Vater ist supernett.

b. Meine Mutter ist immer entspannt.

c. Meine Cousine ist schüchtern.

d. Meine Tante ist sehr groß.

e. Mein bester Freund ist sehr nett.

f. Mein Opa ist immer gut gelaunt.

g. Meine Oma ist ziemlich frech.

h. Ihr seid immer gemein zu mir!

## 4. Vul de ontbrekende letters in

a. Wir s_ _ _ sehr fleißig.     *Wij zijn erg ijverig.*

b. Meine Mutter i_ _ superstreng.     *Mijn moeder is superstreng.*

c. Meine Eltern s_ _ _ ein bisschen stur.     *Mijn ouders zijn een beetje koppig.*

d. Meine Geschwister s_ _ _ total gemein zu mir.     *Mijn broers en zussen zijn echt gemeen voor mij.*

e. Meine Schwester i_ _ pummelig.     *Mijn zus is mollig.*

f. Ihr s_ _ _ sehr freundlich!     *Jullie zijn erg vriendelijk.*

g. Du b_ _ _ ein bisschen faul.     *Jij bent een beetje lui.*

h. Mein Opa und meine Oma s_ _ _ immer großzügig.     *Mijn opa en oma zijn altijd gul.*

i. Wie b_ _ _ du?     *Hoe ben jij?*

j. Herr Direktor, Sie s_ _ _ sehr gemein!     *Meneer de directeur, u bent erg gemeen!*

## 5. Vertaal naar het Duits

a. jij bent    du _ _ _ _

b. hij is    er _ _ _

c. jullie zijn    ihr _ _ _ _

d. zij zijn    sie _ _ _ _

e. wij zijn    wir _ _ _ _

f. zij is    sie _ _ _

## 6. Vind en verbeter de fouten

a. Meine Mutter is sehr nett.

b. Meine Eltern sein total streng.

c. Meine Schwester est ziemlich intelligent.

d. Mein Bruder und ich bin sehr groß.

e. Wie ist du?

# Tegenwoordige tijd van "sein" *[zijn]* – Training 2

**7. Vul de ontbrekende letters in**

a. W__r s__nd sehr groß.  *Wij zijn erg lang.*

b. D__ b__st ziemlich klein.  *Jij bent nogal klein.*

c. Meine Mutter i__t ein bisschen pummelig.  *Mijn moeder is een beetje mollig.*

d. Meine Lehrer si__d sehr gut.  *Mijn leraren zijn erg goed.*

e. __u __ist sehr hübsch.  *Jij bent erg mooi.*

f. I__h __in nicht schüchtern.  *Ik ben niet verlegen.*

g. Mein Bruder und ich si__d sehr fleißig.  *Mijn broer en ik zijn erg ijverig.*

**8. Vul de ontbrekende vorm van het werkwoord SEIN in**

a. Meine Mutter______  f. Mein Bruder ______

b. Meine Eltern ______  g. Ihr ______

c. Ich ______  h. Du ______

d. Sie *[zij meervoud]* ______  i. Frau Direktorin, Sie ______

e. Meine Mutter und ich ______

**9. Vul de ontbrekende vorm van SEIN in**

a. Ich ______ achtzehn Jahre alt.  e. Ich ______ ein bisschen pummelig.

b. Meine Mutter ______ sehr groß und schön.  f. Sie *[zij meervoud]* ______ klein.

c. Meine Eltern ______ sehr streng.  g. Meine Schwester und ich ______ muskulös.

d. Mein Bruder ______ ziemlich nervig.  h. Mein Freund Marco ______ Italiener.

**10. Vertaal naar het Duits**

a. Mijn moeder is erg lang.  e. Mijn opa is erg streng.

b. Mijn vader is nogal klein.  f. Mijn oma is supergeduldig.

c. Mijn kleine broer is een beetje verlegen.  g. Mijn moeder is helemaal niet lui.

d. Mijn kleine zus is niet erg aardig.  h. Mijn tante is normaal gesproken erg aardig.

**11. Vertaal naar het Duits**

a. Mijn moeder en mijn zus zijn erg lang.  e. Mijn broer en ik zijn helemaal niet lang.

b. Mijn zussen zijn altijd erg aardig voor mij.  f. Mijn moeder en mijn zus zijn nogal mooi.

c. Ik ben erg vriendelijk.  g. Mijn vriendin en haar *[ihre]* zus zijn erg klein.

d. Jij bent altijd spraakzaam en erg lui.  h. Jullie zijn erg gemeen!

# Tijd voor Grammatica 2: HABEN – Hebben (Deel 1)

| | | | | | |
|---|---|---|---|---|---|
| **ich** | *ik* | **habe** | *heb* | **keine Haare** | *geen haar* |
| **du** | *jij* | **hast** | *hebt* | **kurze Haare** | *kort haar* |
| | | | | **lange Haare** | *lang haar* |
| **er** | *hij* | | | **mittellange Haare** | *middellang haar* |
| mein Bruder<br>mein Vater | | | | | |
| | | | | **glatte Haare** | *steil haar* |
| **sie** | *zij* | | | **lockige Haare** | *krullend haar* |
| meine Mutter<br>meine Schwester | | **hat** | *heeft* | **wellige Haare** | *golvend haar* |
| | | | | **blonde Haare** | *blond haar* |
| **es** | *het* | | | **dunkelblonde Haare** | *donkerblond haar* |
| das Kind<br>das Baby<br>mein Brüderchen  *mijn broertje*<br>mein Schwesterchen  *mijn zusje* | | | | **braune Haare** | *bruin haar* |
| | | | | **graue Haare** | *grijs haar* |
| | | | | **rote Haare** | *rood haar* |
| **wir** | *wij* | | | **rotblonde Haare** | *roodblond haar* |
| mein Vater und ich<br>meine Freundin Maria und ich | | **haben** | *hebben* | **schwarze Haare** | *zwart haar* |
| **ihr** | *jullie* | **habt** | *hebben* | **weiße Haare** | *wit haar* |
| **sie** | *zij* | | | **einen/keinen Bart** | *een/geen baard* |
| meine Eltern<br>meine Freunde<br>meine Geschwister | | **haben** | *hebben* | **blaue Augen** | *blauwe ogen* |
| | | | | **braune Augen** | *bruine ogen* |
| **Sie** | *u* | | | **hellbraune Augen** | *lichtbruine ogen* |
| | | | | **dunkelbraune Augen** | *donkerbruine ogen* |
| Frau Direktorin, Sie<br>Herr Lehrer, Sie | | **haben** | *heeft* | **graublaue Augen** | *grijsblauwe ogen* |
| | | | | **grüne Augen** | *groene ogen* |

## Training

### 1. Vertaal naar het Nederlands

a. Wir haben lange schwarze Haare.

b. Er hat kurze blonde Haare.

c. Ihr habt wellige braune Haare.

d. Du hast kurze rote Haare.

e. Sie haben lockige rotblonde Haare.

f. Ich habe lange weiße Haare.

g. Sie hat mittellange, wellige blonde Haare.

### 2. Vind en verbeter de fouten (let op: niet alle zinnen zijn fout)

a. Meine Mutter hat kurze schwarze Haare.

b. Meine Schwestern habe lange blonde Haare.

c. Ich hat kurze braune Haare.

d. Sie *[enkelvoud]* hast mittellange rote Haare.

e. Wir habe kurz Haare.

f. Meine Mutter und ich hat glatte braune Haare.

 THE LANGUAGE GYM

## 3. Vul het ontbrekende deel van het werkwoord in

a. Ich ha____ blonde Haare.

b. Meine Mutter ha____ blaue Augen.

c. Meine Schwestern ha___ rote Haare.

d. Mein Vater ha___ graue Haare.

e. Wir ha______ schwarze Haare.

f. Mein Opa ha___ weiße Haare.

g. Maria und ich ha____ blonde Haare.

h. Mein Cousin ha___ braune Haare.

i. Ha___ ihr lange Haare?

j. Mein Bruder und ich ha____ lockige Haare.

k. Mein Freund Jonas ha____ grüne Augen.

l. Meine Geschwister hab____ kurze Haare.

m. Ich ha___ mittellange blonde Haare.

n. Ha___ du auch blonde Haare?

## 4. Vul de ontbrekende vormen van HABEN in

a. Du und deine Mutter, ihr ________ blonde Haare.

b. Meine Eltern ________ braune Augen.

c. Meine Schwester und ich ________ rote Haare.

d. Meine Großeltern _________ schwarze Haare.

e. Du ________ einen Bart.

f. Herr Direktor, Sie ________ graue Haare.

g. Mein Bruder ________ kurze glatte Haare.

h. Mein Cousin ________ rotblonde Haare.

i. Meine zwei Schwestern ________ glatte Haare.

j. Meine Freundin und ich _________ blaue Augen.

## 5. Vertaal naar het Duits

a. Wij hebben lang haar.

b. Jij hebt blond haar.

c. Jullie hebben donkerbruin haar.

d. Zij heeft groene ogen.

e. Mijn vader heeft lang krullend haar.

f. Mijn zus heeft kort steil haar.

g. Mijn opa heeft grijs haar.

h. Mijn oom heeft geen haar.

i. Mijn oma en ik hebben blond haar.

j. Mijn oom Tim heeft groene ogen.

## 6. Geleid schrijven – Schrijf een tekst in de eerste persoon enkelvoud (ik) inclusief onderstaande gegevens:

a. Zeg dat je elf jaar oud bent.

b. Zeg dat je een zus hebt.

c. Zeg dat je zus 14 is.

d. Zeg dat ze halflang, golvend blond haar en blauwe ogen heeft.

e. Zeg dat ze lang, mooi en altijd vriendelijk is.

f. Zeg dat je ook een broer hebt.

g. Zeg dat hij 8 is.

h. Zeg dat hij kort, krullend zwart haar en bruine ogen heeft.

i. Zeg dat je ouders kort, donkerblond haar en bruine ogen hebben.

## 7. Schrijf een tekst van 80 tot 100 woorden waarin je vier personen beschrijft die je goed kent, familieleden of vrienden. Verwerk hierin hun:

a. Naam

b. Leeftijd

c. Haar (lengte, soort, en kleur)

d. Kleur ogen

e. Of ze een bril dragen of niet

f. Uiterlijk

g. Persoonlijkheid

**Es gibt vier Personen in meiner Familie.**
*Er zijn vier personen in mijn familie.*

| | | | |
|---|---|---|---|
| **In meiner Familie gibt es …**<br>*In mijn famlie is/zijn er…* | **meine Oma Leni**<br>*mijn oma Leni*<br><br>**meine Mutter Angela**<br>*mijn moeder Angela*<br><br>**meine Tante Barbara**<br>*mijn tante Barbara*<br><br>**meine kleine/große Schwester Mia**<br>*mijn kleine/grote zus Mia* | **Ich mag meine Oma (nicht), denn sie ist…**<br>*Ik houd (niet) van mijn oma, want ze is…*<br><br><br>**Sie ist auch nicht/sehr/total…**<br>*Ze is ook niet/erg/echt…* | **groß** — *lang*<br>**gutaussehend** — *knap*<br>**hässlich** — *lelijk*<br>**hübsch** — *mooi*<br>**klein** — *klein*<br>**muskulös** — *gespierd*<br>**pummelig** — *mollig*<br>**schlank** — *slank*<br>**schön** — *mooi*<br>**stark** — *sterk* |
| **Außerdem gibt es …**<br>*Bovendien, is/zijn er…* | **meine Cousine Lisa**<br>*mijn nicht Lisa* | **Außerdem ist meine Oma nie/oft/immer…**<br>*Bovendien is mijn oma nooit/vaak/altijd…* | **ehrlich** — *eerlijk*<br>**entspannt** — *ontspannen*<br>**faul** — *lui*<br>**fleißig** — *ijverig*<br>**frech** — *brutaal*<br>**freundlich** — *vriendelijk*<br>**geduldig** — *geduldig*<br>**geizig** — *gierig*<br>**gemein** — *gemeen*<br>**geschwätzig** — *spraakzaam*<br>**großzügig** — *gul*<br>**gut gelaunt** — *goed gehumeurd*<br>**hilfsbereit** — *behulpzaam*<br>**langweilig** — *saai*<br>**lustig** — *grappig*<br>**nervig** — *irritant*<br>**nett** — *aardig*<br>**schlau** — *slim*<br>**schüchtern** — *verlegen*<br>**stur** — *koppig*<br>**streng** — *streng*<br>**zuverlässig** — *betrouwbaar* |
| **Es gibt auch …**<br>*Er is/zijn ook…* | **meinen Opa Karl**<br>*mijn opa Carl*<br><br>**meinen Vater Johannes**<br>*mijn vader Johannes*<br><br>**meinen Onkel Moritz**<br>*mijn oom Moritz*<br><br>**meinen großen/kleinen Bruder Max**<br>*mijn grote/kleine broer Max*<br><br>**meinen Cousin Sinan**<br>*mijn neef Sinan* | **Ich mag meinen Opa (nicht), denn er ist…**<br>*Ik houd (niet) van mijn opa, want hij is…*<br><br><br>**Er ist auch nicht/sehr/total…**<br>*Hij is ook niet/erg/echt…*<br><br><br>**Außerdem ist mein Opa nie/oft/immer…**<br>*Bovendien is mijn opa nooit/vaak/altijd…* | |

| | |
|---|---|
| **Ich verstehe mich gut mit meinem Opa!**<br>*Ik kan het goed vinden met mijn opa!* | **Ich verstehe mich gut mit meiner Oma!**<br>*Ik kan het goed vinden met mijn oma!* |

**Opmerking:** *Goed gedaan om te blijven letten op de verschillende manieren waarop het woord "mijn" wordt geschreven in het Duits! Heb je in hoofdstuk 5 nagedacht over mogelijke patronen? Kun je die patronen hierboven opnieuw vinden?*

# Hoofdstuk 6. Mijn familie beschrijven: WOORDENSCHAT OPBOUWEN

## 1. Vul het ontbrekende woord in

a. In meiner Familie g______ es...
*In mijn familie is/zijn er...*

b. Es gibt ________ Personen.
*Er zijn vier personen.*

c. Meine ________, die Leonie heißt...
*Mijn moeder, die Leonie heet...*

d. Mein Onkel ____ sehr groß.
*Mijn oom is erg lang.*

e. Meine _________ ist total nett.
*Mijn tante is echt aardig.*

f. Meine Cousine Olivia ist __________.
*Mijn nicht Olivia is grappig.*

g. Ich mag meinen _________.
*Ik houd van mijn broer.*

## 2. Combineer

| | |
|---|---|
| **meine Tante** | mijn nicht |
| **mein Opa** | mijn zus |
| **meine Mutter** | mijn moeder |
| **mein Vater** | mijn neef |
| **meine Oma** | mijn vader |
| **mein Cousin** | mijn opa |
| **mein kleiner Bruder** | mijn tante |
| **mein Onkel** | mijn broertje |
| **meine Schwester** | mijn oma |
| **meine Cousine** | mijn oom |

## 3. Vertaal naar het Nederlands

a. Ich mag meinen Onkel.

b. Meine Cousine ist immer gut gelaunt.

c. Er hat lange braune Haare.

d. Ich verstehe mich nicht gut mit ...

e. Ich mag meine Tante nicht.

f. Ich verstehe mich gut mit ...

g. Sie ist total nervig.

h. Er ist nie nett.

## 4. Vul de ontbrekende letter in

a. st_r

b. gro_

c. _ett

d. s_hlank

e. gei_ig

f. s_ark

g. fle_ßig

h. hü_sch

i. f_ul

j. ge_ein

k. fr_undlich

l. zu_erlässig

## 5. Gebroken woorden

a. I__ m______ Fam____ g_____ e_ v_____ P__________.
*In mijn familie zijn er vier personen.*

b. M_____ M______ i__ s_____ n___.
*Mijn moeder is erg aardig.*

c. I___ v________ m_____ n______ g___ m____ ...
*Ik kan het niet goed vinden met...*

d. M____ O______ i___ s_____ g______.
*Mijn oom is erg gierig.*

e. I___ v________ m_____ g___ m___ m______ S__________.
*Ik kan het goed vinden met mijn zus.*

f. M______ B________ h____ k______ l_______ H_______.
*Mijn broer heeft kort krullend haar.*

g. M______ V_______ i___ z_________ s________.
*Mijn vader is nogal slim.*

## 6. Vul een passend woord in

a. Es gibt ________ Personen.

b. Ich verstehe mich ________ mit ...

c. Meine Mutter ist ________ nett.

d. Sie ist sehr __________.

e. Er hat ________ Haare.

f. Ich ________ meinen Vater.

g. Ich _________ mich nicht gut mit ...

h. Sie hat lange _________ Haare.

i. Mein Opa hat _________Augen.

j. Mein Cousin ist ________ lustig.

k. Meine _________ ist sehr schlau.

l. Meine Oma ist __________ Jahre alt.

# Hoofdstuk 6.  Mijn familie beschrijven: LEZEN

Servus, ich bin Charly. Ich bin zehn Jahre alt und ich wohne in Wien, in der Hauptstadt von Österreich. In meiner Familie gibt es fünf Personen: meinen Vater Johannes, meine Mutter Andrea, meine Brüder Alex und Ben, und mich. Ich verstehe mich gut mit Alex, denn er ist nett und immer gut gelaunt. Aber ich mag Ben nicht. Er ist total gemein!

Guten Tag! Ich heiße Fatima. Ich bin vierzehn Jahre alt und ich wohne in Hamburg, im Norden von Deutschland. Ich mag meinen Opa sehr, denn er ist total lustig. Er ist auch sehr intelligent, aber ziemlich schüchtern.
Jedoch mag ich meinen Vater nicht. Er ist immer launisch und total faul, stell dir vor! Er hat kurze braune Haare und grüne Augen.

Ciao Freunde! Ich heiße Marco. Ich bin fünfzehn Jahre alt und ich wohne in Südtirol. Ich habe kurze blonde Haare. In meiner Familie gibt es sechs Personen. Ich verstehe mich nicht gut mit meiner Schwester. Sie ist total stur. Aber ich verstehe mich sehr gut mit meinen Cousinen. Sie sind alle sehr nett. Meine Lieblingscousine heißt Maria, denn sie ist nicht nur groß und stark, sondern auch sehr lustig und immer gut gelaunt. Sie hat kurze braune Haare und sie trägt eine Brille.

Hoi zäme! Ich heiße Angelo. Ich bin zehn Jahre alt und ich wohne in Luzern, in der Schweiz. Ich bin ziemlich gutaussehend! In meiner Familie gibt es viele Personen, insgesamt acht! Ich mag meinen Onkel, jedoch mag ich meine Tante nicht.
Ich verstehe mich gut mit meinem Onkel Carl, weil er total nett ist. Jedoch ist meine Tante Susi immer unfreundlich und gemein zu mir. Ich verstehe mich nicht gut mit ihr!
Susi hat lange, lockige blonde Haare und blaue Augen, so wie ich. Ihr Geburtstag ist am elften Mai.

Hi Leute, ich heiße Jonas. Ich bin neun Jahre alt und ich wohne in Bonn, in Deutschland. In meiner Familie gibt es vier Personen. Ich verstehe mich nicht gut mit meinem Vater. Er ist sehr streng und gar nicht nett. Jedoch mag ich meine Oma, denn sie ist immer großzügig.

## 1. Vind het Duits voor de volgende woorden in de tekst van Fatima

a. Ik heet

b. in het noorden

c. Ik houd erg van

d. nogal

e. maar

f. echter

g. stel je voor!

h. kort bruin haar

## 2. Beantwoord de volgende vragen over de tekst van Angelo

a. Hoe oud is hij?

b. Waar komt hij vandaan?

c. Hoeveel personen zijn er in zijn familie?

d. Met wie kan hij het goed vinden?

e. Waarom kan hij het goed met Carl vinden?

f. Met wie kan hij het niet goed vinden en waarom?

*BONUS. Kun je in de tekst het Duitse woord voor "omdat" vinden?*

## 3. Vul de ontbrekende woorden in

Hallo! Ich heiße Alex. Ich _______ zehn Jahre alt und ich wohne _____ Berlin. In meiner __________ gibt es vier Personen. Ich ________ mich gut mit meinem Opa, denn ____ ist immer nett und entspannt. Er hat kurze graue _______ und graublaue ________. Aber ich verstehe mich nicht gut _______ meiner Tante, denn sie _____ total langweilig.

## 4. Beantwoord de vragen hieronder over alle vijf teksten

a. Wie heeft een oma die altijd gul is?

b. Wie is 15 jaar oud?

c. Wie viert zijn/haar verjaardag op 11 mei?

d. Wie heeft een lievelingsnicht?

e. Wie komt er uit het noorden van Duitsland?

f. Wie kan het alleen met één van de broers goed vinden?

g. Wie is een beetje verlegen?

h. Wie zijn altijd goed gehumeurd (2 personen)?

i. Wie heeft lang, krullend haar?

# Hoofdstuk 6. Mijn familie beschrijven: VERTALEN

## 1. Slechte vertaling: vind en verbeter hieronder alle vertaalfouten (in het Nederlands)

a. In meiner Familie gibt es vier Personen.
*In mijn familie zijn er veertien personen.*

b. Es gibt meine Mutter, Rita und meinen Bruder Ben.
*Er is mijn moeder, Rita en mijn neef Ben.*

c. Ich verstehe mich nicht gut mit meinem Vater.
*Ik kan het goed vinden met mijn vader.*

d. Mein Onkel heißt Carl.
*Mijn vader heet Carl.*

e. Carl ist superlustig und immer nett zu mir.
*Carl is supergrappig en altijd gemeen tegen mij.*

f. Carl hat kurze, lockige schwarze Haare.
*Carl heeft kort, krullend bruin haar.*

## 2. Vertaal naar het Nederlands

a. Ich mag meine Oma.

b. Meine Schwester ist immer gut gelaunt.

c. Meine Cousine ist superlustig und entspannt.

d. Ich verstehe mich gut mit meiner Tante.

e. Ich mag meinen Cousin sehr, …

f. … denn er ist immer nett zu mir.

g. Ich verstehe mich super mit meinem Vater, …

h. … aber ich mag meinen Onkel nicht, …

i. … weil er immer gemein zu mir ist.

## 3. Vertaal Nederlands-Duits

a. Hij is erg aardig.

b. Zij is altijd gul.

c. Ik kan het goed vinden met…

d. Ik kan het niet goed vinden met…

e. Mijn oom is supergrappig.

f. Ik houd van mijn kleine broer.

g. Ik mag mijn nicht Mary niet.

h. Zij heeft kort zwart haar.

i. Hij heeft blauwe ogen.

j. Ik mag mijn opa niet.

k. Hij is erg koppig en altijd gemeen tegen mij.

## 4. Zinnen vertalen Nederlands-Duits

a. Ik heet Stefan. Ik ben negen jaar oud. In mijn familie zijn er vier personen.

b. Mijn naam is Carla. Ik heb blauwe ogen. Ik kan het goed vinden met mijn broer.

c. Ik kan het niet goed vinden met mijn broer omdat hij niet aardig tegen mij is.

d. Mijn naam is Frank. Ik woon in Oostenrijk. Ik mag mijn oom David niet omdat hij altijd gemeen tegen mij is..

e. Ik houd van mijn nicht omdat zij erg grappig is.

f. In mijn familie zijn er vijf personen. Ik kan het goed vinden met mijn vader, maar ik mag mijn moeder niet.

# Hoofdstuk 6. Mijn familie beschrijven: SCHRIJVEN

## 1. Gesplitste zinnen

| | |
|---|---|
| **Ich verstehe mich gut** | sie total kreativ. |
| **Sie ist immer gut** | ziemlich klein. |
| **Meine Oma ist** | mit meiner Oma. |
| **Sie hat** | lockige weiße Haare. |
| **Außerdem ist** | meine Oma. |
| **Und sie ist immer** | gelaunt. |
| **Ich mag** | nett zu mir. |

## 2. Herschrijf de zinnen in de juiste volgorde (begin elke zin met het onderstreepte woord)

a. habe sechs in Familie meiner Personen <u>Ich</u>

b. <u>Ich</u> gut mit Bruder verstehe meinem mich

c. Onkel mag nicht <u>Ich</u> meinen

d. Mutter hat <u>Meine</u> Augen blaue

e. <u>Meine</u> immer ist Oma zu mir nett

## 3. Vind en verbeter de grammaticale fouten en de spelfouten

a. In meiner Familie es gibt …

b. Ich verstehen mich gut mit …

c. Ich nicht mag meine Tante.

d. Mein Bruder ist immer gemien.

e. Ich verstehst mich nicht gut mit …

f. Miene Mutter ist großzügig.

g. Sie hat blau Augen.

h. Meine Schwester sein sehr faul.

i. Er hat rot Haare.

j. Ich mag mein Oma sehr.

## 4. Anagrammen

a. tnet

b. ßigflei

c. ligpumme

d. luaf

e. mienge

f. ustr

g. tiglus

h. ternchschü

## 5. Geleid schrijven – schrijf 3 korte alinea's waarin je de onderstaande personen beschrijft in de eerste persoon (ik):

| Naam | Leef-tijd | Familie | Vindt aardig | Vindt aardig | Vindt niet aardig |
|---|---|---|---|---|---|
| **Luzi** | 13 | 4 personen | moeder – erg ijverig – lang blond haar | grote broer – want erg grappig en altijd aardig tegen hem | niet Laura – want erg gemeen en lui |
| **Leo** | 12 | 5 personen | vader –erg ontspannen – kort zwart haar | oma – want supercreatief en vaak goed gehumeurd | oom Franz – want altijd koppig en erg lelijk |
| **Jonas** | 15 | 3 personen | opa –erg grappig- erg kort wit haar | kleine zus- want erg aardig en altijd ontspannen | niet Kathrin – erg sterk maar super spraakzaam en gemeen tegen hem |

## 6. Beschrijf deze persoon in de derde persoon:

**Naam & Leeftijd:**
Alex, 14

**Familie:**
4 personen

**Houdt van:**
zijn tante Inge, altijd ontspannen en grappig, blond haar

**Houdt niet van:**
zijn oom Paul, niet aardig en nooit goed gehumeurd

# Hoofdstuk 6a. Vertellen over vaardigheden

**Kannst du Gitarre spielen?** – *Kun jij gitaar spelen?*

| Onderwerp - werkwoord | Bijwoord | Activiteit met infinitief | | Emotionele opmerking |
|---|---|---|---|---|
| **ich kann** <br> *Ik kan* | **sehr gut** <br> *erg goed* | **Deutsch sprechen** <br> **Einrad fahren** <br> **Gitarre spielen** | *Duits spreken* <br> *eenwieleren* <br> *gitaar spelen* | **Das ist ja fantastisch!** <br> *Dat is fantastisch!* |
| **du kannst** <br> *jij kunt* | **gut** <br> *goed* | **Handstand machen** <br> **im Team arbeiten** <br> **jonglieren** | *de handstand* <br> *in een team werken* <br> *jongleren* | **Alter Falter!** <br> *Wauw!* |
| **er / sie kann** <br> *hij / zij kan* | **ein bisschen** <br> *een beetje* | **klettern** <br> **kochen** | *klimmen* <br> *koken* | **Stell dir vor!** <br> *Stel je voor!* |
| **wir können** <br> *wij kunnen* | **nicht so gut** <br> *niet zo goed* | **malen** <br> **rechnen** <br> **schreiben** | *schilderen* <br> *rekenen* <br> *schrijven* | **Wie peinlich!** <br> *Hoe pijnlijk!* |
| **ihr könnt** <br> *jullie kunnen* | **nicht** <br> *niet* | **schwimmen** <br> **singen** | *zwemmen* <br> *zingen* | **Wie schade!** <br> *Wat jammer!* |
| **sie / Sie können** <br> *zij kunnen / u kunt* | **gar nicht** <br> *helemaal niet* | **tanzen** <br> **tauchen** <br> **Yoga** | *dansen* <br> *duiken* <br> *yoga* | **Oje!** <br> *Oh jee!* |

*Opmerking:*
*'können' (kunnen) is één van de 6 modale hulpwerkwoorden in het Duits. Net als in het Nederlands hebben Duitse modale hulpwerkwoorden een tweede werkwoord nodig om een complete zin te maken. Dit 2e werkwoord hoeft niet vervoegd te worden: het staat in de infinitieve vorm aan het einde van de zin.*

## Hoofdstuk 6a. WOORDENSCHAT OPBOUWEN

### 1. Combineer Duits en Nederlands

| | |
|---|---|
| **sehr gut** | dansen |
| **klettern** | erg goed |
| **Wie schade!** | wij kunnen |
| **tanzen** | Mijn opa kan |
| **wir können** | klimmen |
| **Mein Opa kann** | Wat jammer! |

### 2. Vul de juiste vorm van KÖNNEN in

a. Meine Schwester _________ gut jonglieren.

b. Mein Bruder und ich ________ sehr gut schwimmen.

c. Ich _________ nicht so gut singen.

d. Mein Onkel _________ supergut rechnen.

e. _________ du Salsa tanzen?

f. Nein, ich _______ nicht tauchen.

g. Ihr _________ nicht jonglieren? Oje!

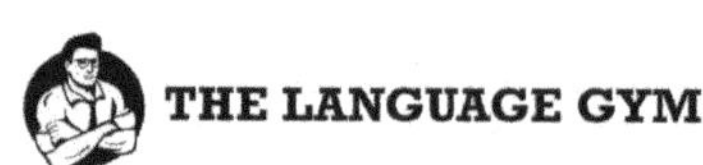

## 3. Vul het ontbrekende woord in

a. Ich kann sehr gut ____________.    *Ik kan erg goed koken.*

b. Meine Mutter kann ein ____________ Klavier spielen.    *Mijn moeder kan een beetje piano spelen.*

c. ____________ du Spanisch sprechen?    *Kun jij Spaans spreken?*

d. Meine Cousins ____________ gut Einrad fahren.    *Mijn neven kunnen goed eenwieleren.*

e. Ich kann nicht so gut ____________. Wie schade!    *Ik kan niet zo goed zingen Wat jammer!*

f. Meine Oma kann Motorrad ____________. Stell dir vor!    *Mijn oma kan motor rijden. Stel je voor!*

g. Mein kleiner ____________ kann Handstand machen.    *Mijn kleine broer kan de handstand.*

h. Meine große Schwester kann ____________ gut schwimmen.    *Mijn grote zus kan erg goed zwemmen.*

## 4. Vertaal naar het Nederlands

a. Ich kann kochen.    e. Ich kann gut rechnen.    i. ein bisschen

b. Du kannst singen.    f. Mein Freund kann gut malen.    j. Stell dir vor!

c. Er kann tanzen.    g. Ihr könnt Deutsch sprechen.    k. Oje!

d. Sie kann schwimmen.    h. Wir können gut im Team arbeiten.    l. Alter Falter!

## 5. Vind en verbeter alle vertaalfouten in het Nederlands

a. Ich kann gut kochen.    *Ik kan niet zo goed koken.*

b. Sie kann nicht sehr gut rechnen.    *Zij kan erg goed rekenen.*

c. Mein Onkel kann nicht singen.    *Mijn opa kan niet zingen.*

d. Ich kann ein bisschen Gitarre spielen.    *Ik kan niet piano spelen.*

e. Sie können gut malen.    *Jij kunt goed schilderen.*

f. Wir können gut klettern.    *Wij kunnen goed koken.*

g. Ich kann gar nicht tanzen.    *Ik kan heel goed dansen.*

## 6. Anagrammen (infinitieven): Schrijf het woord en de vertaling op

a. chenko   - <u>kochen</u>    - <u>koken</u>

b. ztanen   - __________    - __________

c. beiarten - __________    - __________

d. lenma    - __________    - __________

e. eisplen  - __________    - __________

f. hafrne   - __________    - __________

## 7. Gebroken woorden

a. I____ k________ s______ g____ D__________ s__________.
*Ik kan heel goed Duits spreken.*

b. E____ k________ n______ s__________.
*Hij kan niet zwemmen.*

c. M______ O_____ k______ E________ f________, s______ d___ v____!
*Mijn oma kan eenwieleren, stel je voor!*

d. K______ d___ g____ t________?
*Kun jij goed dansen?*

e. M______ g________ B__________ k______ j__________.
*Mijn grote broer kan jongleren.*

f. M______ F__________ Marie k________ s______ g_____ k__________.
*Mijn vriendin Marie kan heel goed koken.*

## 8. Vul een passend woord in

a. Mein _______ kann kochen.

b. Ich kann _______ schwimmen.

c. Kannst du __________ ?

d. Meine _______ kann Judo!

e. Mein Freund kann ____ tanzen.

f. Wie __________ !

g. _____ können Gitarre spielen.

h. Ich kann gar nicht _______, …

i. … aber ich kann __________.

# Hoofdstuk 6a. Vertellen over vaardigheden: LEZEN

Hallo, ich heiße Markus. Ich bin elf Jahre alt und ich wohne in München. Mein Lieblingsonkel heißt Matthias. Ich mag ihn sehr! Er ist nicht nur superlustig, sondern auch immer nett zu mir. Außerdem kann er sehr gut Klavier und Gitarre spielen. Ich finde das super! Und du, hast du einen Lieblingsonkel?

Moin moin! Ich heiße Olli und ich komme aus Oldenburg. Ich bin total cool, denn ich kann echt gut Basketball spielen! Ich habe keinen Lieblingsonkel. Aber ich habe einen Opa, der supersportlich ist. Stell dir vor, er kann total gut Judo und Karate! Leider kann er nicht Englisch sprechen. Wie schade! Aber vielleicht kann er es noch lernen. Und du, was kannst du?

Hola amigos! Ich bin Lisa und ich wohne in Bueno Aires. Ich habe eine Lieblingsschwester! Sie heißt Maria und sie ist zweiundzwanzig Jahre alt. Ich finde sie super, denn sie kann Spanisch, Englisch und Chinesisch sprechen. Das ist ja fantastisch, oder? Alter Falter, sie kann mit so vielen Leuten auf der Welt kommunizieren! Jedoch kann sie nicht Deutsch sprechen - aber ich kann das, ha!

Hallo Freunde, ich heiße Tom und ich wohne im Norden von London. Ich bin dreizehn Jahre alt. Ich habe einen Lieblingsonkel. Er heißt Louis und er kann sehr gut malen. Er malt immer Schildkröten, stell dir vor! Ich habe auch eine Lieblingstante. Sie heißt Mary. Ich mag sie, weil sie immer entspannt und gut gelaunt ist. Mary kann super singen und tanzen. Aber das Beste ist: Mary kann mit sechs Bällen jonglieren! Das ist der Hammer! Leider kann ich meinen Onkel und meine Tante nicht so oft sehen. Das ist soooo schade!

Hi Leute, ich heiße Jana. Ich bin zwölf Jahre alt und ich wohne in Luzern in der Schweiz. Ich habe eine Lieblingstante! Sie heißt Ellie und sie kann supergut Motorrad fahren. Ich mag Ellie sehr, sie ist immer nett zu mir und sie ist total lustig. Und du, hast du eine Lieblingstante?

## 1. Vind het Duits voor de volgende woorden in de tekst van Olli

a. ik kom uit

b. ik kan heel goed ...

c. lievelingsoom

d. die supersportief is

e. Stel je voor

f. Helaas kan hij niet

g. Wat jammer!

h. Maar misschien ...

i. ... kan hij het nog leren

## 2. Beantwoord de volgende vragen over de tekst van Tom.

a. Waar woont Tom?

b. Wat kan zijn favoriete oom goed?

c. Waarom houdt hij van zijn favoriete tante?

d. Waar is zij erg goed in (2 details)?

e. Maar wat is het beste?

f. Waarom is Tom een beetje verdrietig?

## 3. Vul de ontbrekende woorden in

Hallo! Ich _______ Mia. Ich bin zehn Jahre alt und ich _________ in Basel. Mein Lieblings_________ heißt Alexander. Ich________ ihn sehr, denn ______ ist immer nett und gut gelaunt. Mein Onkel kann sehr gut Trompete _________ und er kann sehr gut Handstand _________, cool, ne? Und du, _________ du einen Lieblingsonkel?

## 4. Beantwoord de onderstaande vragen over alle 5 teksten

a. Wie heeft een opa die goed is in vechtsporten?

b. Wie heeft een tante die van motorfietsen houdt?

c. Wie is goed in schilderen?

d. Wie heeft een favoriete zus?

e. Wie kan jongleren met zes ballen?

f. Wie heeft geen favoriete oom?

g. Wie kan met veel mensen communiceren?

h. Wie heeft een tante die altijd aardig voor hem/haar is?

# Hoofdstuk 6a. Vertellen over vaardigheden: VERTALEN/SCHRIJVEN

## 1. Slechte vertaling: vind en verbeter alle vertaalfouten (in het Nederlands) in onderstaande zinnen

a. Mein Onkel kann sehr gut kochen.
*Mijn oom kan helemaal niet koken.*

b. Meine Tante kann sehr gut tanzen und singen.
*Mijn tante kan erg goed dansen en zwemmen.*

c. Mein Bruder und ich können gut Karate.
*Mijn broer en ik kunnen heel goed karate.*

d. Ich kann sehr gut im Team arbeiten.
*Hij kan erg goed in een team werken.*

e. Ich mag ihn, denn er kann gut singen.
*Ik houd van haar, omdat hij goed kan zingen.*

f. Sie können Deutsch und Spanisch sprechen.
*Zij kan Duits en Spaans spreken.*

## 2. Vertaal van het Duits naar het Nederlands

a. Mein Opa kann Handstand machen.

b. Ich habe einen Lieblingsonkel. Er heißt Max.

c. Ich mag ihn. Er kann tanzen und singen!

d. Ich verstehe mich gut mit meinem Onkel.

e. Ich habe eine Lieblingstante.

f. Ich mag sie sehr.

g. Sie kann <u>nicht nur</u> Yoga, <u>sondern auch</u>* Karate.

## 3. Zet de woorden van elke zin in de juiste volgorde. Begin elke zin met het onderstreepte woord

a. <u>Mein</u> kann Onkel und kochen tanzen

b. können malen <u>Meine</u> Cousinen sehr gut

c. mag <u>Ich</u> Tante meine sehr

d. Bruder kann gut sprechen Deutsch <u>Mein</u>

e. <u>Ich</u> kann tauchen sehr gut, du und?

f. Schwester <u>Meine</u> kann fahren Einrad

g. ist ja <u>Das</u> fantastisch!

## 4. Vind en verbeter de grammaticale fouten en de spelfouten

a. Mein Lieblingsonkel kann kochen gut.

b. Mein Tante kann nicht so gut tanzen.

c. Wir konnen gut singen.

d. Du kannst sehr gut fußball spielen.

e. Ich mag meine Onkel, er kann jonglieren!

f. Kannst du joglieren?

g. Sie kann supergut deutsch sprechen!

## 5. Combineer

| | |
|---|---|
| und | echter |
| aber | bovendien |
| leider | helaas |
| jedoch | en |
| außerdem | want |
| weil | maar |
| auch | omdat |
| denn | ook |

## 6. Geleid schrijven – schrijf 3 korte alinea's waarin je de personen hieronder beschrijft in de eerste persoon (ik):

| Naam | Leef-tijd | Woont in | Lieve-lings... | Kan goed | Kan niet zo goed |
|---|---|---|---|---|---|
| Johann | 15 | Hamburg | oom Adam | basketbal spelen | Spaans spreken |
| Leonie | 13 | Luzern | tante Eva | motor rijden | koken |
| Deniz | 11 | Linz | broer Yasim | schilderen en dansen | voetbal spelen |

*nicht nur... sondern auch... = *niet alleen... maar ook...*

# HOOFDSTUK 7
# Vertellen over huisdieren

**Tijd voor Grammatica 3:** HABEN (Deel 2) - Huisdieren en beschrijving
**Tijd voor Grammatica 4:** EEN, DE/HET en MIJN in de eerste en vierde naamval
**Vraagvaardigheden 1:** Leeftijd / beschrijvingen / huisdieren

## In dit hoofdstuk leer je hoe je in het Duits zegt

- wat voor huisdieren je thuis hebt
- wat voor huisdier je graag zou willen hebben
- wat hun naam is
- meer bijvoeglijk naamwoorden om het uiterlijk en de persoonlijkheid te beschrijven
- de lidwoorden "een", "de/het" en "mijn" in de eerste en vierde naamval
- belangrijke vraagwoorden

## Je leert ook hoe je vragen kunt stellen over
- Naam / leeftijd / uiterlijk / hoeveelheid

## Je herhaalt het volgende
- Jezelf voorstellen
- Familieleden
- Mensen beschrijven
- Het werkwoord 'haben' (hebben) in de tegenwoordige tijd

## Vertellen over huisdieren

| | | | | | | |
|---|---|---|---|---|---|---|
| **Zu Hause habe ich…**<br>*Thuis heb ik…* | **ein<u>en</u> Fisch**<br>**einen Frosch**<br>**einen Hamster**<br>**einen Hund**<br>**einen Papagei**<br>**einen Wellensittich** | *een vis*<br>*een kikker*<br>*een hamster*<br>*een hond*<br>*een papegaai*<br>*een parkiet* | **, <u>der</u> Walter heißt.**<br>*die Walter heet.*<br><br>**Er ist…**<br>*Hij is* | **klein**<br>**groß**<br><br>**gefährlich**<br>**hässlich**<br>**faul**<br>**frech** | *klein*<br>*groot*<br><br>*gevaarlijk*<br>*lelijk*<br>*lui*<br>*brutaal* | |
| **Ich habe auch…**<br>*Ik heb ook…*<br><br><br><br>**Mein Freund Max hat…**<br>*Mijn vriend Max heeft…* | **ein<u>e</u> Ente**<br>**eine Katze**<br>**eine Maus**<br>**eine Ratte**<br>**eine Schildkröte**<br>**eine Schlange**<br>**eine Spinne** | *een eend*<br>*een kat*<br>*een muis*<br>*een rat*<br>*een schildpad*<br>*een slang*<br>*een spin* | **, <u>die</u> Susi heißt.**<br>*die Susie heet.*<br><br>**Sie ist…**<br>*Zij is* | **langsam**<br>**langweilig**<br>**lebhaft**<br>**lieb**<br>**lustig**<br>**neugierig**<br>**ruhig**<br>**schlau** | *langzaam*<br>*saai*<br>*levendig*<br>*aardig*<br>*grappig*<br>*nieuwsgierig*<br>*rustig*<br>*slim* | |
| **Ich hätte gern…**<br>*Ik zou graag… hebben* | **ein Huhn**<br>**ein Kaninchen**<br>**ein Pferd**<br>**ein Schwein**<br>**ein Meerschweinchen** | *een kip*<br>*een konijn*<br>*een paard*<br>*een varken*<br>*een cavia* | **, <u>das</u> Camillo heißt.**<br>*die/dat Camillo heet.*<br><br>**Es ist…**<br>*Hij/Het is…* | **schnell**<br>**schön**<br>**stur**<br>**süß**<br>**verspielt**<br><br>**blau**<br>**gelb** | *snel*<br>*mooi*<br>*koppig*<br>*schattig, zoet*<br>*speels*<br><br>*blauw*<br>*geel* | |
| **Ich hätte nicht gern…**<br>*Ik zou niet graag… hebben* | **zwei Enten***<br>**zwei Fische**<br>**zwei Hamster**<br>**zwei Hühner**<br>**zwei Hunde**<br>**zwei Kaninchen**<br>**zwei Katzen** | *twee eenden*<br>*twee vissen*<br>*twee hamsters*<br>*twee kippen*<br>*twee honden*<br>*twee konijnen*<br>*twee katten* | **, <u>die</u> Max und Moritz heißen.**<br>*die Max en Moritz heten.*<br><br>**Sie sind…**<br>*Zij zijn…* | **grün**<br>**grau**<br>**lila**<br>**orange**<br>**rosa**<br>**weiß** | *groen*<br>*grijs*<br>*paars*<br>*oranje*<br>*roze*<br>*wit* | |

**Ich finde mein<u>en</u> Hamster/ mein<u>e</u> Ente/ mein Pferd/ mein<u>e</u> Hunde supercool!**
*Ik vind mijn hamster/ mijn eend/ mijn paard/ mijn honden supercool!*

**Leider habe ich <u>keinen</u> Fisch, <u>keine</u> Ente, <u>kein</u> Kaninchen und <u>keine</u> Hühner. – Wie schade!**
*Helaas heb ik <u>geen</u> vis, <u>geen</u> eend, <u>geen</u> konijn en <u>geen</u> kippen. – Wat jammer!*

****Opmerking:***

*Er zijn veel verschillende manieren om het meervoud voor zelfstandige naamwoorden in het Duits te vormen! Sommige zelfstandige naamwoorden krijgen bijvoorbeeld alleen een –e, andere –en, soms voegen ze een "Umlaut" in het midden toe plus iets aan het einde. Sommige veranderen helemaal niet! Vraag je leraar naar hoe je het meervoud van een zelfstandig naamwoord kunt opzoeken.*

# Hoofdstuk 7. Vertellen over huisdieren: WOORDENSCHAT OPBOUWEN

## 1. Vul het ontbrekende woord in:

a. Zu Hause habe ich einen W_________. *Thuis heb ik een parkiet.*

b. Ich habe auch eine S__________. *Ik heb ook een schildpad.*

c. Ich habe keine K_________. *Ik heb geen kat.*

d. Ich hätte gern einen H_________. *Ik zou graag een hond hebben.*

e. Zu H______ habe ich zwei H_________. *Thuis heb ik twee kippen.*

f. L____ habe ich keine S________. *Helaas heb ik geen slang.*

g. Ich h_______ eine S________ zu Hause. *Ik heb thuis een spin.*

h. Ich h_______ gern einen Hamster. *Ik wil graag een hamster.*

## 2. Combineer

| Ich habe... | Ik heb... |
|---|---|
| **eine Katze** | een huisdier |
| **einen Hund** | een kip |
| **ein Pferd** | twee vissen |
| **eine Spinne** | een kat |
| **keine Fische** | een eend |
| **eine Ente** | geen vissen |
| **ein Huhn** | een kikker |
| **ein Kaninchen** | een hond |
| **zwei Fische** | een konijn |
| **ein Haustier** | een spin |
| **einen Frosch** | een paard |

## 3. Vertaal naar het Nederlands

a. Ich habe einen Hund.

b. Meine Freundin Luzi hat eine Ratte.

c. Ich habe fünf Fische.

d. Ich habe keine Haustiere.

e. Ich habe drei Hunde.

f. Ich hätte gern eine Schildkröte zu Hause.

g. Mein Bruder hat eine Schlange.

h. Mein Hund ist vier Jahre alt.

## 4. Vul de ontbrekende letter in

a. Ich ha_e ...

b. eine Schildkr__te

c. einen Papa_ei

d. zwei __atzen

e. einen Hu_d

f. Er ha_ einen Frosch.

g. ein Meersch__einchen

h. ein P_erd

## 5. Anagrammen

a. Hndu   *Hund*

b. stremHa

c. rePdf

d. hsciF

e. ageiPap

f. lanSchge

g. nneiSp

h. zetaK

## 6. Gebroken woorden

a. Z_ H______ h_____ i____ e_______ H________. *Thuis heb ik een hond.*

b. M_____ F________ Alex h______ e________ P___________. *Mijn vriend Alex heeft een papegaai.*

c. M_ B_________ h______ e______ S______________. *Mijn broer heeft een schildpad.*

d. I____ h_______ k______ K_________. *Ik heb geen konijn*

e. I____ h________ e_______ S__________. *Ik heb een slang.*

f. M______ K_______ i____ s____. *Mijn kat is schattig.*

g. I____ h______ z_____ H____________. *Ik heb twee huisdieren.*

## 7. Vul een passend woord in

a. Mein Fisch ___________ Nepomuk.

b. Mein _________ Jens hat einen Papagei.

c. Mein Bruder _________ eine Maus.

d. Mein Hund ist _________ und sehr süß.

e. Ich habe _______ Fisch zu Hause.

f. Zu Hause habe ich _______ Wellensittich.

g. Meine Schwester ______ ein Pferd.

h. Ich habe einen Hund und ein _____________.

# Hoofdstuk 7. Vertellen over huisdieren: LEZEN

Hallo, ich heiße Elena. Ich bin elf Jahre alt und ich wohne in Berlin. In meiner Familie gibt es vier Personen: meine Eltern, meinen kleinen Bruder Michael und mich. Ich mag Michael nicht, ich finde ihn ziemlich nervig. Wir haben zwei Haustiere: einen Hund, der Otto heißt, und eine Katze, die Mizi heißt. Otto ist total lieb, aber Mizi ist gar nicht nett. Genau wie mein Bruder!

Ich heiße Sandra. Ich bin zwölf Jahre alt. In meiner Familie gibt es fünf Personen: meine Eltern, mich und meine zwei großen Schwestern Svenja und Lotte. Svenja ist lustig und immer hilfsbereit. Aber Lotte ist stur und langweilig. Wir haben zwei Haustiere: ein Kaninchen, das Nick heißt, und ein Huhn, das Angela heißt. Ich finde Nick super, er ist total lieb! Aber Angela ist superlaut und ziemlich stur, genau wie Lotte!

Ich heiße Robert. Ich bin dreizehn Jahre alt und ich wohne in Salzburg. In meiner Familie gibt es vier Personen: meine Eltern, meinen großen Bruder Franz und mich. Franz ist zwölf Jahre alt. Ich mag ihn, weil er total lebhaft ist. Wir haben zwei Haustiere: einen Papagei, der Rico heißt, und eine Spinne, die Karate heißt. Rico ist ziemlich geschwätzig und Karate ist sehr lebhaft, so wie mein Bruder!

## 1. Vind het Duits voor de volgende woorden in de tekst van Elena

a. twee huisdieren

b. die ... heet (hij)

c. een kat

d. een hond

e. nogal irritant

f. zoals mijn broer

g. mijn ouders

h. ik heet

i. ik vind hem

## 2. Beantwoord de volgende vragen over Elena, Robert, Sandra en Julian

a. Wie heeft een kat?

b. Wie heeft een kip?

c. Wie heeft een spin?

d. Wie heeft een cavia?

e. Wie heeft een konijn?

f. Wie heeft een hond?

Hi, ich heiße Julian. Ich bin zehn Jahre alt und ich wohne in Vaduz, in Liechtenstein. In meiner Familie gibt es meine Eltern, meine zwei Brüder Jörg und Manuel und mich. Jörg ist sehr geschwätzig und lustig. Manuel ist sehr ruhig und immer fleißig. Wir haben zwei Haustiere: ein Meerschweinchen, das Samuel heißt und eine Schildkröte, die Speedy heißt. Sie sind beide echt cool. Das Meerschweinchen ist total lustig und lebhaft, aber die Schildkröte ist sehr ruhig, genau wie mein Bruder Manuel!

## 3. Beantwoord de vragen over de tekst van Julian

a. Waar woont Julian?

b. Hoe is zijn broer Manuel?

c. Wie is grappig en levendig?

d. Wie is zoals Manuel?

e. Wie is Jörg?

f. Wie is Speedy?

g. Wie is Samuel?

## 4. Vul telkens een passend woord in

Hallo Leute! Ich he______ Yildiz. Ich bin zwölf J________ alt und ich w_________ in Basel. In meiner F________ gibt es fünf Personen: meine El______, meine zwei Schwestern Fatima und Deniz, und mich. Ich fi_____ Fatima super, denn sie i_____ sehr fleißig und freundlich. Aber Deniz ist to_____ faul und oft gem______ zu mir. Ich h______ zwei Haustiere: eine Ratte, die Zorro heißt u___ eine Katze, die Lila h_____. Zorro ist superlebhaft und lu______. Lila ist auch lebhaft, aber auch ein bisschen f_____, gen_____ w____ meine S___________ Deniz!

## 5. Vul onderstaande tabel in

| Naam | Elena | Robert |
|---|---|---|
| **Leeftijd** | | |
| **Woonplaats** | | |
| **Huisdieren** | | |
| **Beschrijving van huisdieren** | | |

# Hoofdstuk 7. Vertellen over huisdieren: VERTALEN

## 1. Slechte vertaling: vind en verbeter de vertaalfouten in de Nederlandse zinnen

a. In meiner Familie gibt es drei Personen und vier Haustiere.
*In mijn familie zijn er vier personen en drie huisdieren.*

b. Zu Hause haben wir zwei Haustiere: einen Hund und eine kleine Katze.
*Thuis hebben we twee huisdieren: een hond en een klein konijn.*

c. Mein Freund Max hat eine kleine Schildkröte, die Rudi heißt. Rudi ist superlustig.
*Mijn vriend Max heeft een kleine spin die Rudi heet. Rudi is supersaai.*

d. Meine Oma hat ein kleines Pferd, das Babsi heißt.
*Mijn oma heeft een kleine eend die Babsi heet.*

e. Mein Opa hat einen Wellensittich, der Mo heißt.
*Mijn opa heeft een papegaai die Mo heet.*

f. Ich habe zwei Hühner, die Kalle und Klaus heißen. Sie sind total süß!
*Ik heb twee kippen die Kalle en Klaus heten. Zij zijn erg schattig!*

## 2. Vertaal naar het Nederlands

a. Ich habe …

b. … ein<u>en</u> groß<u>en</u> Hund        *een grote hond*

c. … einen kleinen Hamster

d. … ein<u>e</u> lieb<u>e</u> Katze

e. … eine kleine Schildkröte

f. … ein süß<u>es</u> Kaninchen

g. Leider habe ich keinen Hund.

h. Wir haben keine Haustiere zu Hause.

i. Ich hätte gern einen kleinen Hund.

j. Ich hätte gern eine kleine Katze.

k. Ich habe ein kleines Kaninchen, aber ich hätte gern ein kleines Pferd. Ich liebe Pferde!

## 3. Woordgroepen vertalen [Nederlands - Duits]

a. Ik heb een grote hond …

b. … en een kleine kat …

c. … thuis …

d. … en we hebben …

e. … een mooi paard …

f. … en twee nieuwsgierige katten.

g. Ik heb

h. Ik heb geen

i. Ik zou graag … hebben

## 4. Zinnen vertalen [Nederlands - Duits]

a. Mijn broer heeft een hond die* Mücke heet.

b. Mijn zus heeft een schildpad die Andy heet.

c. Ik heb een paard dat* Gordito heet.

d. Thuis hebben we drie huisdieren: een eend, een konijn en een papegaai.

e. Ik heb een rat die Stuart heet.

f. Thuis hebben we drie huisdieren: een kat, een hond en een hamster.

g. Ik heb twee vissen die Nemo en Dory heten.

** 'die' en 'dat' vertaal je hier met 'der', 'die' of 'das', afhankelijk van het geslacht en het aantal van het zelfstandig naamwoord waarvoor het staat – Kijk, indien nodig, nog eens naar het zinsbouwschema aan het begin van dit hoofdstuk!*

# Hoofdstuk 7. Vertellen over huisdieren: SCHRIJVEN

## 1. Gesplitste zinnen

| | |
|---|---|
| **Ich habe einen Hund,** | hat zwei Hunde. |
| **Ich habe auch ein** | Katze. |
| **Leider habe ich keine** | der Konrad heißt. |
| **Mein Onkel** | kleines Pferd. |
| **Ich hätte gern einen** | zu Hause. |
| **Meine Oma hat zwei große** | kleinen Frosch. |
| **Ich habe keine Haustiere** | Katzen. |

## 2. Zet de woorden van elke zin in de juiste volgorde. Begin met het onderstreepte woord

a. wir drei Zu Hause haben Haustiere

b. Ich Ratte hätte gern eine

c. habe eine ein Katze und Kaninchen Ich

d. Ben Mein hat lustigen Papagei einen Freund

e. Ich das Schwein habe heißt ein Schnorchel

f. haben fünf Fische blaue Wir

g. Oma Meine einen der Lupo hat Hund heißt

## 3. Vind en verbeter de grammaticale fouten en de spelfouten [let op: soms ontbreekt er een woord]

a. Zu Hause habe ich ein Hund.

b. Ich habe ein Meershweinchen.

c. Ich gern eine große Spinne.

d. Meine Schwester habe zwei große Katzen.

e. Mein Freund Pedro hat vier Huhner.

f. Ich habe ein Pferd, Schnurrbart heißt.

g. Zu Hause ich habe einen kleinen Frosch.

h. Zu Hause wir drei Haustiere.

## 4. Anagrammen

a. dnuH

b. Kztae

c. schchenMreewien

d. ihcFs

e. chenninKa

f. rePfd

g. Htierause

## 5. Geleid schrijven – Beschrijf m.b.v. de gegevens hieronder in 3 korte alinea's (in 1e persoon) onderstaande huisdieren

| Naam | Dier | Leef-tijd | Kleur | Karakter of uiterlijk |
|---|---|---|---|---|
| **Tom** | hond | 4 | wit | schattig |
| **Leonie** | eend | 6 | blauw | grappig |
| **Moritz** | paard | 1 | bruin | mooi |

## 6. Beschrijf deze persoon in de derde persoon:

| | |
|---|---|
| **Naam:** | Malte |
| **Haar:** | zwart, kort |
| **Ogen:** | bruin |
| **Persoonlijkheid:** | erg aardig |
| **Lichamelijk:** | kort, dik |
| **Huisdieren:** | een hond, een kat en twee vissen en zou graag een spin hebben |

# Tijd voor Grammatica 3: HABEN (Deel 2)
## (Huisdieren en beschrijving)

### 1. Vertaal

a. ik heb:  i_ _  h_ _ _ _

b. jij hebt:  d_  h_ _ _ _

c. hij/zij/het heeft:  e_/s_ _/e_  h_ _

d. wij hebben:  w_ _  h_ _ _ _ _

e. jullie hebben:  i_ _  h_ _ _ _

f. zij hebben:  s_ _  h_ _ _ _ _

### 2. Vertaal naar het Nederlands

a. Ich habe ein großes Kaninchen.

b. Mein Bruder hat eine hässliche Katze.

c. Meine Mutter hat einen großen Hund.

d. Meine Cousins haben ein dickes Meerschweinchen.

e. Zu Hause haben wir eine sehr große Spinne.

f. Meine Freundin Luzi hat ein superschnelles Pferd.

### 3. Vul in

a. Ik heb een cavia …

*Ich ___________ ein Meerschweinchen, …*

b. … het heeft bruine ogen.

*… es ___________ braune Augen.*

c. Wij hebben een schildpad. Hij heeft rode ogen.

*Wir ___________ eine Schildkröte. Sie ________ rote Augen.*

d. Mijn zus heeft een hond.

*Meine Schwester ___________ einen Hund.*

e. Mijn ooms hebben twee katten.

*Meine Onkel ___________ zwei Katzen.*

f. Zij hebben groene ogen.

*Sie ___________ grüne Augen.*

g. Mijn broer en ik hebben een slang.

*Mein Bruder und ich ____________ eine Schlange.*

h. Hebben jullie huisdieren?

*____________ ihr Haustiere?*

i. Wat voor huisdieren hebben jullie?

*Was für Haustiere ___________ ihr?*

### 4. Vertaal naar het Duits

a. Ik heb een cavia. Zij* heeft bruine ogen.

b. Wij hebben thuis geen huisdieren.

c. Mijn hond is drie jaar oud. Hij* heeft lang haar.

d. Ik heb drie zussen. Zij zijn erg gemeen voor mij.

e. Mijn neven hebben een kat. Zij is erg schattig.

f. Mijn tante heeft lang, krullend blond haar. Zij is erg mooi.

g. Mijn oom en ik hebben zwart haar en groene ogen.

*Opmerking: 'hij' en 'zij' kunnen vertaald worden met 'er', 'sie' or 'es', afhankelijk ervan of het geslacht van het zelfstandig naamwoord waarvoor het staat mannelijk, vrouwelijk of onzijdig is – Kijk, indien nodig, nog eens in het zinsbouwschema aan het begin van het hoofdstuk.*

# Tijd voor Grammatica 4: EEN, DE en MIJN
## in de eerste en vierde naamval

|  | 1e NAAMVAL (Onderwerp) | 4e NAAMVAL (Lijdend voorwerp) |
|---|---|---|
| **Voorbeeld zinnen** | *(1) Dat is **een**...*<br>*(2) **De/Het** ... is ...*<br>*(3) **Mijn** ... heet ...*<br>*(4) **Hij/zij/het/zij** is/zijn erg ...* | *(1) Ik heb **een** ...*<br>*(2) Ik vind **de/het** ...*<br>*(3) Ik houd van **mijn** ...*<br>*(4) Ik houd van **hem/haar/het/hen**.* |
| **Mannelijk enkelvoud**<br>der Hund<br>*de hond* | (1) Das ist **EIN** Hund.<br>(2) **DER** Hund ist groß.<br>(3) **MEIN** Hund heißt Ben.<br>(4) **ER** ist sehr groß. | (1) Ich habe **EINEN** Hund.<br>(2) Ich finde **DEN** Hund cool.<br>(3) Ich mag **MEINEN** Hund.<br>(4) Ich mag **IHN**. |
| **Vrouwelijk enkelvoud**<br>die Katze<br>*de kat* | (1) Das ist **EINE** Katze.<br>(2) **DIE** Katze ist süß.<br>(3) **MEINE** Katze heißt Mizi.<br>(4) **SIE** ist sehr süß. | (1) Ich habe **EINE** Katze.<br>(2) Ich finde **DIE** Katze süß.<br>(3) Ich mag **MEINE** Katze.<br>(4) Ich mag **SIE**. |
| **Onzijdig enkelvoud**<br>das Pferd<br>*het paard* | (1) Das ist **EIN** Pferd<br>(2) **DAS** Pferd ist schön.<br>(3) **MEIN** Pferd heißt Rocky.<br>(4) **ES** ist sehr schön. | (1) Ich habe **EIN** Pferd.<br>(2) Ich finde **DAS** Pferd schön<br>(3) Ich mag **MEIN** Pferd.<br>(4) Ich mag **ES**. |
| **Meervoud (alle geslachten)**<br>die Hamster<br>*de hamsters* | (1) Das sind (zwei) Hamster.<br>(2) **DIE** Hamster sind klein.<br>(3) **MEINE** Hamster heißen Taco und Jojo.<br>(4) **SIE** sind sehr klein. | (1) Ich habe (zwei) Hamster.<br>(2) Ich finde **DIE** Hamster klein.<br>(3) Ich mag **MEINE** Hamster.<br>(4) Ich mag **SIE**. |

*Opmerkingen:*

*(1) De tabel hierboven laat zien hoe 'een', 'de'/'het' en 'mijn' eruit zien afhankelijk van het geslacht, aantal, en naamval van het zelfstandig naamwoord waar ze bij horen.*

*(2) Samen met dat zelfstandig naamwoord (bijvoorbeeld: 'hond'), vormen deze lidwoorden een NAAMWOORDGROEP, zoals in 'mijn hond'. Elke naamwoordgroep kan door een voornaamwoord als 'het', 'zij' of 'hem', 'haar' etc. vervangen worden. – Deze heb ik ook aan de tabel toegevoegd, zodat je het kunt zien.*

*(3) Kijk eens naar de tabel. Welke patronen vallen je op? Overleg met een klasgenoot en met je leraar. Gebruik deze tabel af en toe om je aan deze patronen te herinneren en wat je is opgevallen.*

# Training

<table>
<tr><td colspan="2">1. Gesplitste zinnen</td></tr>
<tr><td>Ich habe einen</td><td>ist superschnell!</td></tr>
<tr><td>Das ist ein</td><td>Hund.</td></tr>
<tr><td>Mein Pferd</td><td>sie fantastisch!</td></tr>
<tr><td>Ich mag meine</td><td>Mizi.</td></tr>
<tr><td>Sie heißt</td><td>Pferd.</td></tr>
<tr><td>Sie ist</td><td>Katze.</td></tr>
<tr><td>Ich finde</td><td>süß!</td></tr>
</table>

**2. Vul een passend woord in**

a. Ich habe eine _____________.

b. Ich finde meinen _____________ nervig.

c. Das ist ein _____________.

d. Mein _____________ ist sehr gefährlich.

e. Ich mag meinen _____________, er ist so cool!

f. Aber ich mag meine _____________ nicht.

g. Die _____________ ist sehr interessant.

h. Ich finde den _____________ nicht so cool.

**3. Onderstreep de juiste vorm**

a. Ich habe **einen/eine/ein** Bruder.

b. Ich finde **meinen/meine/mein** Onkel cool.

c. Das ist **mein/meine** Vater …

d. …ich mag **ihn/sie/es**!

e. **Mein/Meine** Mutter ist so cool, …

f. … ich finde **ihn/sie/es** sehr lustig.

g. Ich mag **meinen/meine/mein** Eltern.

h. Das sind **mein/meine** Brüder.

i. **Der/Die/Das** Hamster ist zehn Jahre alt.

j. Ich finde **meinen/meine/mein** Pferd cool.

k. Hast du **einen/eine/ein** Schwester?

l. Ja, **er/sie/es** ist total cool!

**4. Voeg voor zover noodzakeijk achter 'ein', 'mein' en 'kein' de juiste verbuiging toe**

a. Ich habe leider kein__ Katze.

b. Mein__ Onkel ist zweiundzwanzig Jahre alt.

c. Ich finde mein__ Bruder cool.

d. Ich finde mein__ Oma nett.

e. Mein__ Schwester hat ein__ Spinne!

f. Hast du ein__ Pferd oder ein__ Hamster?

g. Mein__ Hamster und mein__ Katze sind total süß.

h. Mein__ Haustiere sind ein__ Hund und ein__ Fisch.

**5. Vertaal naar het Duits**

a. Ik heb een oom.

b. Ik vind hem cool.

c. Mijn oom heet Otto en hij is erg aardig.

d. Dat is mijn hond! Hij is groot!

e. Ik heb een kat. Zij heet Mizi.

f. Ik vind mijn kat erg schattig.

g. Heb jij een paard?

h. Ik houd van hem (het paard).

# Vraagvaardigheden 1: Leeftijd / Beschrijvingen / Huisdieren

## 1. Combineer vraag en antwoord

| | |
|---|---|
| **Wie alt bist du?** | Sie ist zweiundsechzig und er ist einundsechzig Jahre alt. |
| **Warum magst du deine Mutter nicht?** | Es geht mir gut, danke! |
| **Wie sind deine Haare?** | Ich mag sie nicht, weil sie zu streng ist! |
| **Wie alt sind deine Oma und dein Opa?** | Blau, definitiv! |
| **Welche Farbe haben deine Augen?** | Ich bin vierzehn Jahre alt. |
| **Was ist deine Lieblingsfarbe?** | Drei, stell dir vor! Einen Hund, eine Katze und ein Huhn. |
| **Wie geht es dir?** | Ich bin hilfsbereit und sehr zuverlässig. |
| **Hast du ein Haustier?** | Nein. Er ist total stur und nie gut gelaunt. Ich mag ihn nicht. |
| **Was ist dein Lieblingstier?** | Am zwölften Mai. |
| **Wie viele Haustiere hast du?** | Meine Haare sind mittellang, lockig und dunkelbraun. |
| **Wie ist dein Charakter?** | Meine Augen sind blau. |
| **Wie siehst du aus?** | Ich habe zwei Lieblingstiere: Pferde und Katzen! |
| **Verstehst du dich gut mit deinem Vater?** | Nein, ich habe leider kein Haustier. Wie schade! |
| **Wann hast du Geburtstag?** | Ich bin klein, aber ziemlich muskulös! |

## 2. Vul de ontbrekende woorden in

a. _________ kommst du?
*Waar kom jij vandaan?*

b. _______alt ist dein Vater?
*Hoe oud is jouw vader?*

c. _______ ist Julia (vom Charakter her)?
*Hoe is Julia (van karakter)?*

d. ___________ du dich mit deiner Mutter?
*Kun je het goed met je moeder vinden?*

e. _________ ist dein Geburtstag?
*Wanneer is jouw verjaardag?*

f. _________ ist dein Hund?
*Hoe is jouw hond?*

g. _____ _______ Haustiere hast du?
*Hoeveel huisdieren heb je?*

## 3. Vertaal de volgende vraagwoorden naar het Nederlands

a. Welche?

b. Wann?

c. Wo?

d. Wie?

e. Woher?

f. Wer?

g. Wie viele?

h. Was?

i. Warum?

## 4. Vul in

a. Wi____ al_____ bi_____ d__?

b. Wo________ ko________ d__?

c. Wi____ si____ de_______ Ha______?

d. Wa_____ is__ de_____ Ge__________?

e. W___ vi______ Hau__________ hast du?

f. W___ wo________ d___?

g. Ve________ d__ di__ g__ mi__ de________ V______?

## 5. Vertaal naar het Duits

a. Hoe heet je?

b. Hoe oud ben je?

c. Hoe ziet jouw haar eruit?

d. Wat is jouw lievelingsdier?

e. Kun je het goed vinden met je vader?

f. Waarom mag je jouw moeder niet?

g. Hoeveel huisdieren heb je?

h. Waar kom je vandaan?

# HOOFDSTUK 8
# Vertellen wat voor werk mensen doen, waarom zij het wel/niet leuk vinden en waar zij werken

**Tijd voor Grammatica 5:** WOHNEN & ARBEITEN
en andere regelmatige werkwoorden in de tegenwoordige tijd

**Tijd voor Grammatica 6:** SEIN (Deel 2) - Banen

**Hoofdstuk 8a.** 'finden' (vinden) gebruiken om een mening te uiten

## In dit hoofdstuk leer je vertellen:

- Wat voor werk mensen doen
- Waarom zij hun werk wel/niet leuk vinden
- Waar zij werken
- Bijvoeglijke naamwoorden om werk te beschrijven
- Woorden voor beroepen
- Woorden voor soorten gebouwen
- De vervoeging in de tegenwoordige tijd van 'arbeiten' (werken), 'wohnen' (wonen)
- "Ich finde" + vierde naamval om een mening over iets of iemand te geven

## Je herhaalt het volgende:
- Familieleden
- De volledige vervoeging van het werkwoord 'sein' (zijn)
- Beschrijving van mensen en dieren

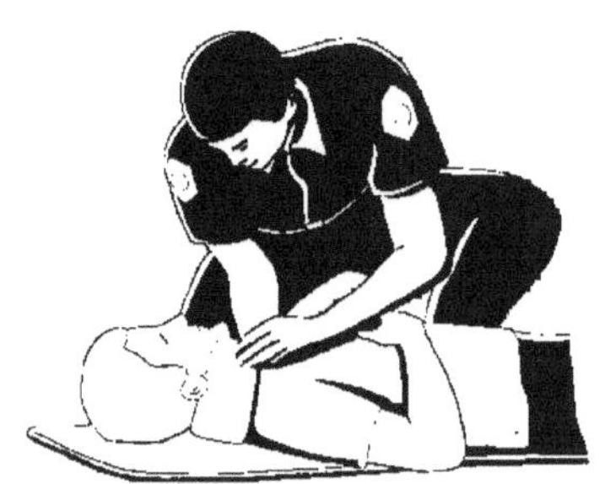

| | | | | | |
|---|---|---|---|---|---|
| **Mein Vater**<br>*Mijn vader*<br><br>**Mein großer Bruder**<br>*Mijn grote broer*<br><br>**Mein Onkel**<br>*Mijn oom* | **ist**<br>*is*<br><br><br>**arbeitet als**<br>*werkt als* | Arzt · *dokter*<br>Anwalt · *advocaat*<br>Bauer · *boer*<br>Buchhalter · *boekhouder*<br>Friseur · *kapper*<br>Geschäftsmann · *zakenman*<br>Ingenieur · *ingenieur*<br>Hausmann · *huisman*<br>Koch · *kok*<br>Krankenpfleger · *verpleger*<br>Lehrer · *leraar*<br>Mechaniker · *monteur*<br>Schauspieler · *acteur* | **Er mag seine Arbeit (nicht), denn sie ist …**<br>*Hij vindt zijn werk (niet) leuk, omdat het … is*<br><br><br>**Er findet seine Arbeit …**<br>*Hij vindt zijn werk …* | **aufregend** *opwindend*<br><br>**anstrengend** *vermoeiend*<br><br>**bereichernd** *verrijkend*<br><br>**einfach** *eenvoudig*<br><br>**gut bezahlt** *goed betaald*<br><br>**interessant** *interessant*<br><br>**langweilig** *saai* |
| **Meine Mutter**<br>*Mijn moeder*<br><br>**Meine große Schwester**<br>*Mijn grote zus*<br><br>**Meine Tante**<br>*Mijn tante* | **ist**<br>*is*<br><br><br>**arbeitet als**<br>*werkt als* | Ärztin · *dokter*<br>Anwältin · *advocate*<br>Bäuerin · *boerin*<br>Buchhalterin · *boekhoudster*<br>Friseurin · *kapster*<br>Geschäftsfrau · *zakenvrouw*<br>Ingenieurin · *ingenieur*<br>Hausfrau · *huisvrouw*<br>Köchin · *kokkin*<br>Krankenpflegerin · *verpleegster*<br>Lehrerin · *lerares*<br>Mechanikerin · *monteur*<br>Schauspielerin · *actrice* | **Sie mag ihre Arbeit (nicht), denn sie ist …**<br>*Ze vindt haar werk (niet) leuk, omdat het … is*<br><br><br>**Sie findet ihre Arbeit …**<br>*Ze vindt haar werk …* | **schwierig** *moeilijk*<br><br>**spannend** *opwindend*<br><br>**stressig** *stressvol*<br><br>**vielfältig** *veelzijdig* |

| **Er arbeitet …** | *Hij werkt …* | **Sie arbeitet …** | *Zij werkt …* |
|---|---|---|---|
| **auf einem Bauernhof** | *op een boerderij* | **in einem Restaurant** | *in een restaurant* |
| **auf einer Baustelle** | *op een bouwplaats* | **in einem Theater** | *in een theater* |
| **in der Stadt** | *in de stad* | **in einer Fabrik** | *in een fabriek* |
| **in einem Büro** | *op een kantoor* | **in einer Schule** | *in een school* |
| **in einem Hotel** | *in een hotel* | **in einer Werkstatt** | *in een garage* |
| **in einem Krankenhaus** | *in een ziekenhuis* | **zu Hause** | *thuis* |

| | |
|---|---|
| **Er liebt/hasst <u>seine Arbeit</u>, weil sie … ist.**<br>*Hij houdt van/haat <u>zijn werk</u>, omdat het … is* | **Sie liebt/hasst <u>ihre Arbeit</u>, weil sie … ist.**<br>*Ze houdt van/haat <u>haar werk</u>, omdat het … is* |

# Hoofdstuk 8. Vertellen wat voor werk mensen hebben: WOORDENSCHAT

## 1. Vul het ontbrekende woord in

a. Mein Vater ist K______________.     *Mijn vader is verpleger.*

b. Meine Tante ist F______________.     *Mijn tante is kapster.*

c. Mein großer Bruder arbeitet als M______________.     *Mijn grote broer werkt als monteur.*

d. Meine Mutter ist Ä____________.     *Mijn moeder is dokter.*

e. Meine große S____________ arbeitet als B______________.     *Mijn grote zus werkt als boekhoudster.*

f. Mein O________ ist A____________.     *Mijn oom is advocaat.*

## 2. Combineer

**Meine Arbeit ist …** *Mijn werk is …*

| | |
|---|---|
| **langweilig** | stressvol |
| **vielfältig** | vermoeiend |
| **schwierig** | moeilijk |
| **anstrengend** | goed betaald |
| **spannend** | veelzijdig |
| **stressig** | verrijkend |
| **einfach** | saai |
| **bereichernd** | interessant |
| **interessant** | eenvoudig |
| **gut bezahlt** | opwindend |

## 3. Vertaal naar het Nederlands

a. Meine Mutter ist Anwältin.

b. Sie mag ihre Arbeit nicht.

c. Er arbeitet in einer Werkstatt.

d. Mein Onkel ist Buchhalter.

e. Sie findet ihre Arbeit anstrengend.

f. Meine Cousine ist Friseurin.

g. Er liebt seine Arbeit …

h. …, weil sie spannend ist.

## 4. Vul de ontbrekende letter in

a. ein__ach

b. er li__bt

c. span__end

d. An__alt

e. stre__sig

f. er ar__eitet als

g. sie ist __rztin

h. mein On__el

## 5. Anagrammen

a. erBau    *Bauer*     c. herLerin     e. rÄtinz     g. risFuer

b. altAwn     d. lerspieSchau     f. terhalBuch     h. uasfHrau

## 6. Gebroken woorden

a. M______ O______ i____ H____________.
*Mijn oom is huisman.*

b. E__ l_____ s_______ A__________.
*Hij houdt van zijn werk..*

c. M_______ V_______ i____ A______.
*Mijn vader is dokter.*

d. E____ a__________ i____ d____ S________.
*Hij werkt in de stad.*

e. E___ m_____ s______ A________ …
*Hij vindt zijn werk leuk …*

f. …, w______ s____ s________ i__.
*… omdat het opwindend is.*

g. E___ f______ s___ b____________.
*Hij vindt het verrijkend.*

## 7. Vul een passend woord in

a. Meine Mutter ist __________.

b. Meine __________ ist Ärztin.

c. Sie findet sie ______________.

d. Mein Opa arbeitet als ___________.

e. Er findet seine Arbeit __________.

f. Er mag seine Arbeit __________,

g. denn sie ist sehr ____________.

h. Sie ________ ihre Arbeit,

i. …, weil sie __________ ist.

j. Meine Cousine arbeitet in einem ______________.

# Hoofdstuk 8. Vertellen wat voor werk mensen hebben: LEZEN

Hi Leute! Ich heiße Olaf. Ich bin dreizehn Jahre alt und ich wohne in Rostock. In meiner Familie gibt es vier Personen. Ich habe auch einen Hund, der David heißt. Er ist sehr lustig! Mein Vater arbeitet als Arzt in der Stadt. Er mag seine Arbeit, weil sie sehr bereichernd ist. Jedoch ist sie manchmal sehr anstrengend. Mein Onkel Johannes ist Bauer und er liebt seine Arbeit. Er findet sie superhart und schwierig, aber er liebt die Tiere!

Hallo Leute, ich heiße Nils. In meiner Familie gibt es vier Personen. Mein Vater heißt Oliver und er ist Journalist. Er mag seine Arbeit, weil sie interessant ist. Jedoch ist sie manchmal sehr stressig. Meine Mutter ist Journalistin und sie mag ihre Arbeit sehr. „Die Arbeit ist total spannend", sagt sie. Zu Hause habe ich einen Hund. Er heißt Rocky und er ist superlustig. Ich liebe Hunde, aber ich hasse Katzen.

Hi! Ich heiße Fatima. Ich wohne in Köln, in Westdeutschland. Ich verstehe mich super mit meiner Mutter – sie ist ein bisschen schüchtern, aber sehr nett. Sie ist Architektin, aber sie arbeitet im Moment nicht. Ich habe einen Onkel. Er wohnt in Bonn. Ich mag ihn nicht, weil er total stur und unfreundlich ist. Er arbeitet in einer Schule in der Stadt, aber er hasst Kinder, stell dir vor! Zu Hause habe ich eine Schildkröte, die Schumi heißt. Sie ist langsam, aber sehr lustig, genau wie meine Schwester Paula.

Hallo, ich heiße Maike. Ich bin dreizehn Jahre alt und ich wohne in Innsbruck, in Österreich. In meiner Familie gibt es drei Personen. Meine Mutter heißt Kathrin und arbeitet als Krankenschwester. Sie liebt ihre Arbeit, weil sie vielseitig ist. Mein Vater ist Hausmann. Er mag seine Arbeit überhaupt nicht! Er findet sie sehr schwierig und total langweilig. Ich habe leider kein Haustier, aber ich hätte gern ein Pferd! Meine Cousine hat ein Pferd, stell dir vor, es heißt Nikolaus und es ist sehr groß und stark! Wie cool!

## 1. Zoek het Duits voor de volgende woorden in de tekst van Olaf

a. Ik ben 13 jaar oud.

b. Ik heb ook een hond.

c. Mijn vader werkt …

d. … als dokter…

e. … in de stad.

f. Hij vindt zijn werk leuk,

g. omdat het verrijkend is.

h. Echter is het soms …

i. hij houdt van zijn werk.

j. superzwaar en moeilijk

## 2. Beantwoord de vragen over ALLE teksten

a. Wie is Nikolaus?

b. Wiens moeder is journalist?

c. Wiens oom heeft het verkeerde beroep?

d. Wiens vader is dokter?

e. Wie heeft een schildpad?

f. Wie heeft een hond?

## 3. Beantwoord de vragen over de tekst van Fatima

a. Waar woont Fatima?

b. Met wie kan ze het supergoed vinden?

c. Wat doet haar moeder [2 details]?

d. Waarom haat ze haar oom?

e. Waarom is haar oom een slechte leraar?

f. Wie is Schumi?

g. Hoe is Paula (van karakter)?

## 4. Vul in

Ich h________ Jessica. Ich bin vierzehn J______ alt und ich w________ in Bern. In meiner F________ gibt es fünf Personen. Mein Cousin Manu i____ ziemlich nett und sehr fleißig. Er ist dreißig Jahre alt und er arbeitet als Ko_____ in einem Re________. Er wohnt in Barcelona, stell dir vor! Er mag seine A________, weil sie supervielfältig und int_______ ist. Mein V_____ arbeitet im Moment nicht. Zu H______ habe ich eine Schlange, die Lucky h_____. Sie ist nicht gefährlich, zum Glück!

## 5. Vul onderstaande tabel in

| Naam | Jessica [Huisdieren] | Manu [Werk] |
|---|---|---|
| Leeftijd | | |
| Stad | | |
| Dieren/Werk | | |
| Beschrijving dieren/werk | | |

## 1. Slechte vertaling: zoek en verbeter [IN HET NEDERLANDS] alle vertaalfouten hieronder

a. Mein Vater arbeitet als Schauspieler. Er mag seine Arbeit, denn sie ist sehr vielseitig. Er arbeitet in einem Theater.
*Mijn vader werkt als kok. Hij vindt zijn werk leuk omdat het erg stressvol is. Hij werkt op een school.*

b. Meine Tante arbeitet als Geschäftsfrau in einem Büro. Sie liebt ihre Arbeit, aber sie ist sehr anstrengend.
*Mijn neef werkt als zakenvrouw in een theater. Ze haat het maar het is erg vermoeiend.*

c. Mein Freund Maik arbeitet als Krankenpfleger. Er arbeitet in einem Krankenhaus und er mag seine Arbeit.
*Mijn oom Maik werkt als verpleger. Hij woont in een ziekenhuis en hij vindt zijn werk leuk.*

d. Mein Onkel Gianfranco ist Koch in einem italienischen Restaurant und er liebt seine Arbeit.
*Mijn oom Gianfranco is advocaat in een Italiaans toilet en hij haat zijn werk.*

e. Meine Mutter Angela ist Buchhalterin und sie arbeitet in einem Büro. Sie hasst ihre Arbeit, weil sie sehr langweilig ist.
*Mijn moeder Angela is een actrice en werkt op een kantoor. Ze houdt van haar werk omdat het erg saai is.*

## 2. Vertaal naar het Nederlands

a. Mein Onkel arbeitet als …

b. Meine Tante arbeitet als …

c. Hausfrau

d. Krankenpflegerin

e. Friseurin

f. Mechanikerin

g. Sie liebt ihre Arbeit.

h. Sie arbeitet in einer Werkstatt.

i. Er arbeitet in einem Theater.

j. in einer Schule

k. Die Arbeit ist vielseitig.

l. Sie ist hart, aber vielseitig.

## 3. Zinsdelen vertalen [Nederlands - Duits]

a. mijn broer werkt

b. als boer

c. als boekhouder

d. hij vindt leuk

e. zijn werk

f. omdat het opwindend is

g. en veelzijdig

h. maar het is zwaar

i. en het is stressvol

## 4. Zinnen vertalen [Nederlands - Duits]

a. Mijn broer is een monteur.

b. Mijn zus is een zakenvrouw.

c. Mijn oom is een boer en hij houdt van zijn werk.

d. Mijn broer Peter werkt op een kantoor.

e. Thuis heb ik een spin die Tim heet.

f. Thuis heb ik een hond en een kleine kat.

g. Mijn tante is verpleegster. Ze vindt haar werk leuk …

h. …, omdat het verrijkend is.

# Hoofdstuk 8. Vertellen wat voor werk mensen doen: SCHRIJVEN

## 1. Gesplitste zinnen

| | |
|---|---|
| **Mein Bruder hat** | vielseitig ist. |
| **Meine Tante ist** | als Mechaniker. |
| **Mein Onkel arbeitet** | Lehrerin. |
| **Er mag** | einer Schule. |
| **weil sie** | einer Werkstatt. |
| **Er arbeitet in** | seine Arbeit, |
| **Sie arbeitet in** | eine kleine Katze. |

## 2. Schrijf telkens de woorden in de juiste volgorde [let op: begin telkens met het onderstreepte woord]

a. mag Er seine sehr Arbeit

b. arbeitet als Er Buchhalter Büro in einem

c. Sie ihre Arbeit super findet

d. Onkel ist Mein Bauer

e. arbeitet Mein Bruder einem Theater in

f. Mein hasst Opa seine Arbeit

g. Freundin Ärztin ist Krankenhaus in einem Meine

## 3. Zoek en verbeter de grammaticale fouten en de spelfouten [let op: soms ontbreekt er een woord]

a. Meine Mutter ist Hausmann.

b. Sie ihre Arbeit sehr interessant.

c. Meine Schwester arbeitet Ärztin.

d. Sie hasst ihre Arbeit, weil sie ist langweilig.

e. Sie arbeitet in Krankenhaus in Stadt.

f. Er mag ihre Arbeit, denn sie spannend.

g. Meine Vater findet seine Arbeit bereichernd.

h. Er mag sein Arbeit, weil sie gut bezahlt ist.

## 4. Anagrammen

a. trAz

b. cherndreibe

c. weiliglang

d. nnendspa

e. ohfBauern

f. hasuKkranen

g. herLerin

## 6. Beschrijf deze persoon in het Duits in de 3e persoon

**Naam:**
Hanna

**Haar/ogen:**
blond + groene ogen

**Lichamelijk:**
lang en mooi

**Persoonlijkheid:**
ijverig

**Werk:**
verpleegster

**Mening:**
houdt van haar werk

**Reden:**
stressvol maar verrijkend

## 5. Geleid schrijven – beschrijf in 3 alinea's onderstaande personen op basis van de gegevens [in de 1e persoon]

| Persoon | Relatie | Werk | Vindt (niet) leuk | Reden |
|---|---|---|---|---|
| **Anna** | Mijn moeder | Advocaat | Houdt van | Veelzijdig en opwindend |
| **Luciano** | Mijn broer | Kok | Haat | Saai en vermoeiend |
| **Marta** | Mijn tante | Ingenieur | Vindt leuk | Moeilijk maar goed betaald |

# Tijd voor Grammatica 5: WOHNEN & ARBEITEN
### en andere regelmatige werkwoorden in de tegenwoordige tijd

| wohnen | *wonen* | | | | |
|---|---|---|---|---|---|
| **ich**<br>*ik* | **wohn<u>e</u>**<br>*woon* | **in Berlin**<br>**in Bern**<br>**in Wien**<br>**in Vaduz** | *in Berlijn*<br>*in Bern*<br>*in Wenen*<br>*in Vaduz* | **im Norden**<br>**im Süden**<br>**im Westen**<br>**im Osten**<br>**im Zentrum** | *in het noorden*<br>*in het zuiden*<br>*in het westen*<br>*in het oosten*<br>*in het centrum* |
| **du**<br>*jij* | **wohn<u>st</u>**<br>*woont* | | | | |
| **er/sie/es**<br>*hij/zij/het* | **wohn<u>t</u>**<br>*woont* | | | | |
| **wir**<br>*wij* | **wohn<u>en</u>**<br>*wonen* | **in einem Haus**<br>**in einer Wohnung**<br><br>**in einem Gebäude** | *in een huis*<br>*in een*<br>*appartement*<br>*in een gebouw* | **an der Küste**<br>**auf dem Land**<br>**in der Stadt**<br>**in den Bergen** | *aan de kust*<br>*op het platteland*<br>*in de stad*<br>*in de bergen* |
| **ihr**<br>*jullie* | **wohn<u>t</u>**<br>*wonen* | | | | |
| **sie/Sie**<br>*zij/u* | **wohn<u>en</u>**<br>*wonen/woont* | | | | |

*Opmerking: Andere werkwoorden die je in dit boek al hebt gezien die dezelfde uitgangen hebben, zijn: kommen [komen], lieben [houden van], hassen [haten].*

| arbeiten | *werken* | | | | |
|---|---|---|---|---|---|
| **ich**<br>*ik* | **arbeit<u>e</u>**<br>*werk* | **als**<br>*als* | **Arbeiter**<br>**Architekt**<br>**Arzt**<br>**Bäcker**<br>**Bauer**<br>**Fußballprofi**<br>**Geschäftsmann**<br>**Hausfrau**<br>**Koch**<br>**Lehrer**<br>**Schauspieler** | **Arbeiterin**<br>**Architektin**<br>**Ärztin**<br>**Bäckerin**<br>**Bäuerin**<br><br>**Geschäftsfrau**<br>**Hausmann**<br>**Köchin**<br>**Lehrerin**<br>**Schauspielerin** | **auf dem Land**<br><br>**auf einer Baustelle**<br><br>**in der Stadt**<br><br>**in einem Büro**<br><br>**in einem Hotel**<br><br>**in einem Krankenhaus**<br><br>**in einem Restaurant** |
| **du**<br>*jij* | **arbeit<u>est</u>**<br>*werkt* | | | | |
| **er/sie/es**<br>*hij/zij/het* | **arbeit<u>et</u>**<br>*werkt* | | | | |
| **wir**<br>*wij* | **arbeit<u>en</u>**<br>*werken* | | **Arbeiter**<br>**Architekten**<br>**Bäcker**<br>**Bauern**<br>**Fußballprofis**<br>**Geschäftsleute**<br>**Hausmänner**<br>**Köche**<br>**Lehrer**<br>**Schauspieler** | **Arbeiterinnen**<br>**Architektinnen**<br>**Bäckerinnen**<br>**Bäuerinnen**<br><br><br>**Hausfrauen**<br>**Köchinnen**<br>**Lehrerinnen**<br>**Schauspielerinnen** | **in einem Theater**<br><br>**in einer Fabrik**<br><br>**in einer Firma**<br><br>**in einer Schule**<br><br>**in einer Werkstatt**<br><br>**zu Hause** |
| **ihr**<br>*jullie* | **arbeit<u>et</u>**<br>*werken* | | | | |
| **sie/Sie**<br>*zij/u* | **arbeit<u>en</u>**<br>*werken/werkt* | | | | |

*Opmerking: 'arbeiten' heeft dezelfde uitgangen als 'wohnen', behalve de extra '-e' voor '-t' and '-st' uitgangen. De '-e' verschijnt omdat daardoor de uitgangen makkelijker uit te spreken zijn.*

# Training

## 1. Combineer

| | |
|---|---|
| **jij woont** | ich wohne |
| **ik woon** | er wohnt |
| **hij woont** | sie wohnen |
| **jullie wonen** | du wohnst |
| **zij wonen** | sie wohnt |
| **zij woont** | ihr wohnt |

## 3. Vertaal naar het Nederlands

a. Ich arbeite immer im Büro.

b. Meine Eltern arbeiten in einer Schule.

c. Mein Bruder und ich arbeiten nicht.

d. Sie arbeitet auf einem Bauernhof.

e. Was arbeitest du?

f. Arbeitet ihr in einem Restaurant?

## 2. Vul de juiste vorm in

a. Mein Bruder und ich ______________ in München.

b. Er ______________ in einer kleinen Wohnung.

c. Du ______________ in einem kleinen Haus.

d. Meine Eltern ______________ an der Küste.

e. Meine Großeltern ______________ in Berlin.

f. Wo ______________ du?

g. Warum ______________ ihr nicht in Köln?

h. Ich ______________ im Stadtzentrum.

| | | | |
|---|---|---|---|
| wohnen | wohne | wohnt | wohnen |
| wohnst | wohnen | wohnst | wohnt |

## 4. Streep de verkeerde vorm door

| | A | B |
|---|---|---|
| **Mein Bruder** | arbeitet | arbeite |
| **Mein Cousin** | arbeitest | arbeitet |
| **Meine Omas** | arbeiten | arbeitest |
| **Meine Tante** | arbeitet | arbeite |
| **Meine Tanten** | arbeiten | arbeitet |
| **Du und ich** | arbeitest | arbeiten |
| **Wir** | arbeiten | arbeite |
| **Ihr** | arbeite | arbeitet |
| **Mein Opa** | arbeitest | arbeitet |
| **Sie und er** | arbeitet | arbeiten |

## 5. Vul de werkwoorden aan

a. Meine Mutter und ich wohn__ __ in Köln.

b. Sie arbeit__ __ als Krankenschwester.

c. Mein Vater wohn__ in Leipzig.

d. Er arbeit__ __ als Mechaniker in der Stadt.

e. Ihr arbeit__ __ nie!

f. Meine Großeltern wohn__ __ in einer Wohnung.

g. Wohn__ __ du in der Stadt oder auf dem Land?

h. Meine Freundin arbeit__ __ im Krankenhaus.

i. Du arbeit__ __ __ nicht!

## 6. Vul de juiste vorm van WOHNEN of ARBEITEN in

a. Meine Oma ______________ in einem Haus am Stadtrand. *Mijn oma woont in een huis in de buitenwijken.*

b. Sie ______________ nicht mehr. *Zij werkt niet meer.*

c. Meine Tante und ihr Mann ______________ in Hannover. *Mijn tante en haar man wonen in Hannover.*

d. Sie ______________ als Ingenieure in einem Büro. *Zij werken als ingenieurs op een kantoor.*

e. Meine Schwester und ich ______________ in München. *Mijn zus en ik wonen in München.*

f. Wir ______________ zusammen in einem Restaurant. *Wij werken samen in een restaurant.*

g. Du ______________ in Berlin, richtig? *Jij woont in Berlijn, toch?*

h. ______________ du in einem Büro oder in einer Fabrik? *Werk je op een kantoor of in een fabriek?*

i. Ich ______________ in einem Theater. *Ik werk in een theater.*

# Andere werkwoorden zoals WOHNEN

| | |
|---|---|
| **gehen:** | gaan |
| **frühstücken:** | ontbijten |
| **hören:** | luisteren naar |
| **lieben:** | houden van |
| **lernen:** | leren |
| **kommen:** | komen |
| **machen:** | doen, maken |
| **spielen:** | spelen |
| **üben:** | oefenen |
| **tanzen:** | dansen |
| **trinken:** | drinken |

**7. Vul telkens de juiste uitgang in van de werkwoorden in het grijze vak links hiernaast**

a. Ich lieb___ meine Großeltern. — *Ik houd van mijn grootouders.*

b. Er komm___ aus der Schweiz. — *Hij komt uit Zwitserland.*

c. Wir hör___ immer Rap. — *Wij luisteren altijd naar rap.*

d. Das mach___ Sinn! — *Dat is logisch!*

e. Was frühstück___ du? — *Wat eet je als ontbijt?*

f. Meine Schwester üb___ Gitarre. — *Mijn zus oefent gitaar.*

g. Meine Freunde tanz___ Salsa. — *Mijn vrienden dansen salsa.*

h. Sie trink___ keinen Kaffee. — *Zij drinken geen koffie.*

i. Herr Maier, spiel___ Sie Tennis? — *Meneer Maier, speelt u tennis?*

j. Heute lern___ ihr Deutsch! — *Vandaag leren jullie Duits!*

k. Morgen geh___ wir ins Kino. — *Morgen gaan we naar de bioscoop.*

# Hoofdstuk 8a. FINDEN + LIJDEND VOORWERP gebruiken om een mening over iets of iemand te uiten

| Onderwerp - Werkwoord | Lijdend voorwerp | | Bijvoeglijk naamwoord | |
|---|---|---|---|---|
| **ich find<u>e</u>** <br> *ik vind* | **den Job** <br> **mein<u>en</u>* Onkel** <br> **ihn** | *de baan* <br> *mijn oom* <br> *hem* | **super** | *geweldig* |
| **du find<u>est</u>** <br> *jij vindt* | | | **sehr gut** | *erg goed* |
| **er/sie/es find<u>et</u>** <br> *hij/zij/het vindt* | **die Arbeit** <br> **mein<u>e</u> Tante** <br> **sie** | *het werk* <br> *mijn tante* <br> *haar* | **gut** | *goed* |
| **wir find<u>en</u>** <br> *wij vinden* | **das Büro** <br> **mein Brüderchen** <br> **es** | *het kantoor* <br> *mijn broertje* <br> *het* | **nicht so gut** | *niet zo goed* |
| **ihr find<u>et</u>** <br> *jullie vinden* | | | **schlecht** | *slecht* |
| **sie/Sie find<u>en</u>** <br> *zij vinden/u vindt* | **die Kollegen** <br> **mein<u>e</u> Freunde** <br> **sie** | *de collega's* <br> *mijn vrienden* <br> *hen* | **furchtbar** | *verschrikkelijk* |

*Opmerking:*

*(1) Na 'ich finde' staat de naamwoordgroep in de vierde naamval. Herken je de woorden voor 'een', 'de/het' en 'mijn' van Tijd voor Grammatica 4? (2) Als je wilt vertellen over het werk van iemand, dan gebruik je de woorden:* **mein** *[mijn],* **dein** *[jouw],* **sein** *[zijn],* **ihr** *[haar],* **unser** *[ons/onze],* **euer** *[jullie],* **ihr** *[hun]. Deze woorden heten bezittelijke voornaamwoorden. Gebruik voor al deze woorden dezelfde eindletters (verbuigingen) als die je hebt gezien voor "mijn".*

# Training

<table>
<tr><td>

**1. Combineer**

| | |
|---|---|
| **ich finde es** | jij vindt het |
| **sehr gut** | wij vinden het |
| **schlecht** | ik vind het |
| **wir finden es** | slecht |
| **furchtbar** | verschrikkelijk |
| **du findest es** | erg goed |

</td><td>

**2. Vul de juiste vorm van FINDEN in**

a. Ich ___________ meinen Job super.

b. Er ___________ seinen Job sehr nervig.

c. Meine Schwester ___________ ihren Job prima.

d. Wir ___________ unseren Job sehr gefährlich.

e. Wie ___________ du deinen Job?

f. Wie ___________ ihr eure Arbeit?

g. Mein Bruder ___________ seine Arbeit klasse.

h. Meine Tante___________ ihre Arbeit okay.

i. Meine Eltern ___________ meine Arbeit super.

</td></tr>
</table>

**3. Kies het juiste lidwoord of bezittelijk voornaamwoord**

a. Ich finde **den/die/das** Job cool.

b. Er findet **den/die/das** Arbeit toll.

c. Ich finde **meinen/meine/mein** Onkel nett.

d. Er findet **ihn/sie/es** *(hem)* nicht nett.

e. Er findet **seinen/seine/sein** Arbeit prima.

f. Meine Oma findet **ihren/ihre/ihr** Job okay.

g. Ich finde **meinen/meine/mein** Eltern nett.

h. Sie findet **ihren/ihre/ihr** Spinne cool.

i. Ich finde **ihn/sie/es** *(haar)* gefährlich!

j. Ich finde **meinen/meine/mein** Hund cool.

k. Wie findest du **meinen/meine/mein** Auto?

l. Ich finde **ihn/sie/es** *(het)* total cool!

<table>
<tr><td>

**4. Zoek de fouten en verbeter (controleer werkwoord + naamwoordgroep, max 2 fouten per zin)**

a. Ich findest die Job langweilig.

b. Ich finde meine Onkel cool.

c. Meine Mutter finde ihren Arbeit super.

d. Wie finde du deinen Job?

e. Ich finde meine Vater nett.

f. Wie finde ihr meine Hund?

g. Ich finden dein Hund sehr lustig.

h. Meine Schwester find sein Arbeit toll.

</td><td>

**5. Vertaal naar het Duits**

a. Ik vind mijn werk interessant.

b. Ik vind mijn oom erg cool.

c. Hij vindt zijn werk verschrikkelijk.

d. Zij vindt haar werk opwindend.

e. Ik vind mijn tante grappig.

f. Mijn vader vindt haar irritant.

g. Hoe vind je jouw collega's?

h. Ik vind hen fantastisch!

</td></tr>
</table>

# Tijd voor Grammatica 6: SEIN (Deel 2)
## (Tegenwoordige tijd van SEIN en meer beroepen)

| Tegenwoordige tijd van SEIN | | Beroepen (zelfstandige naamwoorden) | |
|---|---|---|---|
| **ENKELVOUD** | | | |
| **ich** *ik* | **bin** *ben* | **Biologe / Biologin** | *bioloog* |
| | | **Botschafter /Botschafterin** | *ambassadeur* |
| **du** *jij* | **bist** *bent* | **Chefkoch / Chefköchin** | *chef-kok* |
| | | **Elektriker / Elektrikerin** | *elektriciën* |
| | | **Feuerwehrmann / Feuerwehrfrau** | *brandweerman* |
| **er** *hij*<br>**mein Bruder**<br>**mein Onkel**<br><br>**sie** *zij*<br>**meine Schwester**<br>**meine Tante** | **ist** *is* | **Finanzberater / Finanzberaterin** | *financieel adviseur* |
| | | **Fitnesstrainer / Fitnesstrainerin** | *fitnesstrainer* |
| | | **Musiker / Musikerin** | *musicus* |
| | | **Pilot / Pilotin** | *piloot* |
| | | **Politiker / Politikerin** | *politicus* |
| | | **Staranwalt / Staranwältin** | *topadvocaat* |
| | | **Umweltaktivist / Umweltaktivistin** | *milieuactivist* |
| | | **Wissenschaftler / Wissenschaftlerin** | *wetenschapper* |
| | | **YouTube-Influencer / YouTube-Influencerin** | |
| **MEERVOUD** | | | |
| **wir** *wij*<br>**mein Freund und ich**<br>**meine Freundin und ich** | **sind** *zijn* | **Biologen / Biologinnen** | *biologen* |
| | | **Botschafter /Botschafterinnen** | *ambassadeurs* |
| | | **Chefköche / Chefköchinnen** | *chef-koks* |
| **ihr** *jullie* | **seid** *zijn* | **Elektriker / Elektrikerinnen** | *elektriciëns* |
| | | **Feuerwehrleute** | *brandweerlieden* |
| | | **Finanzberater / Finanzberaterinnen** | *financieel adviseurs* |
| | | **Fitnesstrainer / Fitnesstrainerinnen** | *fitnessinstructeurs* |
| **sie** *zij*<br>**meine Eltern**<br>**meine Geschwister**<br>**meine Freunde** | **sind** *zijn* | **Musiker / Musikerinnen** | *musici* |
| | | **Piloten / Pilotinnen** | *piloten* |
| | | **Politiker / Politikerinnen** | *politici* |
| | | **Staranwälte / Staranwältinnen** | *topadvocaten* |
| | | **Umweltaktivisten / Umweltaktivistinnen** | *milieuactivisten* |
| **Sie** *u* | **sind** *bent* | **Wissenschaftler / Wissenschaftlerinnen** | *wetenschappers* |
| | | **YouTube-Influencer / YouTube-Influencerinnen** | |

# Training

## 1. Combineer

| ich     | sind |
|---------|------|
| wir     | bin  |
| du      | seid |
| ihr     | bist |
| sie (ev)| ist  |
| sie (mv)| sind |

## 3. Vertaal naar het Nederlands

a. Wir sind Elektriker.

b. Sie sind Polizistinnen.

c. Bist du Schauspielerin?

d. Hansi ist Politiker.

e. Sie sind Chefköche.

f. Ich bin Polizist.

g. Seid ihr Krankenpfleger?

h. Wir sind Feuerwehrleute.

i. Mein Vater und ich sind Bäcker.

j. Seid ihr Lehrer?

k. Ich bin Koch.

## 2. Vul de ontbrekende vorm van SEIN in

a. Meine Mutter und ich _________ Ärztinnen.

b. Meine Brüder _________ Piloten.

c. Meine Schwester _________ Musikerin.

d. Meine Eltern und ich _________ Journalisten.

e. _________ du Anwältin?

f. Nein, ich _______ Feuerwehrfrau.

g. Ihr _________ Wissenschaftlerinnen.

h. Wir _________ YouTube-Influencer.

i. Ihr _________ Fußballprofis, richtig?

j. Meine Onkel _________ Sänger in einer Band.

## 4. Vertaal naar het Duits (eenvoudig)

a. Mijn vader is dokter.

b. Mijn ouders zijn leraren.

c. Mijn oom is advocaat.

d. Ik ben een monteur.

e. Mijn neven zijn ingenieurs.

f. Mijn tante is zangeres.

g. Mijn vriend Hansi is acteur.

## 5. Vertaal naar het Duits (moeilijker)

a. Mijn broer is lang en knap. Hij is acteur.

b. Mijn zus is erg intelligent en altijd ijverig. Zij is zakenvrouw.

c. Mijn kleine broer is erg sportief en actief. Hij is fitnessinstructeur.

d. Mijn moeder is erg sterk en ijverig. Zij is dokter.

e. Mijn vader is erg geduldig, rustig en georganiseerd. Hij is boekhouder.

# HOOFDSTUK 9
# Het uiterlijk en karakter van mensen vergelijken

**Even Herhalen 2:** Familie / Huisdieren / Beroepen

**In dit hoofdstuk leer je hoe je in het Duits zegt:**
- Meer … dan
- Zo … als / niet zo … als …
- Nieuwe bijvoeglijk naamwoorden om mensen te beschrijven

**Je herhaalt het volgende:**
- Familieleden
- Huisdieren
- Het uiterlijk en karakter van dieren beschrijven

# Hoofdstuk 9 – Mensen vergelijken

## a. meer ... dan

| | | | | |
|---|---|---|---|---|
| ich bin | **aktiv<u>er</u>** | *actiever* | **als** | ich |
| du bist | **<u>ält</u>er** | *ouder* | *dan* | du |
| er/sie/es ist | **<u>besser</u>** | *beter* | | er, sie, das/dieses |
| wir sind | **entspannt<u>er</u>** | *ontspannender* | | wir |
| ihr seid | **faul<u>er</u>** | *luier* | | ihr |
| sie/Sie sind | **fleißig<u>er</u>** | *ijveriger* | | sie, Sie |
| | **freundlich<u>er</u>** | *vriendelijker* | | |
| meine beste Freundin ist | **grö<u>ßer</u>** | *langer* | | meine beste Freundin |
| meine Freundin <u>Mia ist</u> | **großzügig<u>er</u>** | *guller* | | meine Freundin <u>Mia</u> |
| meine Katze ist | **hässlich<u>er</u>** | *lelijker* | | meine Katze |
| meine Cousine ist | **hübsch<u>er</u>** | *mooier* | | meine Cousine |
| meine Mutter ist | **intelligent<u>er</u>** | *intelligenter* | | meine Mutter |
| meine Schwester ist | **jüng<u>er</u>** | *jonger* | | meine Schwester |
| meine Tante ist | **klein<u>er</u>** | *kleiner* | | meine Tante |
| meine Tochter ist | **langweilig<u>er</u>** | *saaier* | | meine Tochter |
| meine Oma ist | **laut<u>er</u>** | *luidruchtiger* | | meine Oma |
| | **lustig<u>er</u>** | *grappiger* | | |
| mein Bruder ist | **nett<u>er</u>** | *aardiger* | | mein Bruder |
| mein Cousin ist | **nervig<u>er</u>** | *irritanter* | | mein Cousin |
| mein bester Freund ist | **schlank<u>er</u>** | *slanker* | | mein bester Freund |
| mein Freund <u>Max ist</u> | **schlau<u>er</u>** | *slimmer* | | mein Freund <u>Max</u> |
| mein Hund ist | **sportlich<u>er</u>** | *sportiever* | | mein Hund |
| mein Opa ist | **st<u>är</u>k<u>er</u>** | *sterker* | | mein Opa |
| mein Onkel ist | **streng<u>er</u>** | *strenger* | | mein Onkel |
| mein Pferd ist | | | | mein Pferd |
| mein Sohn ist | | | | mein Sohn |
| mein Vater ist | | | | mein Vater |
| | | | | |
| meine Geschwister sind | | | | meine Geschwister |
| meine Eltern sind | | | | meine Eltern |
| meine Großeltern sind | | | | meine Großeltern |

## b. zo ... als / niet zo ... als (minder ... dan)

| | | | | | |
|---|---|---|---|---|---|
| ich bin | **genauso** | **aktiv** | *actief* | **wie** | ich |
| du bist | *net zo* | **alt** | *oud* | *als* | du |
| er/sie/es ist | | **doof** | *stom* | | er, sie, das/dieses |
| wir sind | | **ernst** | *serieus* | | wir |
| ihr seid | | **faul** | *lui* | | ihr |
| sie/Sie sind | **nicht so** | **groß** | *lang* | | sie, Sie |
| | *niet zo* | **klein** | *klein* | | |
| | | **launisch** | *humeurig* | | |
| | | **nett** | *aardig* | | |
| | | **sportlich** | *sportief* | | |
| | | **stark** | *sterk* | | |
| | | **zuverlässig** | *betrouwbaar* | | |

# Hoofdstuk 9. Mensen vergelijken: WOORDENSCHAT OPBOUWEN

## 1. Vul het ontbrekende woord in

a. Mein Vater ist größer _______ mein Onkel Dieter. — *Mijn vader is langer dan mijn oom Dieter.*

b. Meine Mutter ist _______ ___ sportlich wie meine _________. — *Mijn moeder is niet zo sportief als mijn tante.*

c. Mein ________ ist kleiner als _______ Vater. — *Mijn opa is korter dan mijn vader.*

d. Meine Cousins _________ fauler als __________. — *Mijn neven zijn luier dan wij.*

e. Mein Hund ist ___________ als meine _________ . — *Mijn hond is luidruchtiger dan mijn kat.*

f. Meine Tante ist nicht so _________ wie _______ Mutter. — *Mijn tante is niet zo mooi als mijn moeder.*

g. Mein ________ ist _____________ als ich. — *Mijn broer is ijveriger dan ik.*

h. Meine Freunde sind _____________ als meine Eltern. — *Mijn vrienden zijn aardiger dan mijn ouders.*

i. Mein großer Bruder ist _____________ groß ________ ich. — *Mijn broer is net zo lang als ik.*

## 2. Vertaal naar het Nederlands

| | | |
|---|---|---|
| a. meine Cousinen | e. meine Tante | i. groß |
| b. netter | f. mein bester Freund | j. älter |
| c. mein Onkel | g. fleißig | k. zuverlässiger |
| d. meine Großeltern | h. meine Freundin | l. faul |

## 3. Combineer

| | |
|---|---|
| **fleißig** | sterk |
| **gutaussehend** | sportief |
| **nett** | oud |
| **stark** | stom |
| **sportlich** | knap |
| **alt** | ijverig |
| **doof** | aardig |

## 4. Zoek en verbeter alle Nederlandse vertaalfouten

a. Er ist älter als du. — *Hij is langer dan jij.*

b. Sie ist genauso fleißig wie ich. — *Zij is net zo knap als ik.*

c. Er ist ruhiger als ich. — *Hij is sterker dan ik.*

d. Ich bin nicht so pummelig wie er. — *Ik ben net zo mollig als hij.*

e. Sie sind kleiner als ihr. — *Zij zijn korter dan wij.*

f. Ich bin genauso alt wie er. — *Zij is net zo oud als hij.*

g. Du bist genauso sportlich wie ich. — *Jij bent sportiever dan ik.*

## 5. Vul een passend woord in

a. Meine Mutter ist älter als meine _____________.

b. _______ Vater ________ jünger als mein Onkel.

c. Meine Eltern _______ genauso _________ wie meine Großeltern.

d. _______ Brüder _______ sportlicher als meine Cousins.

e. Mein ____________ ist nicht so laut _______ meine Katze.

f. Meine Oma ______ genauso großzügig wie mein ____________.

g. Meine Freundin ist _________ hübsch wie meine ____________.

h. Mein Onkel ist __________ so stark ______ mein ____________.

## 6. Combineer de tegenstellingen

| | |
|---|---|
| **gutaussehend** | klein |
| **fleißig** | gemein |
| **jung** | hässlich |
| **groß** | pummelig |
| **nett** | unsportlich |
| **großzügig** | faul |
| **sportlich** | alt |
| **schlank** | geizig |

# Hoofdstuk 9. Mensen vergelijken: LEZEN

Hallo, ich heiße Laura. Ich bin neunzehn Jahre alt und ich wohne in Zürich in der Schweiz. In meiner Familie gibt es vier Personen: meine Eltern, meine beiden Brüder Luis und Oskar und mich. Luis ist größer, stärker und hübscher als Oskar, aber Oskar ist netter, schlauer und fleißiger als Luis.

Meine Eltern heißen Toni und Anna. Beide sind sehr nett, aber mein Vater ist strenger als meine Mutter. Außerdem ist meine Mutter geduldiger und nicht so stur wie mein Vater. Ich bin genauso stur wie er!

Zu Hause haben wir zwei Haustiere: einen Papagei und eine Katze. Beide sind total süß, aber mein Papagei ist lauter. Genauso laut wie ich.

---

Hey, na? Ich heiße Miriam und ich bin zwanzig Jahre alt und ich wohne in Salzburg in Österreich. Ich wohne mit meinen Eltern und mit meinen beiden Schwestern Julia und Vero. Julia ist viel hübscher als Vero, aber Vero ist viel netter.

Meine Eltern sind total lieb, aber mein Vater ist lustiger als meine Mutter. Außerdem ist er ein bisschen entspannter als sie. Genauso entspannt wie ich!

Zu Hause haben wir zwei Haustiere: einen Hund und ein Kaninchen. Beide sind ziemlich pummelig, aber mein Hund ist fauler. Genauso faul wie ich.

---

Hallo, ich heiße Jan. Ich bin fünfzehn Jahre alt und ich wohne in Mainz in Deutschland. In meiner Familie gibt es fünf Personen: meine Eltern, meine beiden Brüder Stefan und Max und mich. Stefan ist schlanker und sportlicher als Max, aber Max ist größer und stärker.

Meine Eltern heißen Carmen und Peter. Ich mag meine Mutter mehr als meinen Vater, weil sie nicht so streng ist wie er. Außerdem ist meine Mutter viel aktiver als mein Vater – genauso aktiv wie ich! Zu Hause haben wir zwei Haustiere: einen Wellensittich und ein Meerschweinchen. Beide sind sehr lieb, aber mein Wellensittich ist viel frecher. Genauso frech wie ich.

## 1. Vind het Duits voor de volgende woorden in de tekst van Laura

a. ik woon in

b. mijn ouders

c. mooier

d. ijveriger

e. Beide zijn

f. erg aardig

g. Bovendien

h. niet zo koppig

i. twee huisdieren

j. echt schattig

k. Net zo luidruchtig als

l. Thuis hebben we

## 2. Vul onderstaande beweringen aan op basis van de tekst van Miriam

a. Ik ben _______ jaar oud.

b. Julia is veel ________ dan Vero.

c. Vero is veel ________.

d. Mijn ouders zijn echt __________.

e. Ik ben net zo _________ als mijn vader.

f. Wij hebben _______ huisdieren.

g. Beide zijn nogal ______.

h. Mijn hond is ________ dan mijn konijn.

i. Ik woon in __________.

## 3. Verbeter alle onderstaande beweringen [over de tekst van Jan] die niet correct zijn

a. Jan hat drei Haustiere.

b. Stefan ist nicht so pummelig wie Max.

c. Max ist nicht so klein wie Stefan.

d. Jan ist genauso frech wie sein Meerschweinchen.

e. Jan mag seinen Vater mehr als seine Mutter.

f. Jan ist aktiver als seine Mutter.

## 4. Beantwoord de vragen over de drie teksten

a. Waar woont Jan?

b. Wie is strenger, zijn moeder of zijn vader?

c. Wie is net zo luidruchtig als zijn/haar papegaai?

d. Wie is net zo lui als zijn/haar hond?

e. Wie heeft een koppige vader?

f. Wie heeft een konijn?

g. Wie heeft een cavia?

h. Welke broer van Jan is sportiever?

i. Wat zijn de verschillen tussen de broers van Jan?

# Hoofdstuk 9. Mensen vergelijken: VERTALEN/SCHRIJVEN

## 1. Vertaal naar het Nederlands

a. groß

b. schlank

c. klein

d. nervig

e. intelligent

f. stur

g. lustig

h. nicht so ... wie

i. ernst

j. größer als

k. nicht so fleißig

l. genauso ... wie

m. zuverlässig

n. netter als

## 2. Vul de ontbrekende woorden in

a. Meine _________ ist __________ als mein _______.
*Mijn oma is langer dan mijn opa.*

b. _______ Vater ______ nicht so ________ wie mein großer Bruder.
*Mijn vader is niet zo sterk als mijn grote broer.*

c. Meine ___________ sind _____________ als wir.
*Mijn neven zijn sportiever dan wij.*

d. _______ Schwester ist _____________ als ________.
*Mijn zus is ijveriger dan ik.*

e. Meine Mutter ist _________ nett _______ mein Vater.
*Mijn moeder is net zo aardig als mijn vader.*

f. Mein ___________ ist viel _________________ als _______.
*Mijn oom is veel spraakzamer dan wij.*

g. Meine ______________ ist nicht so _____________ _______ ich.
*Mijn vriendin is niet zo serieus als ik.*

h. Mein _________ ist _________ ____ meine kleine _____________.
*Mijn papegaai is brutaler dan mijn kleine zus.*

## 3. Woordgroepen vertalen [Nederlands - Duits]

a. Mijn moeder is

b. langer dan

c. net zo slank als

d. niet zo koppig als

e. Ik ben kleiner dan

f. Mijn ouders zijn

g. Mijn neven zijn

h. net zo mollig als

i. Zij zijn net zo sterk als

j. Mijn grootouders zijn

k. Ik ben net zo lui als

## 4. Zinnen vertalen [Nederlands - Duits]

a. Mijn grote zus is aardiger dan mijn kleine zus.

b. Mijn vader is net zo koppig als mijn moeder.

c. Mijn vriendin is ijveriger dan ik.

d. Ik ben niet zo intelligent als mijn broer.

e. Mijn beste vriend is sterker en sportiever dan ik.

f. Mijn vriend is niet zo mooi als ik.

g. Mijn neven zijn lelijker dan wij.

h. Mijn parkiet is luidruchtiger dan mijn kat.

i. Mijn schildpad is grappiger dan mijn hond.

j. Mijn konijn is niet zo mollig als mijn cavia.

# Even Herhalen 2 : Familie, Huisdieren en Beroepen

## 1. Combineer

| Lehrerin | dokter |
|---|---|
| **Anwältin** | kok |
| **Krankenpfleger** | actrice |
| **Koch** | verpleger |
| **Arzt** | IT-medewerker |
| **Flugbegleiterin** | stewardess |
| **Feuerwehrleute** | advocate |
| **Informatiker** | brandweerlieden |
| **Schauspielerin** | lerares |

## 2. Sorteer onderstaande woorden naar categorie in de tabel

a. Ingenieur; b. groß; c. Mechaniker; d. lustig; e. klein; f. Cousin;
g. Lehrer; h. Arzt; i. Onkel; j. Vater ; k. blau; l. schlank; m. Katze;
n. Architektin; o. Mutter; p. Bruder; q. Kaninchen; r. braun;
s. Schlange; t. hübsch

| Beschreibungen *beschrijvingen* | Tiere | Berufe | Familie |
|---|---|---|---|
| | | | |

## 3. Vul het bijvoeglijk naamwoord in

a. Mein Bruder ist ___________.     *mollig*

b. Meine Schwester ist __________.     *lang*

c. Mein Onkel ist __________.     *klein*

d. Meine Freundin ist __________.     *mooi*

e. Mein Opa ist __________.     *irritant*

f. Mein Sportlehrer ist ___________.     *saai*

## 4. Vul de ontbrekende zelfstandige naamwoorden in

a. Meine Mutter arbeitet als _________.     *advocate*

b. Meine Tante ist _____________.     *verpleegster*

c. Mein bester Freund ist ___________.     *journalist*

d. Meine Cousine ist _____________.     *stewardess*

e. Mein Cousin ist ____________.     *student*

f. Ich arbeite als ___________.     *dokter*

g. Dieter arbeitet als ______________.     *zakenman*

h. Meine Oma ist ___________.     *zangeres*

## 5. Combineer de tegenstellingen

| groß | fleißig |
|---|---|
| **hübsch** | dumm |
| **pummelig** | klein |
| **faul** | ruhig |
| **intelligent** | hässlich |
| **laut** | ungeduldig |
| **gemein** | schlank |
| **geduldig** | nett |

## 7. Vul het juiste werkwoord in

a. Meine Mutter ______ sehr groß.
*Mijn moeder is erg lang.*

b. Ich _________ schwarze Haare.
*Ik heb zwart haar.*

c. Ich ___________ als Klempner.
*Ik werk als loodgieter.*

d. Mein Vater _________ 40 Jahre alt.
*Mijn vader is 40.*

e. Wie viele Personen _________ es in deiner Familie?
*Hoeveel mensen zijn er in jouw familie?*

f. Meine Brüder ___________ groß.
*Mijn broers zijn lang.*

g. Mein Opa ____________ nicht mehr.
*Mijn opa werkt niet meer.*

h. Meine Freundin ________ Mia.
*Mijn vriendin heet Mia.*

## 6. Vul onderstaande getallen aan

a. vierz__ __ __     14

b. vier__ __ __     40

c. sech__ __ __     60

d. sieb__ __ __ __     17

e. einundz__ __ __ __ __ __     21

f. drei__ __ __     30 *tip: geen 'z'!*

# HOOFDSTUK 10
## Vertellen wat zich in mijn schooltas / klaslokaal bevindt / kleuren beschrijven

**Tijd voor Grammatica 7**: HABEN + onbepaald lidwoord + zelfst. naamwoord

**Tijd voor Grammatica 8**: HABEN + onbepaald lidwoord + bijv. nw. + zelfst. nw.

## In dit hoofdstuk leer je hoe je zegt:
- Welke voorwerpen zich in je schooltas/etui/klaslokaal bevinden
- Woorden voor de uitrusting van het klaslokaal
- Wat je hebt en niet hebt
- Het onbepaald lidwoord "einen/eine/ein" met een bijvoeglijk naamwoord en een zelfstandig naamwoord na "ich habe" *[ik heb]* en "es gibt" *[er is/zijn]*

## Je herhaalt het volgende:
- Kleuren
- Jezelf voorstellen (bijv. naam, leeftijd, woonplaats, land)
- Huisdieren

# HOOFDSTUK 10.
## Vertellen wat zich in mijn schooltas/ klaslokaal bevindt/kleuren beschrijven

| | | | | | | |
|---|---|---|---|---|---|---|
| **In meiner Tasche habe ich**<br>*In mijn tas heb ik* | **ein<u>en</u>**<br>*een*<br><br>**keinen**<br>*geen* | **Bleistift**<br>**Computer**<br>**Filzstift**<br>**Füller**<br>**Kalender**<br>**Klebstift**<br>**Kuli**<br>**Spitzer**<br>**Stuhl**<br>**Taschenrechner**<br>**Tisch** | *potlood*<br>*computer*<br>*viltstift*<br>*vulpen*<br>*agenda*<br>*plakstift*<br>*balpen*<br>*puntenslijper*<br>*stoel*<br>*rekenmachine*<br>*tafel* | **Er ist**<br><br>*Het is* | **alt**<br>**groß**<br>**hässlich**<br>**kaputt**<br>**klein**<br>**neu**<br>**praktisch**<br>**schmutzig**<br>**sauber**<br>**schön** | *oud*<br>*groot*<br>*lelijk*<br>*kapot*<br>*klein*<br>*nieuw*<br>*handig*<br>*vies*<br>*schoon*<br>*mooi* |
| **In meiner Klasse gibt es**<br>*In mijn klas, is/zijn er* | | | | | | |
| **Ich habe auch**<br>*Ik heb ook* | **ein<u>e</u>**<br>*een*<br><br>**keine**<br>*geen* | **Brotdose**<br>**Schere**<br>**Tafel**<br>**Wasserflasche** | *broodtrommel*<br>*schaar*<br>*schoolbord*<br>*waterfles* | **Sie ist**<br><br>*Het is* | **schwarz**<br>**weiß**<br>**rot** | *zwart*<br>*wit*<br>*rood* |
| **Ich brauche**<br>*Ik heb ... nodig* | **ein**<br>*een*<br><br>**kein**<br>*geen* | **Blatt Papier**<br>**Buch**<br>**Federmäppchen**<br>**Heft**<br>**Lineal**<br>**Radiergummi**<br>**Wörterbuch** | *blad papier*<br>*boek*<br>*etui*<br>*schrift*<br>*lineaal*<br>*gum*<br>*woordenboek* | **Es ist**<br><br>*Het is* | **blau**<br>**grün**<br>**gelb**<br>**lila**<br>**rosa**<br>**braun**<br>**grau** | *blauw*<br>*groen*<br>*geel*<br>*paars*<br>*roze*<br>*bruin*<br>*grijs* |
| **Mein Freund Max hat**<br>*Mijn vriend Max heeft* | | | | | **orange** | *oranje* |
| **Mein Freund Max braucht**<br>*Mijn vriend Max heeft ... nodig* | **ein paar**<br>*een paar*<br><br>**viele**<br>*veel*<br><br>**keine**<br>*geen* | **Bleistifte**<br>**Kulis**<br>**Hefte**<br>**Scheren**<br>**Stühle**<br>**Taschenrechner**<br>**Tische**<br>**Wörterbücher** | *potloden*<br>*balpennen*<br>*schriften*<br>*scharen*<br>*stoelen*<br>*rekenmachines*<br>*tafels*<br>*woordenboeken* | **Sie sind**<br><br>*Zij zijn* | **hellblau**<br>*lichtblauw*<br><br>**dunkelblau**<br>*donkerblauw* | |

## 1. Combineer

| ich habe ... | een gum |
|---|---|
| ein Radiergummi | een agenda |
| einen Kalender | ik heb ... |
| einen Kuli | geen stoel |
| einen Bleistift | geen broodtrommel |
| eine Schere | een balpen |
| kein Lineal | geen lineaal |
| keinen Stuhl | ik heb nodig |
| ich brauche | een potlood |
| keine Brotdose | een schaar |

## 2. Vul de ontbrekende letter in

a. ich hab_          e. ein He_t

b. einen S_itzer    f. mein Fre_nd

c. ich brau_he      g. ke_ne Schere

d. einen Bl_istift  h. eine Ta_el

## 3. Vul het ontbrekende woord in

a. In meiner Schultasche habe ich ein ___________.
*In mijn schooltas heb ik een schrift.*

b. Ich brauche ein ________________.
*Ik heb een gum nodig.*

c. Ich habe ___________ Kuli.
*Ik heb geen pen.*

d. Mein Freund _________ ein Blatt Papier.
*Mijn vriend heeft een blad papier.*

e. Ich _______ einen Taschenrechner.
*Ik heb een rekenmachine.*

f. Ich brauche einen _________.
*Ik heb een stoel nodig.*

g. Ich habe kein _________.
*Ik heb geen lineaal.*

h. Mein Freund hat _______ Schere.
*Mijn vriend heeft geen schaar.*

## 4. Vertaal naar het Nederlands

a. Ich habe keine Schere

b. Es gibt viele Tische.

c. Ich habe kein Heft.

d. Sie hat einen Bleistift.

e. Ich habe ein Radiergummi.

f. Ich brauche einen Kalender.

g. Mein Freund hat ein Wörterbuch.

h. Ich habe keinen Taschenrechner.

## 5. Anagrammen schoolspullen

a. ftBlstiei          e. ereSch

b. iuKl               f. sackRuck

c. warschz            g. stlebKift

d. ürgn               h. fteH

## 6. Gebroken woorden

a. I_ m________    T________ h______ i___ e____ F______________.
*In mijn tas heb ik een etui.*

b. I____ h_______ a________ e____ L________.
*Ik heb ook een lineaal.*

c. I____ h______ k____ R____________.
*Ik heb geen gum.*

d. I___ b________ e_____ S________.
*Ik heb een puntenslijper nodig.*

e. E____ g______ e______ T_______.
*Er is een schoolbord.*

f. M______ F_________ Max h______ e____ W________________.
*Mijn vriend Max heeft een woordenboek.*

g. I___ b_______ e____ F____________.
*Ik heb een viltstift nodig.*

## 7. Vul een passend woord in

a. Ich habe ein _______________.

b. Ich _________ einen Kuli.

c. _________ ist meine Lieblingsfarbe.

d. Ich habe keine _____________.

e. Die Tasche ist _______________.

f. Mein Kuli ist _______________.

g. Meine ___________ ist schön.

h. Meine ________ hat eine Brotdose.

i. Mein ____________ hat kein Heft.

j. Die _______________ sind rot.

k. Es gibt ____________ Tafel.

# Hoofdstuk 10. Vertellen wat er in mijn schooltas zit: LEZEN

Ich heiße Lisa. Ich bin zwölf Jahre alt und ich wohne in Luzern, in der Schweiz. In meiner Familie gibt es vier Personen. Ich habe auch eine weiße Katze! In meiner Tasche habe ich einen blauen Kuli, ein gelbes Heft, ein rotes Lineal und ein cooles weißes Radiergummi. Ich liebe mein Radiergummi! Meine Freundin Anne hat nur einen Bleistift in ihrer Tasche. Aber zu Hause hat sie ein graues Pferd, stell dir vor!

Ich heiße Peter. Ich bin fünfzehn Jahre alt und ich wohne in Innsbruck, in Österreich. In meiner Familie gibt es drei Personen. Ich habe ein sehr lustiges Meerschweinchen. In meiner Klasse gibt es viel: eine Tafel, einen Computer und dreißig Tische. Meine Klasse ist ziemlich groß. In meiner Tasche habe ich einen blauen Bleistift, ein gelbes Lineal, einen blauen Spitzer und ein weißes Radiergummi. Mein Freund Martin hat viele bunte Filzstifte.

Ich heiße Deniz. Ich bin achtzehn Jahre alt und ich wohne in Köln, im Westen von Deutschland. In meiner Familie gibt es fünf Personen. Mein Bruder heißt Ahmet. In meiner Klasse gibt es eine Tafel und zwanzig Tische. Es gibt auch zwanzig Stühle, für jede Person einen! Meine Klasse ist schön und mein Lehrer ist sehr lustig. Aber ich habe keinen Bleistift, kein Lineal und ich habe auch kein Radiergummi. Ich habe nichts und ich brauche alles! Das ist ein großes Problem! Zu Hause habe ich ein lustiges weißes Kaninchen.

Ich heiße Paul. Ich bin dreizehn Jahre alt und ich wohne in Stuttgart. In meiner Familie gibt es vier Personen. Ich liebe meine Mutter, aber ich mag meinen Vater nicht. Er ist immer gemein zu mir! In meiner Klasse gibt es nicht viel. Es gibt keine Tafel und es gibt auch keinen Computer. Es gibt achtundzwanzig Tische, aber nur siebenundzwanzig Stühle. Das ist ein Problem! Ich habe einen Bleistift, einen Taschenrechner und einen Kalender in meiner Tasche.

## 1. Vind het Duits voor onderstaande woorden in de tekst van Lisa

a. Ik ben 12 jaar oud.

b. ik woon in Luzern

c. In mijn familie zijn er

d. In mijn tas heb ik

e. een geel schrift

f. een rode lineaal

g. Ik houd van

h. maar één potlood

i. in haar tas

j. een grijs paard

## 2. Vind iemand die: welke persoon ...

a. ... heeft een blauw potlood?

b. ... heeft de meeste tafels in de klas?

c. ... heeft een klas waarin altijd één leerling moet staan?

d. ... heeft geen schoolspullen?

e. ... heeft een groot huisdier?

## 3. Beantwoord de volgende vragen over Deniz

a. Waar woont Deniz?

b. Wie is Ahmet?

c. Hoeveel tafels en stoelen zijn er in haar klas?

d. Hoe beschrijft zij haar klas?

e. Wat voor schoolspullen heeft ze?

f. Wat voor huisdier heeft ze?

g. Hoe beschrijft ze haar huisdier?

## 4. Vul de ontbrekende woorden in:

Ich h_______ Jens. Ich bin acht J_______ alt und ich wo______ in Bern, in der Schweiz. In meiner Familie gi______ es vier Personen. In meiner Kl________ gibt es viele Sachen: einen Co________, eine Taf________ und viele Wö___________. In meiner Ta_______ habe ich einen Bl_________, einen ro_______ Kuli und ein Ra_________. Meine F________ Marie hat viele Sac_____, aber sie hat kein L________. Ich mag meinen Lehr_____, denn er ist sehr n____ . Zu Hause habe ich e_____ grüne Schlange!

## 5. Vul onderstaande tabel in

| Naam | Peter | Paul |
|---|---|---|
| Leeftijd | | |
| Stad | | |
| Spullen in tas | | |

# Hoofdstuk 10. Vertellen wat er in mijn schooltas zit: VERTALEN

## 1. Slechte vertalingen: vind en verbeter [in het Nederlands] alle vertaalfouten hieronder

a. In meiner Klasse gibt es zwei Tafeln und einen Computer. Ich mag meinen Lehrer nicht.
*In mijn klas is er een schoolbord en een computer. Ik mag mijn leraar.*

b. In meinem Federmäppchen habe ich einen grünen Bleistift, einen blauen Anspitzer, aber kein Lineal.
*In mijn etui heb ik een rood potlood, een groene puntenslijper, maar geen gum.*

c. Mein Freund Dieter hat vier Personen in seiner Familie. Er braucht einen roten Kuli und einen Kalender.
*Mijn vriend Dieter heeft vijf personen in zijn familie. Hij heeft een zwarte pen en een agenda nodig.*

d. Ich brauche ein Heft und einen Klebstift. Ich habe kein Lineal und keinen Kuli. Ich liebe meinen Lehrer!
*Ik heb papier en een gum nodig. Ik heb geen lineaal of een potlood. Ik haat mijn leraar!*

e. In meiner Klasse gibt es dreißig Stühle und dreißig Tische. Ich habe schon ein Wörterbuch, aber ich brauche einen Taschenrechner.
*In mijn klas zijn er dertig katten en dertig stoelen. Ik heb al een balpen, maar ik heb een rekenmachine nodig.*

## 2. Vertaal naar het Nederlands

a. ich brauche

b. Ich habe einen roten Bleistift.

c. Ich habe einen blauen Kuli.

d. Ich habe ein grünes Lineal.

e. Ich habe einen Hund zu Hause.

f. Mein Freund hat ein Buch.

g. in meinem Federmäppchen

h. Ich mag meinen Lehrer.

i. Ich habe gelbe Bleistifte.

j. eine große Tafel

k. Ich habe viele Sachen.

l. Ich habe keinen Spitzer.

m. Ich brauche ein Wörterbuch.

## 3. Woordgroepen vertalen [Nederlands - Duits]

a. Ik heb …

b. … een rood schrift

c. … een blauw potlood

d. Ik heb … nodig

e. Ik houd van

f. Er zijn

g. dertig stoelen

h. Mijn vriend heeft

## 4. Zinnen vertalen [Nederlands - Duits]

a. Er zijn 20 tafels.

b. Er is een schoolbord.

c. Mijn leraar is aardig.

d. Ik heb een paar blauwe balpennen.

e. Ik heb veel groene potloden.

f. Ik heb een gum en een puntenslijper nodig.

g. Ik heb een stoel en een boek nodig.

h. Mijn klas is erg groot en mooi.

i. Mijn vader is leraar.

## 1. Gesplitste zinnen

| | |
|---|---|
| Ich habe eine | meinen Lehrer. |
| Ich habe keinen | rote Schere. |
| Meine Klasse | ich viele Sachen. |
| Es gibt dreißig | Taschenrechner. |
| Mein Freund braucht ein | ist sehr groß. |
| Ich mag | rotes Heft. |
| In meiner Tasche habe | Stühle. |

## 2. Schrijf de woorden van de zinnen in de juiste volgorde. [let op: begin telkens met het onderstreepte woord]

a. Ich einen Taschenrechner brauche

b. Ich einen habe Lineal ein und Kuli

c. Klasse groß sehr ist Meine

d. Mein Freund ein Lineal weißes hat

e. Ich keinen blauen habe Kalender

f. habe ich Zu Hause Schildkröte eine

g. Vater ist Mein Arzt und er arbeitet Krankenhaus in einem

## 3. Zoek en verbeter de grammaticale fouten en de spelfouten [let op: soms ontbreekt een woord]

a. In meiner Klasse gibt zwanzig Stühle.

b. Ich habe schwarzen Taschenrechner.

c. In mein Tasche habe ich nicht viele Sachen.

d. Mein Freund braucht ein rote Schere.

e. Ich braucht ein Heft und einen Kuli.

f. Mein Freund Mario hat viele bunte Filzstift.

g. Meine Mutter ist Mechaniker und sie arbeitet in der Stadt.

h. Ich bin sehr groß. Ich habe blond Haare und grüne Augen.

## 4. Anagrammen

a. ieBlftist          *Bleistift*

b. felaT

c. iKul

d. chiTse

e. schTaenchnerre

f. rellüF

g. neLail

## 6. Beschrijf deze persoon in het Duits:

**Naam**:
Thomas

**Huisdier**:
een zwart konijn

**Haar/ogen**:
bruin haar + blauwe ogen

**Schoolspullen**:
heeft balpen, potlood, lineaal, gum, broodtrommel

**Heeft geen**:
puntenslijper, papier, stoel

**Favoriete kleur**:
rood

## 5. Geleid schrijven – beschrijf onderstaande personen in 3 korte alinea's op basis van de details in de tabel [ik]

| Persoon | Woont | Heeft | Heeft geen | Heeft nodig |
|---|---|---|---|---|
| Natalie | Bern | schrift | balpen | agenda |
| Anton | Graz | lineaal | potlood | een blad papier |
| Julia | Hamburg | vilt-stiften | puntenslijper | een plakstift |

# Tijd voor Grammatica 7:
## HABEN + onbepaald lidwoord + zelfstandig naamwoord

| Onderwerp-Werkwoord | Lidwoord | Zelfstandig naamwoord |
|---|---|---|
| **ich habe** <br> *ik heb* | **ein<u>en</u>** *een* <br> **kein<u>en</u>** *geen* | MANNELIJKE ZELFSTANDIGE NAAMWOORDEN (der …) <br><br> **Bruder, Cousin, Onkel, Vater, …** <br> **Bär, Hund, Hamster, Papagei, Tiger, …** <br> **Bleistift, Kalender, Kuli, Taschenrechner, …** <br> **Computer, Fernseher, Fußball, Laptop, …** |
| **du hast** <br> *jij hebt* <br><br> **er/sie/es hat** <br> *hij/zij/het heeft* | **ein<u>e</u>** <br> **kein<u>e</u>** | VROUWELIJKE ZELFSTANDIGE NAAMWOORDEN (die …) <br><br> **Schwester, Cousine, Tante, Mutter, …** <br> **Brotdose, Schere, Tasche, Wasserflasche, …** <br> **Katze, Maus, Schildkröte, Schlange, …** <br> **Gitarre, Trompete, PlayStation, Xbox, …** |
| **wir haben** <br> *wij hebben* <br><br> **ihr habt** <br> *jullie hebben* <br><br> **sie/Sie haben** <br> *zij hebben/u hebt* | **ein** <br> **kein** | ONZIJDIGE ZELFSTANDIGE NAAMWOORDEN (das …) <br><br> **Brüderchen, Schwesterchen, Tantchen, …** <br> **Blatt Papier, Buch,  Heft, Lineal, …** <br> **Haustier, Meerschweinchen, Pferd, Schaf, …** <br> **Auto, Fahrrad, Smartphone, Souvenir, …** |
| | **viel<u>e</u>** *veel* <br> **kein<u>e</u>** | ZELFSTANDIGE NAAMWOORDEN IN MEERVOUD (die …) <br><br> **Geschwister, Eltern, Freunde, Großeltern, …** <br> **Bücher, Hefte, Stifte, Tische, Stühle, …** <br> **Haustiere, Kaninchen, Hunde, Katzen, …** <br> **blonde Haare, blaue Augen, Sommersprossen, …** |

# Tegenwoordige tijd van HABEN + onbepaald lidwoord: Training (1)

## 1. Combineer

| | |
|---|---|
| **ich habe** | wij hebben |
| **wir haben** | ik heb |
| **du hast** | zij hebben |
| **er/sie hat** | jij hebt |
| **ihr habt** | hij/zij heeft |
| **sie haben** | jullie hebben |

## 2. Vul de ontbrekende vorm van HABEN in

a. Ich __________ keine Haustiere.     *Ik heb geen huisdieren.*

b. Wir ____________ eine graue Katze.     *Wij hebben een grijze kat.*

c. Sie __________ zwei Schildkröten.     *Zij hebben twee schildpadden.*

d. __________ du Geschwister?     *Heb jij broers en/of zussen?*

e. __________ ihr Haustiere?     *Hebben jullie huisdieren?*

f. Er __________ ein Meerschweinchen.     *Hij heeft een cavia.*

g. Oma ______ keine Haustiere.     *Oma heeft geen huisdieren.*

h. Wir _________ keine Haustiere.     *Wij hebben geen huisdieren.*

## 3. Vul de vormen van HABEN in de tegenwoordige tijd in

ich       _______________

du       _______________

er, sie, es       _______________

wir       _______________

ihr       _______________

sie, Sie       _______________

## 4. Voeg de juiste vorm van HABEN toe

a. Meine Brüder ________ einen Hamster.

b. Mein Onkel ________ einen Papagei.

c. Ich _________ ein Buch.

d. _________ du ein Pferd?

e. _________ ihr Fische zu Hause?

f. Meine Eltern _________ eine Schlange, stell dir vor!

g. Ich _________ eine süße Katze.

h. Er _________ eine kleine Schwester.

## 5. Vul de ontbrekende vorm van HABEN in

a. Mein Bruder ___________ blaue Augen.

b. Meine Mutter ___________ lange blonde Haare.

c. Meine Eltern ___________ braune Augen.

d. Mein Onkel Paul ___________ keine Haare.

e. ___________ du blaue oder braune Augen?

f. Ihr ___________ sehr schöne Haare!

g. Ich ___________ leider kein Haustier, aber ...

h. ... mein Bruder ___________ ein Meerschweinchen.

## 6. Vertaal naar het Duits

a. Mijn vader heeft blauwe ogen.

b. Ik heb geen huisdieren.

c. Ik heb geen broer.

d. In mijn etui heb ik een lineaal.

e. Heb jij potloden?

f. Ik heb thuis een hond.

g. Mijn moeder heeft blond haar.

h. Mijn vader is 38.

i. Hoe oud ben jij?

# Tegenwoordige tijd van HABEN + onbepaald lidwoord: Training (2)

**7. Vertaal het persoonlijk voornaamwoord <u>en</u> het werkwoord naar het Duits**

Ik heb          *Ich habe*

Jij hebt

Zij heeft

Hij heeft

Het heeft

Wij hebben

Jullie hebben

Zij hebben

**8. einen, eine, of ein?**

a. Wir haben ___________ Papagei (m).

b. Ich habe ___________ Heft (o).

c. Mein Bruder hat ___________ Katze (v).

d. Ich hätte gern ___________ Kalender (m).

e. Wir haben _________ Schildkröte (v).

f. Ich habe _________ Haustiere. (mv)     *Ik heb geen huisdieren.*

g. Hast du _________ Bruder oder eine Schwester?

**9. Vertaal naar het Duits. Onderwerp: Familieleden**

a. Ik heb geen oom.

b. Wij hebben twee broers.

c. Mijn moeder heeft geen zussen.

d. Heb jij grootouders?

e. Hebben jullie vrienden?

f. Ik heb geen broer.

**10. Vertaal naar het Duits. Onderwerp: Huisdieren**

a. Ik heb een schildpad.

b. Wij hebben een paard.

c. Hij heeft twee honden.

d. Zij hebben vijf vissen.

e. Heb jij een konijn?

f. Mijn moeder heeft een kikker.

**11. Vertaal naar het Duits. Onderwerp: Haar en ogen**

a. Ik heb zwart haar.

b. Wij hebben blauwe ogen.

c. Zij heeft krullend haar.

d. Mijn moeder heeft blond haar.

e. Heb jij grijze ogen?

f. Zij hebben groene ogen.

g. Mijn broer heeft bruine ogen.

h. Wij hebben geen haar.

i. Jullie hebben mooie ogen.

j. Mijn ouders hebben rood haar.

k. Jij hebt geen haar.

l. Mijn zus heeft erg lang haar.

# Tijd voor Grammatica 8:

## HABEN + onbepaald lidwoord + bijv. nw. + zelfst. nw.

| Onderwerp-Werkwoord | Lijdend voorwerp (Naamwoordgroep in de vierde naamval) | | |
| --- | --- | --- | --- |
| | **een/geen** | **Bijvoeglijk. nw. + verbuiging** | **Zelfstandig naamwoord** |
| **ich habe** <br> *ik heb* | **einen** <br> *een* <br><br> **keinen** <br> *geen* | **alt-** *oud* <br> **groß-** *groot* <br> **hässlich-** *lelijk* <br> **kaputt-** *kapot* <br> **klein-** *klein* <br> **neu-** *nieuw* <br> **praktisch-** *handig* <br> **schmutzig-** *vies* | **-en**   **Bleistift** *potlood* <br> **Computer** *computer* <br> **Filzstift** *viltstift* <br> **Füller** *vulpen* <br> **Kalender** *agenda* <br> **Klebstift** *plakstift* <br> **Kuli** *balpen* <br> **Spitzer** *puntenslijper* <br> **Taschenrechner** *rekenmachine* |
| **du hast** <br> *jij hebt* <br><br> **er/sie/es hat** <br> *hij/zij/het heeft* | **eine** <br> *een* <br><br> **keine** <br> *geen* | **sauber-** *schoon* <br> **schön-** *mooi* <br><br> **braun-** *bruin* | **-e**   **Brotdose** *broodtrommel* <br> **Schere** *schaar* <br> **Schultasche** *schooltas* <br> **Tafel** *schoolbord* <br> **Wasserflasche** *waterfles* |
| **wir haben** <br> *wij hebben* <br><br> **ihr habt** <br> *jullie hebben* | **ein** <br> *een* <br><br> **kein** <br> *geen* | **blau-** *blauw* <br> **gelb-** *geel* <br> **golden-** *gouden* <br> **grau-** *grijs* <br> **grün-** *groen* <br> **orang-** *oranje* <br> **schwarz-** *zwart* | **-es**   **Blatt Papier** *blad papier* <br> **Buch** *boek* <br> **Federmäppchen** *etui* <br> **Heft** *schrift* <br> **Lineal** *lineaal* <br> **Radiergummi** *gum* <br> **Wörterbuch** *woordenboek* |
| **sie/Sie haben** <br> *zij hebben/u hebt* | **viele** <br> *veel* <br><br> **keine** <br> *geen* | **rot-** *rood* <br> **weiß-** *wit* <br><br> **hellblau-** *lichtblauw* <br> **dunkelblau-** *donkerblauw* | **-e**   **Bleistifte** *potloden* <br> **Kulis** *balpennen* <br> **Hefte** *schriften* <br> **Scheren** *scharen* <br> **Stühle** *stoelen* <br> **Taschenrechner** *rekenmachines* <br> **Tische** *tafels* <br> **Wörterbücher** *woordenboeken*   **en** |

# Training

## 1. Vul de tabel in

| Deutsch | Nederlands |
|---|---|
| **alt** | |
| | vies |
| | groen |
| **praktisch** | |
| **schön** | |
| | bruin |
| | lichtblauw |
| **kaputt** | |
| | rood |

## 2. Vertaal naar het Nederlands

a. Ich habe einen neuen Füller.

b. Ich habe eine blaue Brotdose.

c. Mein Freund hat ein grünes Heft.

d. Ich habe kein Lineal.

e. Wir haben viele neue Wörterbücher.

f. Ich hätte gern ein neues Federmäppchen.

g. Ich habe keine schöne Wasserflasche.

h. Du hast eine alte Schere.

i. Sie hat ein neues Radiergummi.

j. Es gibt schmutzige Tische.

## 3. Geef de juiste verbuiging van het bijv. naamwoord

Ich habe …

a. einen schön__ Filzstift.

b. eine neu__ Schere.

c. rot__ Kulis.

d. keinen sauber__ Stuhl.

e. ein grün__ Heft.

f. hellblau__ Bleistifte.

g. keine kaputt__ Stühle.

h. neu__ Tische.

i. einen hässlich__ Füller.

## 4. Vul het ontbrekend bijvoeglijk naamwoord in

a. Ich habe eine __________ Schultasche.　　*Ik heb een rode schooltas.*

b. Ich habe einen __________ Kuli.　　*Ik heb een kapotte balpen.*

c. Ich habe einen __________ Füller.　　*Ik heb een nieuwe vulpen.*

d. Ich habe ein __________ Lineal.　　*Ik heb een gele lineaal.*

e. Ich habe ein __________ Papier.　　*Ik heb een wit blad papier.*

f. Ich habe zwei __________ Scheren.　　*Ik heb twee rode scharen.*

g. Ich habe __________ Stifte.　　*Ik heb blauwe potloden.*

h. Ich habe eine __________ Tasche.　　*Ik heb een zwarte tas.*

## 5. Vertaal naar het Duits

a. Ik heb…

b. … een zwarte lineaal

c. … een groene schooltas

d. … een gele etui

e. … twee groene linealen

f. … twee blauwe scharen

g. … twee witte schriften.

## 6. Vertaal naar het Duits

a. Ik heb een rode balpen en een blauwe vulpen.

b. Paul heeft een groene schooltas.

c. Heb jij een witte etui?

d. Hebben jullie rode viltstiften?

e. Ik heb een roze blad papier nodig.

f. We hebben een geel schrift.

g. Hij heeft een zwarte en witte lineaal.

# HOOFDSTUK 11 (Deel 1)
## Vertellen over voedsel:
## Voorkeur / Afkeer / Redenen

**Tijd voor Grammatica 9:** ESSEN & TRINKEN + gern/lieber/am liebsten

### In dit hoofdstuk leer je hoe je zegt:

- Van wat voor eten je houdt/niet houdt en in welke mate
- Waarom je er (niet) van houdt
- Nieuwe bijvoeglijke naamwoorden
- De tegenwoordige tijd van 'essen' *[eten]* en 'trinken' *[drinken]*
- 'gern', 'lieber', 'am liebsten' om te zeggen wat je graag eet, liever eet en het liefst eet

### Je herhaalt het volgende
- Tijdsaanduidingen
- Een reden geven

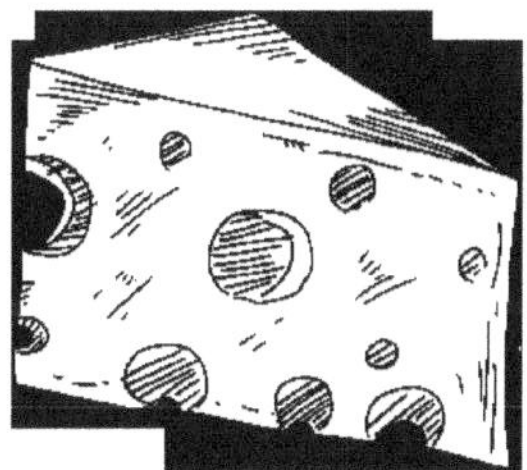

| | | | | | |
|---|---|---|---|---|---|
| **Ich esse gern**<br>*Ik eet graag* | **Äpfel** | *appels* | **denn**<br>**es ist …**<br>*want*<br>*het is …* | **ekelhaft** | *walgelijk* |
| | **Bananen** | *bananen* | | **erfrischend** | *verfrissend* |
| **Ich esse nicht gern**<br>*Ik eet niet graag* | **Brot** | *brood* | | **fettig** | *vettig* |
| | **Eier** | *eieren* | **weil**<br>**es … ist.**<br>*omdat*<br>*het … is* | **geschmackvoll** | *smaakvol* |
| **Ich esse lieber**<br>*Ik eet liever* | **Erdbeeren** | *aardbeien* | | **langweilig** | *saai* |
| | **Fisch** | *vis* | | **gesund** | *gezond* |
| **Ich esse am liebsten**<br>*Ik eet het liefst* | **Fleisch** | *vlees* | | **lecker** | *lekker* |
| | **Gemüse** | *groenten* | **Ich finde**<br>**es …**<br>*Ik vind*<br>*het …* | **nahrhaft** | *voedzaam* |
| | **Hamburger** | *hamburgers* | | **salzig** | *zout* |
| | **Hähnchen** | *kip* | | **scharf** | *pittig, pikant* |
| | **Honig** | *honing* | | **süß** | *zoet* |
| | **Käse** | *kaas* | | **ungesund** | *ongezond* |
| | **Kartoffeln** | *aardappels* | | **zäh** | *taai* |
| | **Krabben** | *krabben* | | | |
| | **Kuchen** | *gebak, taart* | | **reich an …** | *rijk aan …* |
| | **Nudeln** | *pasta* | | | |
| | **Obst** | *fruit* | | **… Mineralstoffen** | *… mineralen* |
| | **Reis** | *rijst* | | **… Proteinen** | *… proteïnen* |
| | **Salat** | *salade* | | **… Vitaminen** | *… vitaminen* |
| | **Schokolade** | *chocolade* | | | |
| | **Süßigkeiten** | *snoep* | | | |
| | **Tomaten** | *tomaten* | | | |
| **Ich trinke gern**<br>*Ik drink graag* | **Cola** | *cola* | | | |
| | **Kaffee** | *koffie* | | | |
| **Ich trinke nicht gern**<br>*Ik drink niet graag* | **Kakao** | *warme chocolademelk* | | | |
| | **Milch** | *melk* | | | |
| **Ich trinke am liebsten**<br>*Ik drink het liefst* | **Saft** | *sap* | | | |
| | **Tee** | *thee* | | | |
| **Ich trinke lieber**<br>*Ik drink liever* | **Wasser** | *water* | | | |

☺⊕ **Es schmeckt mir (gut)!** *Het smaakt goed!*    ☹ **Es schmeckt mir nicht (gut).** *Het smaakt niet goed.*

*Opmerking: "es" verwijst hier naar de handeling van het eten/drinken in het algemeen. Alle handelingen zijn onzijdig als ze als zelfstandig naamwoord worden gebruikt.*

## 1. Combineer

| | |
|---|---|
| **Erdbeeren** | eieren |
| **Fleisch** | appels |
| **Gemüse** | erwten |
| **Hähnchen** | melk |
| **Wasser** | fruit |
| **Milch** | water |
| **Eier** | hamburgers |
| **Erbsen** | kip |
| **Hamburger** | vlees |
| **Obst** | aardbeien |
| **Äpfel** | groenten |

## 2. Vul in

a. Ich esse gern _____________.    *Ik eet graag kip.*

b. Ich esse lieber _____________.    *Ik eet liever krabben.*

c. Ich esse nicht gern _____________.    *Ik eet niet graag appels.*

d. Ich trinke am liebsten ___________.    *Ik drink het liefst melk.*

e. Ich trinke lieber ___________.    *Ik drink liever koffie.*

f. Ich __________ gern Wasser.    *Ik drink graag water.*

g. Ich __________ nicht gern Tomaten.    *Ik eet niet graag tomaten.*

h. Ich hasse ___________.    *Ik haat sap.*

i. Ich mag ___________ nicht.    *Ik houd niet van fruit.*

j. Ich liebe ___________.    *Ik houd van eieren.*

## 3. Vertaal naar het Nederlands

a. Ich esse gern Obst.

b. Ich esse nicht gern Eier.

c. Ich esse am liebsten Erbsen.

d. Ich mag Hamburger.

e. Ich mag Fleisch nicht.

f. Ich esse lieber Orangen.

g. Ich esse nicht gern Tomaten.

h. Kaffee schmeckt mir nicht.

## 4. Vul de woorden aan

a. Ei_____

b. Bana_________

c. Erb_________

d. Gem____________

e. Hamb_____________

f. Kr_________

g. Äp__________

h. Wa_______

## 5. Gebroken woorden

a. I___ e_____ g_____ N________.    *Ik eet graag pasta.*

b. I___ t_____ g______ W_______.    *Ik drink graag water.*

c. I___ e_____ n______ g_______ F_________.    *Ik eet niet graag vlees.*

d. I___ m_____ S____________.    *Ik houd van chocola.*

e. I___ e_____ a___ l______ G_________.    *Ik eet het liefst groenten.*

f. I___ e_____ g______ Ä______.    *Ik eet graag appels.*

g. I___ f_____ M______ l_____.    *Ik vind melk lekker.*

h. I___ l______ K__________.    *Ik houd van aardappels.*

## 6. Vertaal naar het Duits

a. Ik eet graag eieren.

b. Ik eet liever sinaasappels.

c. Ik eet echt graag groenten.

d. Ik eet niet graag vlees.

e. Ik houd van fruit.

f. Ik houd niet van groenten.

g. Ik haat melk.

# Hoofdstuk 11. Vertellen over voedsel (Deel 1): WOORDENSCHAT (Deel 2)

## 1. Vul de ontbrekende woorden in. De eerste letter van elk woord is gegeven

a. Ich finde Bananen sehr l__________.
*Ik vind bananen erg lekker.*

b. Ich f______ Äpfel sehr e__________.
*Ik vind appels erg verfrissend.*

c. Ich finde Hähnchen e______________.
*Ik vind kip walgelijk.*

d. Ich mag F__________ gar nicht.
*Ik houd helemaal niet van vlees.*

e. Ich trinke lieber K______ als T____.
*Ik drink liever koffie dan thee.*

f. Hamburger sind u________________.
*Hamburgers zijn ongezond.*

g. Salat ist ziemlich g______________.
*Salade is nogal gezond.*

h. Ich esse keinen R____________.
*Ik eet geen rijst.*

i. Ich esse am liebsten K____________.
*Ik eet het liefst taart.*

j. Ich trinke gern K____________, weil es süß ist.
*Ik drink graag warme chocolademelk omdat het zoet is.*

## 2. Vul de tabel in

| Deutsch | Nederlands |
|---|---|
| **Milch** | |
| | kip |
| **Gemüse** | |
| **Eier** | |
| | thee |
| | brood |
| **Kartoffeln** | |
| **Reis** | |
| | pasta |

## 3. Anagrammen

a. pfÄle       g. sseWar

b. iMlhc       h. eTe

c. beerErden       i. ftaS

d. trBo       j. hnHächne

e. meGüse       k. sRie

f. delNun       l. ffartKlneo

## 4. Gebroken woorden

a. I____ e_____ a_ l______ E_______. *Ik eet het liefst eieren.*

b. I____ e_______ l_______ S_______. *Ik eet liever salade.*

c. I____ l_________ K__________. *Ik houd van aardappelen.*

d. R______ i____ s_____ g_________. *Rijst is erg gezond.*

e. I__ f______ K______ u_________. *Ik vind koffie ongezond.*

f. F________ i____ l_________. *Vis is lekker.*

g. Indisches Essen i____ s________. *Indisch eten is pittig.*

h. S____________ i____ s____. *Chocolade is zoet.*

## 5. Vul in elke zin een passend woord in

a. ____________ sind nicht gesund.

b. Kaffee ist sehr ______________.

c. Ich mag ______________ nicht.

d. Ich liebe __________ und _________.

e. Meine Mutter isst gern ____________.

f. Ich esse nicht gern ______________, weil es __________ ist.

g. Ich esse lieber ________________, denn es ist ________________.

h. Findest du Gemüse ____________?

# Hoofdstuk 11. Vertellen over voedsel (Deel 1): LEZEN

Hallo! Ich heiße Nils. Was ich gern esse? Ich liebe Meeresfrüchte, also esse ich gern Muscheln und Krabben. Ich finde es superlecker! Ich esse auch gern Fisch, weil es reich an Proteinen ist. Besonders Lachs! Hähnchen finde ich auch sehr lecker. Außerdem esse ich gern Obst, besonders Bananen und Erdbeeren. Sie schmecken so süß! Jedoch esse ich nicht gern Gemüse. Es schmeckt mir nicht. Und du, was isst du gern?

Hallo! Ich heiße Alex. Was ich gern esse? Also, ich liebe Gemüse! Ich esse es jeden Tag. Meine Lieblingsgemüse sind Spinat, Tomaten und Mais. Sie sind reich an Vitaminen und Mineralstoffen. Ich esse auch sehr gern Obst, weil es gesund und lecker ist. Ich hasse Fleisch und Fisch. Es ist reich an Proteinen, aber es schmeckt mir nicht.

Hallo zusammen! Ich heiße Verena. Was ich gern esse? Ich liebe Fleisch, besonders Rindfleisch, denn es ist sehr geschmackvoll. Ich esse auch gern Brathähnchen, es ist schön knusprig und reich an Proteinen. Eier finde ich auch lecker. Sie sind nicht nur gesund, sondern sie sind auch reich an Vitaminen und Proteinen. Obst finde ich ganz gut – ich esse am liebsten Bananen, weil sie lecker und vitaminreich sind. Aber ich hasse Äpfel. Ich finde sie furchtbar!

Guten Tag, ich heiße Jana. Also, ich esse am liebsten Nudeln. Ich finde es sehr lecker und sehr nahrhaft. Aber ich esse kein Fleisch – ich bin Vegetarierin! Jedoch esse ich supergern Obst, weil es süß ist, und ich esse gern Gemüse, weil es gesund ist. Ich hasse Eier. Ich finde sie ekelhaft. Sie sind reich an Proteinen und Vitaminen, aber sie schmecken mir nicht. Ich mag auch Kartoffeln nicht. Ich finde sie langweilig und nicht lecker.

Hi Leute! Ich heiße Freddie. Was ich gern esse? Also, ich liebe Fleisch, zum Beispiel Steak oder Hamburger. Ich finde es lecker und es ist sehr nahrhaft. Aber ich esse nicht gern Fisch – ich finde Fisch ekelhaft! Jedoch esse ich gern Krabben mit Mayonnaise, obwohl es nicht gesund ist. Außerdem esse ich total gern Obst, besonders Bananen, denn sie schmecken einfach fantastisch! Äpfel und Orangen esse ich nicht. Ich hasse sie. Ich esse auch kein Gemüse.

**1. Vind het Duits voor de volgende woorden in de tekst van Nils**

a. Ik houd van zeevruchten

b. ik eet graag krabben

c. superlekker

d. rijk aan proteïnen

e. zalm

f. Bovendien eet ik graag

g. in het bijzonder

h. zo zoet

i. echter

**2. Vind het Duits voor de volgende woorden in de tekst van Freddie**

a. Wat ik graag eet?

b. bijvoorbeeld

c. erg voedzaam

d. Maar ik eet niet graag

e. Echter eet ik graag

f. vooral bananen

g. want ze smaken

h. Ik haat ze

i. hoewel het niet gezond is

**3. Vul de zinnen in op basis van de tekst van Alex**

a. Alex houdt van ___________________.

b. Hij eet ze ___________________.

c. zijn favoriete groenten zijn ___________________,
___________________ en ___________________.

d. Hij eet ook graag ___________________ omdat het
___________________ en ___________________ is.

e. Hij haat ___________________ en ___________________.

**4. Vul onderstaande tabel over Jana in**

| Eet het liefst | Eet erg graag | Haat | Eet niet graag |
|---|---|---|---|
|  |  |  |  |

# Hoofdstuk 11. Vertellen over voedsel (Deel 1): VERTALEN

**1. Slechte vertalingen: zoek en verbeter [IN HET NEDERLANDS] alle vertaalfouten die je vindt**

a. Ich liebe Krabben.       *Ik houd niet van krabben.*

b. Ich hasse Nudeln.       *Ik haat rijst.*

c. Ich esse gern Honig.      *Ik eet niet graag honing.*

d. Ich esse am liebsten Äpfel.    *Ik eet graag appels.*

e. Ich finde Eier nicht lecker.    *Ik vind eieren lekker.*

f. Bananen sind reich an Vitaminen.   *Bananen zijn erg rijk aan proteïnen.*

g. Ich esse nicht gern Fisch.     *Ik eet niet graag honing.*

h. Ich trinke lieber Mineralwasser.   *Ik drink liever melk.*

i. Ich mag Gemüse nicht.      *Ik houd van groenten.*

j. Ich esse nicht gern Reis.      *Ik eet graag rijst.*

k. Obst ist lecker und gesund.    *Groente is lekker en ongezond.*

l. Ich esse am liebsten Kartoffeln.   *Ik eet het liefst pasta.*

**2. Vertaal naar het Nederlands**

a. Ich mag Meeresfrüchte.       h. Ich trinke lieber Mineralwasser.

b. Ich finde Fisch sehr lecker.     i. Ich esse gern Krabben.

c. Hähnchen ist reich an Proteinen.   j. Ich esse kein Gemüse.

d. Ich esse sehr gern Reis.      k. Ich esse nicht gern Süßigkeiten.

e. Fleisch ist ungesund.       l. Der Kaffee ist sehr stark.

f. Ich liebe Kartoffeln.       m. Äpfel schmecken mir nicht.

g. Ich hasse Eier.          n. Ich finde Orangen sehr lecker.

**3. Vertaal naar het Duits**

a. Ik eet graag

b. Ik houd van

c. Ik eet liever

d. Ik haat

e. rijk aan proteïnen

f. omdat het ... is

g. Ik eet niet graag

h. Ik eet het liefst

i. Ik vind het

j. mineraalwater

k. sinaasappelsap

**4. Zinnen vertalen [Nederlands - Duits]**

a. Ik houd erg van pittige kip.

b. Ik houd van sinaasappels omdat ze gezond zijn.

c. Vlees is lekker maar ongezond.

d. Deze koffie is erg zoet.

e. Eieren zijn walgelijk.

f. Ik houd van sinaasappels. Ze zijn lekker en rijk aan vitaminen.

g. Ik houd van vis. Het is lekker en rijk aan proteïnen.

h. Groenten zijn walgelijk.

i. Ik eet liever bananen.

j. Deze thee is zoet.

# Hoofdstuk 11. Vertellen over voedsel (Deel 1): SCHRIJVEN

## 1. Gesplitste zinnen

| | |
|---|---|
| **Ich esse gern Nudeln, weil** | nicht lecker. |
| **Ich mag Kartoffeln, denn** | sind nicht gesund. |
| **Ich finde Fleisch** | sie lecker sind. |
| **Am liebsten esse** | ich Reis oder Kartoffeln. |
| **Ich esse jeden Tag** | am liebsten? |
| **Hamburger** | sie sind reich an Proteinen. |
| **Was isst du** | Obst und Gemüse. |

## 2. Schrijf de woorden in de goede volgorde

a. Reis gern Ich esse          Ich esse gern Reis.

b. hasse Ich Gemüse

c. Kaffee gern trinke Ich

d. ich Kartoffeln nicht gern esse

e. Ich lieber trinke Mineralwasser

f. Obst gesund sehr ist

g. mag Ich Erdbeeren, weil lecker sind sie

*Opmerking: Als "ich" met kleine letter "i" is gespeld, dan begint de zin daar niet mee!*

## 3. Zoek en verbeter de grammaticale fouten en spelfouten (er kunnen woorden ontbreken)

a. Ich gern esse Kartoffeln.

b. Ich nicht gern Erbsen.

c. Am liebsten trinken ich Cola

d. Ich trink gern Kaffee.

e. Ich esse leiber Nudeln.

f. Ich mag Hänchen.

## 4. Anagrammen

a. heftekal

b. schielF

c. delNun

d. iFhcs

e. desgun

f. ckrlee

g. ilMch

## 5. Geleid schrijven – beschrijf aan de hand van de details in de tabel onderstaande personen in een korte alinea [ik]

| Persoon | Eet het liefst | Eet graag | Eet niet graag | Haat |
|---|---|---|---|---|
| **Anna** | pasta omdat rijk aan proteïnen | kip want lekker | groenten | eieren omdat walgelijk |
| **Ingo** | vis want gezond | aardbeien omdat zoet | appels | hamburgers want ongezond |
| **Deniz** | honing omdat zoet | vis want lekker | fruit | groenten omdat saai |

## 6. Schrijf een alinea over Toni in het Duits [in de derde persoon enkelvoud]

| | |
|---|---|
| **Naam:** | Toni |
| **Leeftijd:** | 18 |
| **Beschrijving:** | lang, knap, sportief, vriendelijk |
| **Beroep:** | student |
| **Eet het liefst:** | kip |
| **Eet graag:** | groenten |
| **Eet niet graag:** | vlees |
| **Haat:** | vis |

# Tijd voor Grammatica 9: ESSEN *[eten]* en TRINKEN *[drinken]*
## + gebruik van "gern/lieber/am liebsten" om voorkeur aan te geven

| Onderwerp-Werkwoord | Bijwoorden van voorkeur | Eten/Drinken | | Emotionele Opmerking |
|---|---|---|---|---|
| **ich esse**<br>*ik eet* | | **Äpfel** | *appels* | **Mmmh!**<br>*Hmmm!* |
| **du isst**<br>*jij eet* | | **Bananen** | *bananen* | |
| **er/sie/es isst**<br>*hij/zij/het eet* | | **Brot** | *brood* | |
| **wir essen**<br>*wij eten* | | **Eier** | *eieren* | |
| **ihr esst**<br>*jullie eten* | **am liebsten**<br>*het liefst* | **Erdbeeren** | *aardbeien* | |
| **sie/Sie essen**<br>*zij eten/u eet* | | **Fisch** | *vis* | |
| | | **Fleisch** | *vlees* | **Es schmeckt so lecker!**<br>*Het smaakt zo lekker!* |
| | | **Gemüse** | *groente* | |
| | | **Hamburger** | *hamburgers* | |
| | | **Hähnchen** | *kip* | |
| | **lieber**<br>*liever* | **Honig** | *honing* | |
| | | **Käse** | *kaas* | |
| | | **Kartoffeln** | *aardappels* | |
| | | **Nudeln** | *pasta* | **Es schmeckt gut.**<br>*Het smaakt goed.* |
| | | **Obst** | *fruit* | |
| | **gern**<br>*graag* | **Reis** | *rijst* | |
| | | **Salat** | *salade* | |
| | | **Schokolade** | *chocolade* | |
| | | **Süßigkeiten** | *snoep* | **Es schmeckt ekelhaft!**<br>*Het smaakt walgelijk!* |
| | **nicht gern**<br>*niet graag* | **Tomaten** | *tomaten* | |
| **ich trinke**<br>*ik drink* | | **Apfelsaft** | *appelsap* | |
| **du trinkst**<br>*jij drinkt* | | **Bier** | *bier* | |
| **er/sie/es trinkt**<br>*hij/zij/het drinkt* | | **Kaffee** | *koffie* | |
| | **gar nicht gern**<br>*helemaal niet graag* | **Kakao** | *warme chocolademelk* | **Igitt!**<br>*Jakkes!* |
| **wir trinken**<br>*wij drinken* | | **Limonade** | *limonade* | |
| **ihr trinkt**<br>*jullie drinken* | | **Milch** | *melk* | |
| **sie/Sie trinken**<br>*zij drinken/u drinkt* | | **Mineralwasser** | *mineraalwater* | |
| | | **Orangensaft** | *sinaasappelsap* | |
| | | **Tee** | *thee* | |
| | | **Wein** | *wijn* | |

# Training

## 1. Combineer

| | |
|---|---|
| **ich esse gern** | hij eet erg graag |
| **wir essen am liebsten** | zij drinkt graag |
| **sie trinkt gern** | ik eet graag |
| **du isst lieber** | wij eten het liefst |
| **er isst sehr gern** | zij drinken niet graag |
| **sie trinken nicht gern** | jij eet liever |

## 2. Vertaal naar het Nederlands

a. Ich esse gern Nudeln.

b. Wir essen lieber Obst.

c. Sie isst am liebsten Gemüse.

d. Was trinkt ihr gern?

e. Wir trinken sehr gern Saft.

f. Er isst gern Fleisch.

g. Du isst gern Kartoffeln.

h. Isst du gern Schokolade?

i. Er trinkt gern Milch.

j. Ich trinke nicht gern Tee.

## 3. Zoek en verbeter de fouten

a. Mein Vater ist gern Gemüse.

b. Mein Bruder und ich esst gern Obst.

c. Mein Vater esst nicht gern Fleisch.

d. Meine Großeltern trinke lieber Wasser.

e. Was ist du am liebsten?

f. Meine Schwester esst lieber Joghurt.

g. Dein Bruder und du, was isst ihr gern?

h. Was trinke du am liebsten?

## 4. Vul de juiste vorm van ESSEN of TRINKEN in

a. Mein Vater __________ gern Obst und Gemüse.

b. Meine Brüder __________ nicht gern Reis.

c. __________ du gern Apfelsaft?

d. Meine Mutter und ich ____________ gern Salat.

e. Meine Eltern __________ sehr gern Wasser.

f. Meine Schwester ________ total gern heiße Schokolade.

g. Mein Freund __________ nicht gern Wein.

h. Was __________ du zum Frühstück?

## 5. Vertaal naar het Duits

a. Ik eet graag pasta.

b. We drinken het liefst sinaasappelsap.

c. Wat eet jij graag?

d. Wat drinken jullie graag?

e. Wij eten erg graag vlees.

f. Zij eten niet graag vis.

g. Zij eet niet graag groenten.

h. Jij drinkt graag mineraalwater.

## 6. Vertaal naar het Duits

a. Ik eet graag vlees omdat het lekker is.

b. Hij eet niet graag aardappels. Ze zijn walgelijk.

c. Ik drink graag appelsap. Het is lekker en gezond.

d. Mijn ouders eten graag salade, omdat het erg lekker is.

e. Ik eet niet graag groenten. Ze smaken mij niet goed.

f. Ik drink niet graag thee of koffie omdat ik het niet lekker vind.

# HOOFDSTUK 12
## Vertellen over voedsel (Deel 2):
## Wat mensen eten en drinken gedurende de dag

**Tijd voor Grammatica 10:** Woordvolgorde in hoofdzinnen

**Vraagvaardigheden 2:** Beroepen / Schooltas / Eten

**In dit hoofdstuk consolideer je alles wat je in het vorige hoofdstuk hebt geleerd en leer je te zeggen:**
- Welke maaltijden je elke dag eet en
- Wat je bij elke maaltijd eet
- Woordvolgorde in hoofdzinnen

**Je herhaalt het volgende:**
- De tegenwoordige tijd van 'essen' en 'trinken'
- Gebruik van 'gern' en andere bijwoorden van voorkeur om voorkeur en afkeer aan te geven

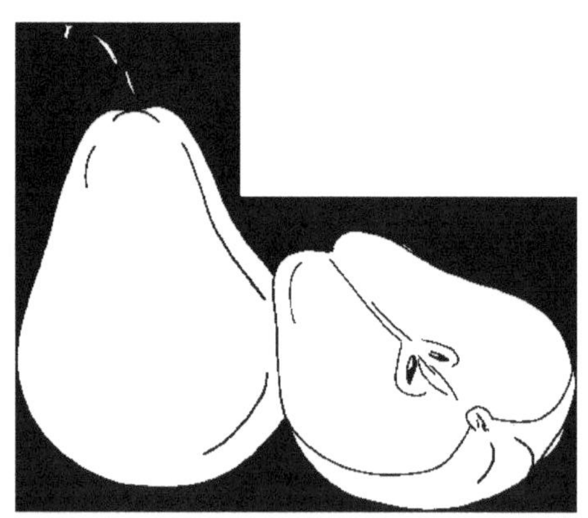

| Bijwoordelijke bepaling | Werkwoord-Onderwerp | Bijwoordelijke bepaling | Lijdend voorwerp | |
|---|---|---|---|---|
| **Zum Frühstück** *Voor ontbijt* | | **immer** *altijd* | **Brot mit Käse** | *brood met kaas* |
| | | | **Brötchen mit Nutella** | *broodjes met nutella* |
| | | | **Croissants mit Butter** | *croissants met boter* |
| | | | **Eier mit Schinken** | *eieren met ham* |
| **Zum Mittagessen** *Voor lunch* | | **oft** *vaak* | **Haferbrei mit Honig** | *pap met honing* |
| | | | **Müsli mit Milch** | *muesli met melk* |
| | | | **Toast mit Marmelade** | *toast met jam* |
| **Zum Abendessen** *Als avondeten* | **esse ich** *eet ik* | **manchmal** *soms* | **Fisch** | *vis* |
| | | | **Fleisch** | *vlees* |
| | | **selten** *zelden* | **Gemüse** | *groenten* |
| | | | **Hähnchen** | *kip* |
| **Zwischendurch** *Tussendoor* | | | **Kartoffeln** | *aardappels* |
| | | **nie** *nooit* | **Nudeln** | *pasta* |
| | | | **Pfannkuchen** | *pannenkoeken* |
| | | | **Pommes** | *patat, friet* |
| **Zum Nachtisch** *Als toetje* | | | **Reis** | *rijst* |
| | | | **Salat** | *salade* |
| | | | **Schnitzel mit Pommes** | *schnitzel met friet* |
| | | **gern** *graag* | **Eis** | *ijs* |
| | | | **Kekse** | *koekjes* |
| | | **lieber** *liever* | **Kuchen** | *taart, gebak* |
| | | | **Obst** | *fruit* |
| | | | **Schokolade** | *chocolade* |
| **Dazu** *Daarbij* | **trinke ich** *drink ik* | **am liebsten** *het liefst* | **Apfelsaft** | *appelsap* |
| | | | **heiße Schokolade** | *warme chocolademelk* |
| | | **nicht gern** *niet graag* | **Kaffee** | *koffie* |
| | | | **Limonade** | *limonade* |
| | | **gar nicht gern** *helemaal niet graag* | **Milch** | *melk* |
| | | | **Mineralwasser** | *mineraalwater* |
| | | | **Orangensaft** | *sinaasappelsap* |
| | | | **Tee** | *thee* |
| **Ich liebe es, denn** *Ik houd ervan, want* | **es ist so lecker!** *het is zo lekker* | | **es macht mich wach!** *het maakt me wakker* | |
| | **es ist so gesund!** *het is zo gezond* | | **es ist so ungesund!** *het is zo ongezond* | |
| | **es ist nicht lecker!** *het is niet lekker* | | **es gibt mir Energie!** *het geeft me energie* | |
| **Ich hasse es, denn** *Ik haat het, want* | **es ist viel zu fettig!** *het is veel te vet* | | **es macht mich krank!** *het maakt me ziek* | |
| | **es schmeckt so gut!** *het smaakt zo goed* | | **es schmeckt ekelhaft!** *het smaakt walgelijk* | |
| | **Mmmh!** ☺ | | **Igitt!** ☹ | *Bah!* |

# Hoofdstuk 12. Vertellen over voedsel – Voorkeur/Afkeer (Deel 2): WOORDEN

## 1. Combineer

| | |
|---|---|
| **Wasser** | broodje |
| **Fisch** | water |
| **Reis** | kip |
| **Brötchen** | vis |
| **Hähnchen** | kaas |
| **Fleisch** | honing |
| **Nudeln** | friet |
| **Pommes** | salade |
| **Honig** | pannekoeken |
| **Käse** | rijst |
| **Pfannkuchen** | fruit |
| **Salat** | pasta |
| **Gemüse** | groenten |
| **Obst** | vlees |

## 2. Vul de ontbrekende woorden in

a. Ich esse gern ___________.    *Ik eet graag fruit.*

b. Ich liebe _____________.    *Ik houd van salade.*

c. Ich mag _____________.    *Ik houd van groenten.*

d. Ich esse lieber _____________.    *Ik eet liever appels.*

e. Ich finde es sehr _____________.    *Ik vind het erg lekker.*

f. Ich esse gern _____________.    *Ik eet graag kip.*

g. Ich mag _____________ nicht.    *Ik houd niet van pannekoeken.*

h. Ich liebe __________.    *Ik houd van honing.*

i. Ich hasse __________.    *Ik haat vis.*

j. Es schmeckt sehr ___________.    *Het smaakt erg walgelijk.*

## 3. Vul de ontbrekende letters in

| | | | |
|---|---|---|---|
| a. Wa_ _er | water | j. Apfels_ _ _ | appelsap |
| b. Fle_ _ _ _ | vlees | k. Haferb_ _ _ | pap |
| c. Kuc_ _ _ | taart, gebak | l. R_ _s | rijst |
| d. O_ _ _ | fruit | m. E_ _ | ijs |
| e. Äp_ _ _ | appels | n. K_ _ee | koffie |
| f. Karto_ _ _ln | aardappels | o. Br_ _ _hen | broodje |
| g. Hähn_ _ _ _ | kip | p. le_ _ _r | lekker |
| h. Erdbe_ _ _n | aardbeien | q. B_ _ _ | brood |
| i. s_ _ | zoet | r. K_ _e | kaas |

## 4. Combineer

| | |
|---|---|
| **nahrhaft** | ongezond |
| **fettig** | bitter |
| **saftig** | sappig |
| **lecker** | gezond |
| **gesund** | voedzaam |
| **ungesund** | walgelijk |
| **scharf** | vettig |
| **geschmackvoll** | zoet |
| **ekelhaft** | smaakvol |
| **süß** | lekker |
| **bitter** | pittig |

## 5. Sorteer de items hieronder naar de juiste categorie

| | | | | | |
|---|---|---|---|---|---|
| a. lecker | e. gut | i. Äpfel | m. bitter | q. Hähnchen | u. Milch |
| b. süß | f. Kartoffeln | j. Erdbeeren | n. Fleisch | r. Reis | v. Birnen |
| c. fettig | g. Schnitzel | k. ekelhaft | o. Joghurt | s. salzig | w. Karotten |
| d. Fischstäbchen | h. nahrhaft | l. Bananen | p. gesund | t. Spinat | x. Käse |

| Fruit | Groente | Bijvoeglijk nw. | Vis & Vlees | Melkproducten |
|---|---|---|---|---|
| | | | | |

Ich heiße Luis. Was ich normalerweise esse? Also, zum Frühstück esse ich meistens Müsli mit Milch und ich trinke einen Becher Kaffee dazu. Das macht mich wach!

Zum Mittagessen esse ich am liebsten Hamburger mit Pommes. Dazu trinke ich meistens ein Glas Orangensaft. Ich weiß, Hamburger sind ungesund, aber ich finde sie total lecker!

Nach der Schule esse ich oft eine Kleinigkeit, wenn ich nach Hause komme. Zum Beispiel esse ich einen Toast mit Marmelade. Dazu trinke ich eine Tasse Tee.

Zum Abendessen esse ich oft etwas Warmes, zum Beispiel Nudeln. Zum Nachtisch esse ich am liebsten ein Eis – mmmh! Ich würde auch gern Käse essen, aber meine Mutter kauft nie Käse. Sie hasst Käse.

Ich heiße Franzi. Was ich normalerweise esse? Zum Frühstück esse ich nicht so viel. Meistens nur ein gekochtes Ei mit Toast. Dazu trinke ich eine Tasse Tee, natürlich mit viel Zucker!

Zum Mittagessen esse ich am liebsten Hähnchen mit Reis und ich trinke ein Glas Mineralwasser. Ich esse auch oft Gemüse, weil es sehr gesund und lecker ist.

Nach der Schule, wenn ich nach Hause komme, esse ich oft ein paar Kekse. Dazu trinke ich einen Orangensaft. Das ist sehr lecker und es gibt mir Energie!

Zum Abendessen esse ich meistens etwas Kaltes, zum Beispiel Brot mit Käse. Dazu esse ich gern Obst, zum Beispiel einen Apfel oder eine Banane. Das ist nicht nur gesund, sondern auch sehr lecker – mmmmh!

## 1. Vind het Duits voor de woorden hieronder in de tekst van Franzi

a. een gekookt ei          e__ g__________ E__

b. een kopje thee          e___ T_______ T____

c. veel suiker             v______ Z_________

d. voor lunch              z____ M____________

e. een glas                e___ G______

f. kip                     H____________

g. gezond                  g__________

h. na school               n___ d____ S_______

i. een paar koekjes        e__ p____ K______

j. energie                 E__________

k. groenten                G__________

l. meestal                 m__________

m. iets kouds              e______ K_______

n. als diner               z____ A____________

o. bijvoorbeeld            z____ B__________

p. niet alleen             n______ n_____

q. maar ook                s_________ a______

## 2. Vul de volgende zinnen aan op basis van de tekst van Luis

a. Voor ontbijt eet ik meestal _______ met _______ en ik drink een beker _________ daarbij.

b. Voor _________ eet ik het liefst hamburgers met __________.

c. Daarbij drink ik meestal een _______________.

d. Ik weet het, hamburgers zijn ____________, maar ik vind ze echt __________!

e. Na _________, eet ik vaak iets kleins, als ik _________ kom.

f. Als diner eet ik meestal iets __________, bijvoorbeeld ___________.

g. Ik zou ook graag ___________ eten, maar mijn moeder koopt nooit kaas. Ze ___________ kaas!

## 3. Vind het Duits voor de volgende woorden in de tekst van Luis

a. Wat ik normaal eet?

b. Na school

c. een kleinigheid

d. Dat maakt me wakker!

e. een kop thee

f. Ik zou ook graag ... eten.

g. Als toetje

h. normaal gesproken

i. Bijvoorbeeld

j. toast met jam

k. Ik weet het

l. mijn moeder koopt nooit

m. Ze haat kaas.

n. een beker koffie

o. maar ik vind ze

## 4. Wie zegt dit, Luis of Franzi? Of beide?

a. Ik zou ook graag kaas eten.    *Luis*

b. Ik eet het liefst kip voor lunch.

c. Ik eet meestal iets kouds als diner.

d. Ik eet niet zoveel voor ontbijt.

e. Ik drink 's middags een kop thee.

f. Ik eet graag fruit.

g. Ik vind hamburgers zo lekker.

h. Hamburgers zijn niet gezond.

i. Als diner eet ik iets warms.

j. Ik drink sinaasappelsap.

k. Mijn moeder haat kaas.

l. Ik eet brood met kaas.

---

Hallo, ich heiße Jana. Was ich normalerweise esse? Zum Frühstück esse ich meistens sehr viel: eine Schale Müsli mit Joghurt, ein gekochtes Ei mit Toast und auch eine Banane. Dazu trinke ich immer einen großen Becher Kaffee. Das gibt mir Energie für den Tag!

Das Mittagessen esse ich immer in der Schulkantine. Am liebsten esse ich Nudeln mit Tomatensoße und Salat. Dazu trinke ich Apfelsaft. Fleisch oder Fisch esse ich nie, denn ich bin Vegetarierin. Zum Nachtisch esse ich oft Eis oder Obstjoghurt.

Nach der Schule esse ich oft ein Stück Kuchen, wenn ich nach Hause komme, und ich trinke ein Glas Milch. Das ist lecker.

Zum Abendessen esse ich nicht so viel. Meistens esse ich nur ein Brot mit Käse. Manchmal esse ich auch eine Suppe, zum Beispiel eine Kartoffelsuppe. Ich liebe Kartoffeln, weil sie so nahrhaft sind!

Vor dem Schlafengehen habe ich immer Hunger und ich würde gern etwas essen, aber meine Mutter erlaubt es nicht, denn es ist nicht gesund!

## 5. Beantwoord de volgende vragen over de tekst van Jana

a. Hoeveel eet zij voor ontbijt?

b. Wat eet ze? [3 dingen]

c. Wat geeft dit ontbijt haar?

d. Wat voor sap drinkt ze voor lunch?

e. Wat eet ze nooit en waarom?

f. Wat eet ze als ze thuis komt?

g. Waarom houdt ze van aardappels?

h. Waarom mag ze voor het naar bed gaan niet iets eten van haar moeder?

---

## 6. Vind in de tekst van Jana het volgende:

a. een woord voor toetje, beginnend met O

b. een groente beginnend met S

c. een drankje beginnend met A

d. zoet gebakken goedje beginnend met K

e. een fruitsoort beginnend met B

f. een melkproduct beginnend met J

g. een bijvoeglijk naamwoord beginnend met N

h. een keukengerei beginnend met S

i. een werkwoord beginnend met E

j. een plaats binnen school beginnend met S

k. een soort soep beginnend met K

l. een zelfstandig naamwoord beginnend met V

# Hoofdstuk 12. Vertellen over voedsel – Voorkeur/Afkeer (Deel 2): SCHRIJVEN

## 1. Gesplitste zinnen

| | |
|---|---|
| **Zum Frühstück esse ich** | Tee mit viel Zucker! |
| **Manchmal esse** | liebsten Orangensaft. |
| **Dazu trinke ich eine Tasse** | Warmes, zum Beispiel eine Suppe. |
| **Zum Mittagessen** | ich auch Haferbrei. |
| **Fleisch esse ich nie, denn** | es reich an Proteinen ist. |
| **Ich trinke am** | esse ich oft Nudeln mit Tomatensoße. |
| **Zum Abendessen esse ich oft etwas** | meistens Müsli mit Milch. |
| **Ich esse Fisch gern, weil** | ich bin Vegetarier. |

## 2. Vul in elke zin het juiste woord in

a. Ich esse oft etwas _______, zum Beispiel eine Suppe.

b. Am liebsten _________ ich Hähnchen mit Reis.

c. Normalerweise esse ich Cornflakes zum ___________.

d. Ich esse gern Schnitzel mit _________ zum Mittagessen.

e. Zum Abendessen esse ich gern ein ________ mit Käse.

f. Ich esse kein _________, weil ich Vegetarierin bin.

g. Ich liebe _________, weil es sehr süß und lecker ist.

h. Ich trinke gern _________, denn es macht mich wach!

i. Ich trinke gar nicht gern Milch, ich finde das ________!

j. Obst und Gemüse sind sehr gut für die ____________.

| Gesundheit | Brot | Frühstück | Kaffee | esse |
|---|---|---|---|---|
| Fleisch | Warmes | Schokolade | ekelhaft | Pommes |

## 3. Zoek en verbeter de grammaticale fouten en spelfouten [let op: in sommige zinnen ontbreekt een woord]

a. Zum Abendessen essen ich gern Hamburger mit Pommes.

b. Ich gern trinke Mineralewasser.

c. Ich gern Fleisch, weil es reich an Proteinen.

d. Ich leibe Orangesaft.

e. Nach der Schule essen ich gern Toast mit Jam.

f. Ich auch eine tasse Tee mit Milch.

g. Ich liebe honig, weil es ist süß.

h. Zum Abendessen ich essen oft Tomatensuppe.

i. Ich esse am leibsten Gemuse, denn es ist gesund.

## 4. Vul de woorden aan

a. z__ M_________    *voor lunch*

b. z__ A_________    *als diner*

c. z___ F_______    *voor ontbijt*

d. g_________    *gezond*

e. s________    *zoet*

f. l_______    *lekker*

g. e_______    *walgelijk*

## 6. Vertaal naar het Duits

a. Ik houd van appelsap omdat het zoet en verfrissend is.

b. Ik houd niet van zalm omdat het walgelijk is.

c. Als diner eet ik een boterham met kaas.

d. Ik drink altijd melk met honing. Ik houd ervan omdat het zoet is.

e. Ik houd van vis, maar kip is niet erg lekker.

## 5. Geleid schrijven – schrijf 2 korte alinea's in de eerste persoon [ik] met behulp van onderstaande details

| Persoon | Ontbijt | Lunch | Diner | Zou graag eten |
|---|---|---|---|---|
| Simon | muesli met melk, sinaasappelsap | schnitzel met friet, ijs | aardappelsoep, mineraal-water | krab, maar moeder haat zeevruchten |
| Ellen | een gekookt ei, toast, koffie | pasta met tomatensaus, taart | vis of kip met rijst, sap | chocolade, maar ongezond |

# Tijd voor Grammatica 10: Woordvolgorde in hoofdzinnen

## 1. Onderwerp – Werkwoord (OW): de 'normale' woordvolgorde

Als het onderwerp de zin begint, staat het werkwoord er direct achter (Onderwerp-Werkwoord). Al het andere, zoals een bijwoordelijke bepaling of een lijdend voorwerp, volgt erna:

| Onderwerp–Werkwoord (OW) | | Bijwoordelijke bepaling | | Lijdend voorwerp | |
|---|---|---|---|---|---|
| **Ich esse** | *Ik eet* | **gern** <br> **immer** <br> **manchmal** <br> **oft** | *graag* <br> *altijd* <br> *soms* <br> *vaak* | **Haferbrei** <br> **Müsli** <br> **Toast** | *pap* <br> *muesli* <br> *toast* |

## 2. Werkwoord-Onderwerp (Inversie)

Als een bijwoordelijke bepaling de zin begint …

| Bijwoordelijke bepaling | | Werkwoord-Onderwerp (WO) | | Lijdend voorwerp | |
|---|---|---|---|---|---|
| **Am liebsten** <br> **Manchmal** <br> **Meistens** <br> **Dazu** | *Het liefst* <br> *Soms* <br> *Meestal* <br> *Daarbij* | **esse ich** | *eet ik* | **eine Banane** <br> **eine Orange** <br> **einen Apfel** | *een banaan* <br> *een sinaasappel* <br> *een appel* |

… of een lijdend voorwerp …

| Lijdend voorwerp | | Werkwoord-Onderwerp (WO) | | Bijwoordelijke bepaling | |
|---|---|---|---|---|---|
| **Hamburger** <br> **Schwarzbrot** <br> **Spiegeleier** | *Hamburgers* <br> *Zwart brood* <br> *Spiegeleieren* | **esse ich** | *eet ik* | **nicht gern** <br> **selten** <br> **oft** <br> **zum Frühstück** | *niet graag* <br> *zelden* <br> *vaak* <br> *voor ontbijt* |

… verwisselen onderwerp en werkwoord van plaats (Werkwoord-Onderwerp). De normale woordvolgorde van onderwerp-werkwoord is nu omgedraaid of zoals taalkundigen graag zeggen: 'geïnverteerd', vandaar de naam: 'inversie'.

Inversie treedt ook op in **vragen**. In een 'open' vraag (voorbeeld 1 hieronder), volgt de inversie het vraagwoord. In een 'gesloten' vraag (voorbeeld 2) staat de inversie aan het begin:

| (1) **Was** | *Wat* | **isst du** | *eet jij* | **zum Frühstück?** | *voor ontbijt?* |
|---|---|---|---|---|---|
| (2) **Trinkst du** | *Drink jij* | **oft** | *vaak* | **Tee?** | *tee?* |

# Woordvolgorde in hoofdzinnen. Training (eten & drinken)

## 1. Combineer bijw. bepalingen

| | |
|---|---|
| **manchmal** | meestal |
| **dazu** | soms |
| **am liebsten** | als diner |
| **meistens** | daarbij |
| **nicht gern** | het liefst |
| **zum Abendessen** | niet graag |

## 2. Onderstreep alle OW en omcirkel alle WO

a. Ich esse oft Kartoffeln.

b. Manchmal esse ich Nudeln mit Tomatensoße.

c. Meistens trinke ich dazu Orangensaft.

d. Mein Bruder isst gern Hähnchen, …

e. …, aber ich esse lieber Fisch.

f. Ich mag am liebsten Lasagne!

g. Was isst du am liebsten zum Abendessen?

## 3. Zinnen met 2 hoofdzinnen – onderstreep alle OW en omcirkel alle WO

a. Ich esse gern Salat und ich trinke am liebsten Wasser dazu.

b. Du isst gern Gemüse, aber ich esse gern Fleisch.

c. Zu Mittag esse ich oft Salat, aber manchmal esse ich auch Nudeln.

d. Ich esse oft Müsli zum Frühstück und manchmal trinke ich einen Tee dazu.

e. Mein Vater trinkt gern Bier, aber meine Mutter trinkt lieber Wein.

f. Ich finde Lasagne superlecker, aber Fisch finde ich ekelhaft!

g. Ich esse sehr gern Spiegeleier, aber manchmal esse ich auch ein gekochtes Ei.

## 4. Zet van elke zin de woorden in de goede volgorde [let op: start met het onderstreepte woord]

a. <u>Meine Mutter</u> oft Müsli isst

b. Nudeln ich esse <u>Am liebsten</u>

c. trinke <u>Ich</u> dazu Apfelsaft

d. isst gern <u>Haferbrei</u> du

e. lieber Hamburger <u>Ich</u> esse

f. <u>Er</u> gern isst eine Banane

g. trinken <u>Wir</u> manchmal Kaffee

h. <u>Trinkt</u> Tee deine Oma gern?

i. ich <u>Manchmal</u> Toast mit Marmelade esse

j. ich <u>Dazu</u> trinke Orangensaft oder Wasser

k. ich finde nicht lecker <u>Schwarzbrot</u>

l. isst <u>Mein Freund</u> Hamburger sehr gern

## 5. Vertaal naar het Nederlands

a. Ich esse immer Müsli zum Frühstück.

b. Zu Mittag esse ich oft Salat.

c. Manchmal esse ich Hamburger.

d. Mein Bruder isst selten Fleisch.

e. Ich esse nie Schokolade.

f. Du isst meistens Toast mit Marmelade.

## 6. Vertaal naar het Duits

a. Ik eet nooit een banaan.

b. Soms eet ik een appel.

c. Ik drink vaak sinaasappelsap, …

d. … maar ik drink nooit koffie.

e. Wat eet jij als diner?

f. Mijn vader eet altijd vlees.

"

# Woordvolgorde in hoofdzinnen. Oefenen (familie, weer, huisdieren)

## 1. Combineer bijw. bepalingen

| | |
|---|---|
| **in meiner Familie** | helaas |
| **im Sommer** | in mijn familie |
| **zu Hause** | bovendien |
| **jedoch** | in de zomer |
| **leider** | echter |
| **außerdem** | thuis |

## 2. Onderstreep alle OW en omcirkel alle WO

a. In meiner Familie gibt es fünf Personen.

b. Ich heiße Martin und ich bin zehn Jahre alt.

c. Zu Hause habe ich einen Hund und einen Fisch.

d. Mein Hund ist laut, aber meine Katze ist leise.

e. Außerdem habe ich ein Pferd.

f. Das Wetter ist im Sommer oft schön.

g. Jedoch ist es im Winter oft kalt.

## 3. Zinnen met 2 hoofdzinnen – onderstreep alle OW en omcirkel alle WO

a. Ich mag meinen Bruder, denn er ist immer nett zu mir.

b. Meine Schwester mag ich nicht, denn sie ist immer gemein zu mir.

c. Ich habe einen Bruder, aber ich habe keine Schwester.

d. Ich kann nicht Fußball spielen, aber ich kann gut singen.

e. Tanzen kann ich nicht so gut, aber ich kann sehr gut malen.

f. Mein Onkel ist vierzig Jahre alt und meine Tante ist neununddreißig Jahre alt.

g. Ich verstehe mich gut mit meinem Onkel, denn er ist sehr lustig und nett.

## 4. Zet van elke zin de woorden in de juiste volgorde [let op: begin met het onderstreepte woord]

a. meine Mutter <u>Ich</u> mag

b. ich kein Haustier <u>Zu Hause</u> habe

c. das Wetter <u>Manchmal</u> ist schlecht

d. regnet im Winter oft <u>Es</u>

e. immer <u>Mein Bruder</u> lustig ist

f. kann <u>Er</u> gut Fußball spielen

g. ist immer sonnig <u>Im Sommer</u> es

h. du aus Deutschland <u>Kommst</u>?

i. <u>Außerdem</u> ich habe einen Bruder

j. ich habe keine Schwester <u>Jedoch</u>

k. ich finde nicht nett <u>Meine Schwester</u>

l. meinen Bruder <u>Ich</u> finde nervig

## 5. Vertaal naar het Nederlands

a. Meinen Bruder finde ich nervig, …

b. …, aber meine Mutter finde ich sehr nett.

c. Leider habe ich kein Haustier.

d. Jedoch habe ich eine Schwester.

e. Meine Schwester isst oft Nudeln.

f. Sie kann gut singen.

## 6. Vertaal naar het Duits

a. Helaas is mijn broer niet aardig.

b. Hij is vaak irritant.

c. In de zomer is het weer vaak slecht

d. Maar soms schijnt de zon.

e. Heb je een huisdier?

f. Soms zou ik een hamster willen hebben.

# Vraagvaardigheden 2: Beroepen / Schooltas / Voedsel

## 1. Vertaal naar het Nederlands

a. Wo isst du zu Mittag?

b. Was arbeitet deine Mutter?

c. Was hast du in deiner Schultasche?

d. Was ist dein Lieblingsessen?

e. Was ist dein Lieblingsgetränk?

f. Wie oft isst du Fleisch?

g. Magst du Orangensaft?

h. Warum isst du kein Gemüse?

i. Isst du oft Süßigkeiten?

j. Was ist dein Lieblingssport?

k. Wie ist deine Schwester?

l. Mit wem frühstückst du gern?

## 2. Combineer de onderstaande antwoorden met de vragen in oefening 1

a. Apfelsaft.

b. Sie ist sehr fleißig und immer hilfsbereit.

c. Fußball.

d. Ja, ich mag das. Ich finde es lecker.

e. Weil ich das nicht mag.

f. Nudeln mit Tomatensoße.

g. Ja, jeden Tag.

h. Ich esse das zweimal pro Woche.

i. Es gibt ein Heft, zwei Bücher, einen blauen Kuli und einen Apfel.

j. Meine Mutter ist Polizistin.

k. In der Schulkantine.

l. Mit meinem Bruder.

## 3. Geef de vragen bij de volgende antwoorden

a. Ich esse kein Fleisch.

b. Ich esse immer Gemüse, denn es ist gesund.

c. Sie arbeitet als Lehrerin.

d. Ich liebe Obst, weil es lecker und nahrhaft ist.

e. Ich spiele Fußball in der Schule.

f. Ich esse oft Krabben.

g. Ich esse fünfmal pro Tag Obst.

h. Ich komme aus München.

i. Nein, ich habe keine Haustiere.

j. Mein Lieblingsgetränk ist Apfelsaft.

k. In meiner Schultasche gibt es einen Taschenrechner, drei Hefte und ein Buch.

## 4. Vul in

a. W___ h_____ d__ i__ d________ Schultasche?

b. W___ arb__________ du?

c. W__ o___ i___d__ Meeresfrüchte?

d. W___ i___ d_____ Lieblingsgetränk?

e. W____ al__ b_____ du?

f. I____ d__ g___ Fleisch?

g. W________ k_______st du?

h. W____ i______ d___ z____ Frühstück?

# Vertellen over kleding en accessoires die ik draag, hoe vaak en wanneer

**Tijd voor Grammatica 11:** TRAGEN + onbepaald lidwoord + bijv. nw. + zelfst. nw.

**Even Herhalen 3:** Beroepen, voedsel, kleding en getallen 20-100

## In dit hoofdstuk leer je:

- Vertellen wat voor kleren je draagt bij verschillende omstandigheden en plaatsen
- Een breed scala aan woorden voor kleding en accessoires
- Een breed scala aan woorden gebruiken voor plaatsen in je woonplaats
- Het werkwoord 'tragen' [dragen] vervoegen in de tegenwoordige tijd

## Je herhaalt:

- Tijdsbepalingen
- Bijwoorden van frequentie
- Kleuren
- Zinnen om jezelf voor te stellen
- Verbuigingen van het bijvoeglijk naamwoord in de 4e naamval na "einen/eine/ein"

| Waar? / Wanneer? | WO + Hoe vaak? | Wat? | |
|---|---|---|---|
| **Zu Hause**<br>*Thuis*<br><br>**In der Disko**<br>*In de disco*<br><br>**In der Schule**<br>*Op school*<br><br>**Im Fitnessstudio**<br>*In de sportschool*<br><br>**Am Strand**<br>*Aan het strand* | **trage ich immer**<br>*draag ik altijd* | **einen Anzug** | *een (net) pak* |
| | | **einen Badeanzug** | *een zwempak* |
| | | **einen Gürtel** | *een riem* |
| | | **einen Hut** | *een hoed* |
| | | **einen Kapuzenpulli** | *een hoody* |
| | | **einen Mantel** | *een jas* |
| | | **einen Pulli** | *een trui* |
| | | **einen Rock** | *een rok* |
| | | **einen Trainingsanzug** | *een trainingspak* |
| | | **einen Schal** | *een sjaal* |
| **Wenn es draußen heiß ist,**<br>*Als het buiten heet is,*<br><br>**Wenn es draußen kalt ist,**<br>*Als het buiten koud is* | | **eine Hose** | *een broek* |
| | | **eine Halskette** | *een halsketting* |
| | | **eine Jacke** | *een jas* |
| | | **eine Krawatte** | *een stropdas* |
| | | **eine kurze Hose** | *een korte broek* |
| | | **eine Mütze** | *een pet/muts* |
| | | **eine Strickjacke** | *een vest* |
| | | **eine Uhr** | *een horloge* |
| | | **eine Uniform** | *een uniform* |
| **Wenn ich mit meiner Freundin /mit meinem Freund ausgehe,**<br>*Als ik uitga met mijn vriendin /met mijn vriend,*<br><br>**Wenn ich mit meinen Eltern ausgehe,**<br>*Als ik uitga met mijn ouders,*<br><br>**Wenn ich Sport mache,**<br>*Als ik aan sport doe,* | **trägt er/sie immer**<br>*draagt hij/zij altijd* | **ein Kleid** | *een jurk* |
| | | **ein Hemd** | *een overhemd* |
| | | **ein T-Shirt** | *een t-shirt* |
| | | **ein Top** | *een topje* |
| | | **Jeans** | *een spijkerbroek* |
| | | **Ohrringe** | *oorbellen* |
| | | **Pantoffeln** | *pantoffels* |
| | | **Sandalen** | *sandalen* |
| | | **Schuhe** | *schoenen* |
| | | **Socken** | *sokken* |
| | | **Stiefel** | *laarzen* |
| | | **Stöckelschuhe** | *hoge hakken* |

# Hoofdstuk 13. Vertellen over kleding: WOORDENSCHAT OPBOUWEN

## 1. Combineer

| ich trage ... | een overhemd |
|---|---|
| **ein Hemd** | sportschoenen |
| **ein Kleid** | een broek |
| **Sportschuhe** | een (net) pak |
| **eine Hose** | een pet |
| **einen Anzug** | ik draag ... |
| **eine Mütze** | een jurk |

## 3. Vertaal naar het Nederlands

a. Ich trage oft ein T-Shirt.

b. Ich trage manchmal einen Anzug.

c. Ich trage nie einen Pulli.

d. Ich trage sehr oft eine coole Mütze.

e. Ich trage immer eine Uhr.

f. Ich trage meistens Ohrringe.

g. Er trägt oft einen eleganten Anzug.

h. Sie trägt immer braune Sandalen.

i. Ich trage nie ein weißes T-Shirt.

j. Ich trage meistens warme Pantoffeln.

k. Mein Bruder trägt immer Jeans.

## 2. Vul het ontbrekende woord in

a. Zu Hause ____________ ich oft ein T-Shirt.
*Thuis draag ik vaak een t-shirt.*

b. In der Schule trage ich immer eine ______________.
*Op school draag ik altijd een uniform.*

c. Im Fitnessstudio trage ich meistens einen ____________.
*In de sportschool draag ik meestal een trainingspak.*

d. Am Strand trage ich immer einen ____________.
*Op het strand draag ik altijd een zwempak.*

e. In der Disko trage ich eine lange _________.
*In de disco draag ik een lange broek.*

f. Ich trage meistens _________.
*Ik draag meestal oorbellen.*

g. Ich trage nie ___________, sondern ich trage ____________.
*Ik draag nooit sandalen, maar ik draag hoge hakken.*

## 4. Anagrammen [kleding en accessoires]

| | | |
|---|---|---|
| a. üMtze | e. chSueh | i. oRck |
| b. hUr | f. demH | j. ieKld |
| c. zugAn | g. aeJns | k. utH |
| d. hrOinger | h. lachS | l. eiSftle |

## 5. Associaties – combineer elk lichaamsdeel hieronder met de woorden in de tabel, zoals voorgedaan in het voorbeeld

a. der Kopf     *hoofd*     **Hut**
b. die Füße     *voeten*
c. die Beine     *benen*
d. der Hals     *nek*
e. der Oberkörper     *bovenlichaam*
f. die Ohren     *oren*
g. das Handgelenk     *pols*

| Schal | Krawatte | Schuhe | Stiefel |
|---|---|---|---|
| Jacke | Hemd | Strümpfe | Hut |
| Ohrringe | Hose | Rock | Käppi |
| Halstuch | Uhr | Halskette | T-Shirt |

## 6. Vul in

a. Ich trage immer schwarze St______.
*Ik draag altijd zwarte laarzen.*

b. zu H__________
*thuis*

c. Ich habe eine goldene U_____.
*Ik heb een gouden horloge.*

d. Ich trage ein bequemes H______.
*Ik draag een comfortabel overhemd.*

e. Ich trage einen blauen A_______.
*Ik draag een blauw pak.*

f. Mein Bruder trägt eine S_______.
*Mijn broer draagt een vest.*

g. Meine Freundin trägt rote S_______.
*Mijn vriendin draagt rode schoenen.*

# Hoofdstuk 13. Vertellen over kleding: LEZEN

Ich heiße Lisa. Ich komme aus der Schweiz. Ich bin fünfzehn Jahre alt und ich bin ziemlich sportlich. Ich habe ziemlich viele Klamotten. Ich trage gern Klamotten, die von guter Qualität sind – aber nicht zu teuer! Zu Hause trage ich meistens einen Trainingsanzug. Ich habe vier oder fünf Trainingsanzüge, stell dir vor. Wenn ich mit meinem Freund ausgehe, trage ich Ohrringe, eine Halskette, ein rotes oder schwarzes Kleid und Stöckelschuhe.

Ich heiße Renaud. Ich komme aus Frankreich. Ich bin dreizehn Jahre alt. Ich kaufe gern Klamotten, vor allem Schuhe! Ich habe viele Markenschuhe aus Italien, stell dir vor! Ich liebe italienische Kleidung. Wenn es draußen kalt ist, trage ich meistens einen Mantel und schwarze oder braune Schuhe. Manchmal trage ich eine sportliche Jacke. Wenn es warm ist, trage ich meistens ein T-Shirt, Jeans und Sandalen oder Sportschuhe. Zu Hause habe ich ein Pferd, das Jacques Chirac heißt.

Ich heiße Maria. Ich komme aus Spanien. Ich bin zwölf Jahre alt. Ich kaufe immer Klamotten von Zara. Ich mag Klamotten, die schön sind, aber nicht zu teuer. Markenklamotten mag ich aber nicht! Ich trage immer sportliche Kleidung, zum Beispiel einen Trainingsanzug, T-Shirts und Sportschuhe. Wenn es draußen kalt ist, trage ich eine Jacke und einen Schal aus Wolle. Wenn es draußen heiß ist, trage ich eine Bluse und eine kurze Hose.

Ich heiße Michael und ich komme aus Hamburg. Ich bin vierzehn Jahre alt. In der Schule trage ich immer ein Hemd, Hose und Schuhe. Zu Hause trage ich normalerweise ein T-Shirt und Jeans. Ich habe viele T-Shirts und Jeans zu Hause. Im Fitnessstudio trage ich immer ein Muskelshirt, eine kurze Hose und schwarze Sportschuhe. Wenn ich mit meinen Freunden ausgehe, trage ich eine Jacke, ein Hemd, eine schwarze oder graue Hose und schwarze Schuhe. Und du, was trägst du?

## 1. Vind het Duits voor onderstaande woorden in de tekst van Lisa

a. Ik kom uit

b. nogal sportief

c. veel kleren

d. van goede kwaliteit

e. niet te duur

f. vijf trainingspakken

g. met mijn vriend

h. oorbellen

i. een rode of zwarte jurk

j. hoge hakken

## 2. Vind het Duits voor onderstaande woorden in de tekst van Michael

a. Op school

b. normaal gesproken

c. veel t-shirts

d. Thuis

e. tanktop

f. korte broek

g. een jas

h. zwarte broek

i. sportschoenen

j. wat draag jij?

## 3. Vul de volgende beweringen over de tekst van Renaud in

a. Hij is _________ jaar oud.

b. Hij koopt vooral graag _________.

c. Hij heeft veel merkschoenen uit _________.

d. Als het koud is, draagt hij normaal gesproken een _________ en _________ of _______ _________.

e. Soms draagt hij een _____________ _____________.

## 4. Beantwoord onderstaande vragen over Maria in het Duits

Wie heißt sie?

Woher kommt sie?

Wie alt ist sie?

Was mag sie?

Wo kauft sie ihre Klamotten?

Was trägt sie, wenn es draußen kalt ist?

Was trägt sie, wenn es draußen heiß ist?

## 5. Vind iemand die ...

a. ... van merkkleding houdt.

b. ... uit Duitsland komt.

c. ... in de sportschool een tanktop draagt.

d. ... oorbellen draagt als ze met haar vriend uitgaat.

e. ... vier of vijf verschillende trainingspakken heeft?

f. ... thuis veel t-shirts en spijkerbroeken heeft.

g. ... erg sportief is.

h. ... een grijze of zwarte broek draagt als hij met vrienden uitgaat.

# Hoofdstuk 13. Vertellen over kleding: SCHRIJVEN

## 1. Gesplitste zinnen

| Zu | ich ein T-Shirt und eine kurze Hose. |
|---|---|
| **Wenn es draußen** | Hause trage ich einen Trainingsanzug. |
| **Im Fitnessstudio trage** | schwarze Schuhe. |
| **Wenn es draußen warm ist,** | kalt ist, trage ich einen Mantel. |
| **Ich trage nie** | blaue Strickjacke. |
| **Wenn ich in die Disko** | gehe, trage ich coole Markenschuhe. |
| **Ich trage einen** | blauen Pullover. |
| **Ich trage eine** | trage ich eine Bluse. |

## 2. Vul telkens het juiste woord in

a. _________ ich mit meinem __________ ausgehe, trage ich immer elegante Kleidung.

b. In der Schule _________ ich immer eine Uniform.

c. Im Fitnessstudio trage ich weiße _____________.

d. Am Strand trage ich ein weißes _____________.

e. Wenn es __________ heiß ist, trage ich eine kurze __________ und Sandalen.

f. Zu Hause trägt mein Vater immer __________ Trainingsanzug von Puma oder Nike.

g. Meine Schwester trägt immer braune __________.

h. Ich trage _________ Stöckelschuhe. Ich mag das nicht.

| Stiefel | Freund | nie | trage | Wenn |
|---|---|---|---|---|
| Sportschuhe | einen | draußen | Hose | Muskelshirt |

## 3. Vind en verbeter de grammaticale fouten en spelfouten [let op: soms ontbreekt een woord]

a. Wenn ich meinen Freunden ausgehe, ich immer coole Schuhe.

b. Zu Hause ich trage am leibsten einen Trainingsanzug.

c. Ich oft trage schwarze Schuhe, wenn ich ausgehe.

d. Mein Bruder tragt immer eine blau Hose.

e. In Schule ich trage immer eine Uniform.

f. Er immer tragt Markenklamotten.

g. Wenn es ist draußen kalt, trage ich einen warme Mantel.

h. Ich tragen gern ein grunes Kleid.

## 4. Vul de woorden aan

a. R_________    *rok*

b. A_________    *pak*

c. O_________    *oorbellen*

d. H_________    *broek*

e. S_________    *schoenen*

f. S_________    *sjaal*

g. T_________    *trainingspak*

## 6. Beschrijf deze persoon in het Duits in de 3e persoon (hij)

| **Naam:** | Ron |
|---|---|
| **Woont in:** | Londen |
| **Leeftijd:** | 20 |
| **Huisdier:** | een zwarte spin |
| **Haar/ogen:** | blond + groene ogen |
| **Draagt altijd:** | een net pak |
| **Draagt nooit:** | spijkerbroeken |
| **Draagt in de sportschool:** | een Adidas trainingspak |

## 5. Geleid schrijven – schrijf 3 korte alinea's in de eerste persoon [ik] aan de hand van onderstaande gegevens

| Persoon | Woont | Draag thuis | Bij het uitgaan | Draagt nooit |
|---|---|---|---|---|
| **Anton** | Basel | trainingspak en sportschoenen | bruine laarzen | oorbellen |
| **Vera** | München | witte t-shirts | spijkerbroek, zwarte schoenen | een horloge |
| **Annette** | Linz | spijkerbroek en t-shirt | jurk en oorbellen | een sjaal |

# Tijd voor Grammatica 11

TRAGEN + onbepaald lidwoord + bijv. naamw. + zelfst. naamw.

| Onderwerp-Werkwoord | Lijdend voorwerp (Naamwoordgroep in de 4e naamval) | | | |
|---|---|---|---|---|
| | een/geen | bijv. naamw. + verbuiging | | zelfstandig naamwoord |
| **ich trage** *ik draag* <br><br> **du trägst** *jij draagt* | **einen** *een* <br><br> **keinen** *geen* | **alt-** *oud* <br> **bequem-** *comfortabel* <br> **elegant-** *elegant* <br> **gestreift-** *gestreept* <br> **kurz-** *kort* <br> **lang-** *lang* <br> **modisch-** *modieus* | **-en** | **Anzug** *pak* <br> **Badeanzug** *zwempak* <br> **Gürtel** *riem* <br> **Hut** *hoed* <br> **Kapuzenpulli** *hoody* <br> **Mantel** *jas* <br> **Pulli** *trui* <br> **Rock** *rok* <br> **Schal** *sjaal* <br> **Trainingsanzug** *trainingspak* |
| **er/sie/es trägt** *hij/zij/het draagt* <br><br> **wir tragen** *wij dragen* <br><br> **ihr tragt** *jullie dragen* | **eine** *keine* | **neu-** *nieuw* <br> **schick-** *stijlvol* <br> **schön-** *mooi* <br> **warm-** *warm* <br><br> **braun-** *bruin* <br> **blau-** *blauw* <br> **gelb-** *geel* | **-e** | **Bluse** *blouse* <br> **Halskette** *halsketting* <br> **Hose** *broek* <br> **Jacke** *jas* <br> **Krawatte** *stropdas* <br> **Mütze** *pet* <br> **Strickjacke** *vest* <br> **Uhr** *horloge* <br> **Uniform** *uniform* |
| **sie tragen** *zij dragen* | **ein** *kein* | **golden-** *gouden* <br> **grau-** *grijs* <br> **grün-** *groen* <br> **orang-** *oranje* <br> **schwarz-** *zwart* | **-es** | **Kleid** *jurk* <br> **Hemd** *overhemd* <br> **T-Shirt** *t-shirt* <br> **Top** *topje* |
| **Sie tragen** *u draagt* | **ein Paar** *een paar* | **rot-** *rood* <br> **weiß-** *wit* | **-e** | **Jeans** *spijkerbroek* <br> **Ohrringe** *oorbellen* <br> **Pantoffeln** *pantoffels* <br> **Sandalen** *sandalen* |
| | **keine** | **hellblau-** *lichtblauw* <br> **dunkelblau-** *donkerblauw* | **-en** | **Schuhe** *schoenen* <br> **Socken** *sokken* <br> **Stiefel** *laarzen* <br> **Stöckelschuhe** *hoge hakken* |

# Training

## 1. Vul de tabel in

| Deutsch | Nederlands |
|---|---|
| **bequem** | |
| | modieus |
| | blauw |
| **kurz** | |
| **warm** | |
| | zwart |
| | mooi |
| **gestreift** | |
| | nieuw |

## 2. Vertaal naar het Nederlands

a. Ich trage einen bequemen Anzug.

b. Du trägst eine blaue Bluse.

c. Mein Freund trägt ein schickes Hemd.

d. Sie tragen schicke Stöckelschuhe.

e. Tragt ihr eine graue oder eine blaue Uniform?

f. Ich trage ein schönes Top.

g. Er trägt eine gestreifte Krawatte.

h. Meine Schwester trägt einen modischen Rock.

i. Manchmal trage ich ein rotes T-Shirt.

j. Ich trage einen alten Kapuzenpulli.

## 3. Vul de juiste verbuiging van het bijvoeglijk naamwoord in

Ich trage …

a. einen schön__ Mantel.

b. eine neu__ Bluse.

c. rot__ Pantoffeln.

d. keine sauber__ Socken.

e. ein grün__ Kleid.

f. hellblau__ Schuhe.

g. ein gestreift__ Hemd.

h. eine rot__ Strickjacke.

i.  einen modisch__ Pulli.

## 4. Vul het ontbrekend bijvoeglijk naamwoord in

a. Ich trage eine _______ Uhr. — *Ik draag een gouden horloge.*

b. Er trägt eine _______ Hose. — *Hij draagt een lange broek.*

c. Wir tragen _______ Sandalen. — *Wij dragen bruine sandalen.*

d. Du trägst einen _______ Kapuzenpulli. — *Jij draagt een grijze hoody.*

e. Ich trage einen _______ Schal. — *Ik draag een warme sjaal.*

f. Sie trägt _______ Schuhe. — *Zij draagt zwarte schoenen.*

g. Mein Opa trägt ein ____ Hemd. — *Mijn opa draagt een wit overhemd.*

h. Ich trage eine ________ Jacke. — *Ik draag een modieuze jas.*

## 5. Vertaal naar het Duits

a. Ik draag …

b. een zwarte sjaal.

c. een comfortabele hoody.

d. een gele blouse.

e. een grijze broek.

f. bruine schoenen.

g. een gestreepte stropdas.

## 6. Vertaal naar het Duits

a. Ik draag een blauwe jurk en witte schoenen.

b. Peter draagt een bruin overhemd en een zwarte riem.

c. Draag je een comfortabel uniform?

d. Dragen jullie witte sportschoenen?

e. Ik draag schone sokken.

f. We dragen comfortabele sandalen en korte broeken.

g. Zij draagt een witte blouse en een blauwe rok.

# **Tijd voor Grammatica 12:** Woordvolgorde in bijzinnen

Een bijzin begint met een onderschikkend voegwoord, die de bijzin aan een hoofdzin koppelt. De bijzin gaat dan verder met het onderwerp en mogelijk andere zinsdelen, en krijgt uiteindelijk de persoonsvorm (het werkwoord) aan het einde van de zin.

Hieronder kun je zes van de meest gebruikte onderschikkende voegwoorden in het Duits vinden, en zien hoe deze en de andere zinsdelen in een bijzin samenhangen. Je kunt de extra ruimte in de tabel gebruiken om je eigen hoofdzinnen en een aantal bijzinnen te schrijven, als je dat wilt. Je kunt ook meer onderschikkende voegwoorden toevoegen die je zeker tijdens het leren van de Duitse taal zult ontmoeten.

| Hoofdzin | Bijzin | |
| --- | --- | --- |
| | **Ondersch. vw.** | **Onderwerp … <u>Werkwoord</u>.** |
| **Ich esse oft Spinat,**<br>*Ik eet vaak spinazie* | **weil**<br>*omdat* | **ich es lecker <u>finde</u>.**<br>*ik het lekker <u>vind</u>.* |
| | **da**<br>*aangezien* | **ich verrückt danach <u>bin</u>.**<br>*ik er gek op <u>ben</u>.* |
| | **obwohl**<br>*hoewel* | **mein Bruder das doof <u>findet</u>.**<br>*mijn broer het stom <u>vindt</u>.* |
| | **wenn**<br>*als* | **ich Hunger <u>habe</u>.**<br>*ik honger <u>heb</u>.* |
| | **damit**<br>*zodat* | **ich groß und stark <u>werde</u>.**<br>*ik groot en sterk <u>word</u>.* |
| **Ich denke,**<br>*Ik denk* | **dass**<br>*dat* | **es supergesund <u>ist</u>.**<br>*het supergezond <u>is</u>.* |

*Opmerkingen:*

*(1) Een bijzin kan zowel voor, na, of in het midden van de hoofdzin staan. Als hij voor de hoofdzin staat, begint de hoofdzin met inversie (WO). Kun je dit vinden in het schema aan het begin van dit hoofdstuk?*

*(2) In het Duits wordt een bijzin altijd met een komma van de hoofdzin gescheiden.*

# Training

## 1. Combineer

| Deutsch | Nederlands |
|---------|-----------|
| **da** | dat |
| **wenn** | zodat |
| **obwohl** | omdat |
| **weil** | aangezien |
| **damit** | als |
| **dass** | voordat |
| **bevor** | hoewel |

## 2. Kies telkens het juiste voegwoord

a. Ich mag meinen Onkel, **damit / weil** er supernett ist.

b. Ich esse gern Fastfood, **obwohl / wenn** es ungesund ist.

c. Ich trage ein T-Shirt, **wenn / dass** es heiß ist.

d. Ich denke, **da / dass** Spinat sehr lecker ist.

e. **Weil / Bevor** ich ins Bett gehe, esse ich oft einen Snack.

f. Ich wohne in Köln, **obwohl / damit** ich aus Berlin komme.

g. **Damit / Weil** ich Hunde liebe, haben wir einen Hund zu Hause.

## 3. Gesplitste zinnen

| Hoofdzin | Bijzin |
|----------|--------|
| a. Ich mag meinen Bruder, | weil es gesund ist. |
| b. Ich esse oft Gemüse, | da sie gut bezahlt ist. |
| c. Meine Tante findet ihre Arbeit super, | dass Fastfood ungesund ist. |
| d. Ich liebe Schokolade, | obwohl er oft nervig ist. |
| e. Mein Vater denkt, | damit er cool aussieht. |
| f. Ich trage eine Uniform, | weil sie süß und lecker ist. |
| g. Mein Freund trägt eine dunkle Sonnenbrille, | wenn ich in der Schule bin. |

## 4. Vul telkens een voegwoord uit het onderstaande kader in

a. Ich mag meinen Opa, ________ er sehr großzügig ist.

b. Ich esse oft Schokolade, ________ ich Hunger habe.

c. ________ er oft gemein zu mir ist, liebe ich meinen Bruder.

d. Wir machen viel Sport, ________ es gesund ist.

e. Ich mache Muskeltraining, ________ ich cool aussehe.

| obwohl | wenn | weil |
|--------|------|------|
| damit | da | |

## 5. Verbind de zinnen met behulp van het gegeven voegwoord tussen haakjes. Let erop dat je het werkwoord in de bijzin op de juiste plaats zet!

a. Ich trage oft Sandalen. Es ist heiß. (wenn)

*Ich trage oft Sandalen, wenn es heiß <u>ist</u>.*

b. Ich trinke oft Orangensaft. Es ist gesund und lecker. (weil)

c. Ich trage oft Stöckelschuhe. Es ist unbequem. (obwohl)

d. Ich esse ein Stück Kuchen. Ich komme nach Hause. (wenn)

e. Ich denke. Es ist sehr ungesund. (dass)

f. Ich gehe ins Fitnessstudio. Ich werde stark. (damit)

## 6. Markeer alle bijzinnen in onderstaande tekst

Hallo Leute! Ich heiße Arne. Obwohl ich aus Österreich komme, wohne ich in München, im Süden von Deutschland. Wenn ich zu Hause bin, trage ich am liebsten einen Trainingsanzug. Das ist das Allerbeste, weil es total bequem ist. Außerdem trage ich immer Kopfhörer, obwohl meine Mutter das nervig findet. Sie denkt, dass es schlecht für meine Ohren ist. Aber ich trage das, damit ich laut Musik hören kann. Ist doch klar, oder?

# Even Herhalen 3: Beroepen, voedsel, kleding en getallen 20-100

<table>
<tr><td>

**1. Vul in (getallen)**

a. 100   hun________

b. 90   neun________

c. 30   dr________

d. 50   fün________

e. 80   ach________

f. 60   sech________

g. 40   vier________

</td><td>

**2. Vertaal naar het Nederlands (voedsel en kleding)**

| | |
|---|---|
| a. der Anzug | h. die Socken |
| b. der Saft | i. der Fisch |
| c. das Hähnchen | j. der Schal |
| d. der Rock | k. die Schuhe |
| e. das Schnitzel | l. das Gemüse |
| f. das Wasser | m. der Kaffee |
| g. das Fleisch | n. das Abendessen |

</td></tr>
</table>

**3. Schrijf onder elke categorie telkens een Duits woord dat begint met de aangegeven letter en in die categorie valt *(er is geen woord voor de grijze vakjes!)***

| Buchstabe | Kleidung | Essen und Trinken | Zahlen | Jobs |
|---|---|---|---|---|
| **S** | Schuhe | Saft | sechs | Schauspieler |
| **H** | | | | |
| **B** | | | | |
| **E** | | | | |
| **A** | | | | |

<table>
<tr><td>

**4. Combineer**

| | |
|---|---|
| **ich trage** | mijn naam is |
| **ich habe** | ik drink |
| **ich bin** | ik heb ook |
| **ich esse gern** | ik woon |
| **ich trinke** | ik werk |
| **ich arbeite** | ik heb |
| **ich wohne** | ik kom uit |
| **ich heiße** | er is/zijn |
| **ich komme aus** | ik draag |
| **es gibt** | ik ben |
| **ich habe auch** | ik eet graag |
| **ich esse oft** | ik eet vaak |

</td><td>

**5. Vertaal naar het Nederlands**

a. Ich trage oft braune Stiefel.

b. Ich esse immer Müsli zum Frühstück.

c. Ich arbeite als Anwalt in der Stadt.

d. Ich trinke gern heiße Schokolade.

e. Ich esse nicht gern Fleisch.

f. Ich esse oft Nudeln mit Tomatensoße.

g. Meine Mutter ist Geschäftsfrau.

h. Ich habe keine Markenklamotten.

i. Ich esse gern Salat zum Mittagessen.

</td></tr>
</table>

# HOOFDSTUK 14
# Vertellen wat ik en anderen in onze vrije tijd doen

**Tijd voor Grammatica 13:**
SPIELEN, MACHEN, GEHEN + Gebruik van bijw. bepalingen om interesse toe te voegen

**Tijd voor Grammatica 14:**
3 soorten voegwoorden

## In dit hoofdstuk leer je:

- Vertellen welke activiteiten je doet met behulp van de werkwoorden 'spielen (spelen), 'machen' (doen) en 'gehen' (gaan)
- Informatie toevoegen over wanneer, hoe vaak, met wie, en voor hoe lang je het doet
- Verschillende soorten voegwoorden gebruiken

## Je herhaalt:
- Bijwoorden van tijd en frequentie
- Weer
- Uiten van voorkeur en afkeer
- Bijvoeglijk naamwoorden
- Huisdieren

| | | | |
|---|---|---|---|
| **In meiner Freizeit**<br>*In mijn vrije tijd* | **spiele ich oft**<br>*speel ik vaak*<br><br>**spiele ich gern**<br>*speel ik graag* | **Basketball**<br>**Fußball**<br>**Gitarre**<br>**Handball**<br>**Karten**<br>**Schach**<br>**Tennis**<br>**Trompete** | *basketbal*<br>*voetbal*<br>*gitaar*<br>*handbal*<br>*kaarten*<br>*schaak*<br>*tennis*<br>*trompet* |
| **Wenn das Wetter gut ist,**<br>*Als het weer goed is,*<br><br>**Wenn das Wetter schlecht ist,**<br>*Als het weer slecht is,* | **mache ich oft**<br>*doe ik vaak*<br><br>**mache ich gern**<br>*doe ik graag* | **Hausaufgaben**<br>**Judo**<br>**Karate**<br>**Krafttraining**<br>**Leichtathletik**<br>**Yoga** | *huiswerk*<br>*judo*<br>*karate*<br>*krachttraining*<br>*atletiek*<br>*yoga* |
| **Wenn ich Zeit habe,**<br>*Als ik tijd heb,*<br><br>**Wenn ich darf,**<br>*Als ik mag,*<br><br>**Wenn ich kann,**<br>*Als ik kan,*<br><br>**Wenn ich müde bin,**<br>*Als ik moe ben,* | **gehe ich oft**<br>*ga ik vaak*<br><br>**gehe ich gern**<br>*ga ik graag* | **angeln**<br>**joggen**<br>**klettern**<br>**Rad fahren**<br>**reiten**<br>**Ski fahren**<br>**schwimmen**<br>**wandern**<br><br>**an den Strand**<br>**in den Park**<br>**in die Disko**<br>**ins Schwimmbad**<br>**ins Sportzentrum**<br>**zu meinem Freund**<br>**zu meiner Oma** | *vissen*<br>*joggen*<br>*klimmen*<br>*fietsen*<br>*paardrijden*<br>*skiën*<br>*zwemmen*<br>*wandelen*<br><br>*naar het strand*<br>*naar het park*<br>*naar de disco*<br>*naar het zwembad*<br>*naar het sportcentrum*<br>*naar mijn vriend*<br>*naar mijn oma* |
| **Ich mache das ...**<br>*Ik doe dat ...* | **jeden Tag**<br>**jedes Wochenende**<br>**zweimal pro Woche**<br>**mit meinem Vater**<br>**mit meiner Schwester**<br>**mit meinen Freunden**<br>**für ein bis zwei Stunden** | *elke dag*<br>*elk weekend*<br>*twee keer per week*<br>*met mijn vader*<br>*met mijn zus*<br>*met mijn vrienden*<br>*voor één of twee uur* | |

# Hoofdstuk 14. Vrije Tijd: WOORDENSCHAT OPBOUWEN

## 1. Combineer

| | |
|---|---|
| **ich spiele Schach** | ik ga paardrijden |
| **ich gehe joggen** | ik speel schaak |
| **ich gehe reiten** | ik speel basketbal |
| **ich spiele Karten** | ik ga wandelen |
| **ich mache Karate** | ik ga zwemmen |
| **ich gehe schwimmen** | ik doe karate |
| **ich gehe wandern** | ik ga joggen |
| **ich spiele Basketball** | ik speel kaarten |

## 2. Vul het ontbrekende woord in

a. Ich spiele ___________.  *Ik speel schaak.*

b. Ich gehe ___________.  *Ik ga paardrijden.*

c. Ich spiele ___________.  *Ik speel kaarten.*

d. Ich gehe ___________ fahren.  *Ik ga fietsen.*

e. Ich spiele ___________.  *Ik speel basketbal.*

f. Ich gehe ___________.  *Ik ga vissen.*

g. Ich gehe ___________.  *Ik ga wandelen.*

h. Ich gehe ___________.  *Ik ga klimmen.*

i. Ich gehe ___________.  *Ik ga joggen.*

j. Ich mache meine ___________.  *Ik maak mijn huiswerk.*

## 3. Vertaal naar het Nederlands

a. Ich gehe jeden Tag Rad fahren.

b. Ich gehe oft klettern.

c. Ich gehe zweimal pro Woche klettern.

d. Ich gehe mit meinem Vater reiten.

e. Wenn das Wetter schlecht ist, spiele ich Schach oder Karten.

f. Ich spiele sehr oft Basketball.

g. Ich gehe selten ins Sportzentrum.

h. Ich gehe oft zu meinem Freund.

i. Ich gehe jeden Tag an den Strand.

j. Ich gehe jedes Wochenende angeln.

k. Wenn das Wetter gut ist, spiele ich Golf.

## 4. Gebroken woorden

a. Ich gehe rei___________.  *Ik ga paardrijden.*

b. Ich gehe schw___________.  *Ik ga zwemmen.*

c. Ich gehe ang___________.  *Ik ga vissen.*

d. Ich gehe Rad fa___________.  *Ik ga fietsen.*

e. Ich spiele Sch___________.  *Ik speel schaak.*

f. Ich mache Leichtath___________.  *Ik doe atletiek.*

g. Ich spiele Kar___________.  *Ik speel kaarten.*

h. Ich gehe Ski fa___________.  *Ik ga skiën.*

## 5. ich 'spiele', 'mache' of 'gehe'?

a. Ich ___________ Karate.

b. Ich ___________ Rad fahren.

c. Ich ___________ Schach.

d. Ich ___________ Karten.

e. Ich ___________ schwimmen.

f. Ich ___________ ins Kino.

g. Ich ___________ Tennis.

h. Ich ___________ Krafttraining.

i. Ich ___________ klettern.

## 6. Slechte vertaling – vind alle vertaalfouten en verbeter ze

a. Ich gehe nie wandern.
*Ik ga nooit zwemmen.*

b. Ich spiele mit meinem Opa Schach.
*Ik speel schaak met mijn vader.*

c. Ich gehe jeden Tag klettern.
*Ik ga elk weekend klimmen.*

d. Wenn das Wetter gut ist, gehe ich joggen.
*Als het weer goed is, ga ik wandelen.*

e. Ich gehe einmal pro Woche Ski fahren.
*Ik ga een keer per week fietsen.*

f. Ich spiele ziemlich oft Schach.
*Ik speel nogal vaak kaarten.*

g. Ich gehe gern klettern.
*Ik ga graag wandelen.*

Ich heiße Thomas. Ich komme aus Kassel, das ist in der Mitte von Deutschland. In meiner Freizeit mache ich viel Sport. Mein Lieblingssport ist Klettern, stell dir vor! Ich mache das jeden Tag! Wenn das Wetter schlecht ist, bleibe ich zu Hause (*blijf ik thuis*) und ich spiele Karten oder Schach. Ich spiele auch gern PlayStation oder Xbox. Ich mache das sehr oft!

Hallo zusammen! Ich heiße Verónica. Ich komme aus Spanien, aus Barbastro. Ich habe rote Haare und ich bin ziemlich nett und lustig. In meiner Freizeit spiele ich gern Computerspiele und ich höre gern Musik. Ich mache das jeden Tag! Wenn das Wetter schön ist, gehe ich im Park joggen oder ich spiele mit meinem Bruder Tennis. Ich gehe nicht gern ins Fitnessstudio und ich gehe auch nicht gern ins Schwimmbad. Ich finde Schwimmen total doof, weil ich das Wasser nicht mag. Und du, was machst du in deiner Freizeit?

Ich heiße Nicola. Ich komme aus England. In meiner Freizeit lese ich total gern Bücher und Zeitungen. Außerdem spiele ich gern Karten und Schach. Ich bin nicht so sportlich. Jedoch gehe ich manchmal ins Fitnessstudio und ich mache ein bisschen Krafttraining. Ab und zu, wenn das Wetter schön ist, gehe ich mit meinem Hund in den Bergen wandern. Ich liebe meinen Hund! Er heißt Doug und er ist weiß und sehr groß.

Ich heiße Ronan. Ich gehe gern Rad fahren. Ich mache das jeden Tag mit meinen Freunden. Es ist mein Lieblingssport! Ab und zu gehe ich klettern, joggen oder wandern. Ich spiele nicht gern Tennis oder Fußball, und ich hasse Schwimmen. Ich mache das sehr selten. Zweimal pro Woche gehe ich mit meinem Freund Julian abends in die Disko. Ich liebe Tanzen!

**1. Vind het Duits voor de volgende woorden uit de tekst van Thomas**

a. ik doe veel aan sport.

b. Mijn lievelingssport

c. klimmen

d. elke dag

e. Als het weer slecht is

f. Ik speel ook graag

g. stel je voor!

h. Ik doe dat erg vaak!

**2. Vind het Duits voor de volgende woorden uit de tekst van Ronan**

a. Ik ga graag fietsen.

b. met mijn vrienden

c. Af en toe

d. ik haat zwemmen

e. naar de disco

f. ik ga klimmen.

g. met mijn vriend Julian

h. 's avonds (1 woord)

**3. Vul de volgende beweringen over Verónica aan**

a. Ze komt uit ___________ in ___________.

b. Ze is nogal _________ en ___________.

c. Ze speelt graag computerspellen en __________________.

d. Als het weer mooi is gaat ze _________________.

e. Ze speelt ook tennis met haar_______________________.

f. Ze gaat niet graag naar de sportschool en ook niet ________________.

**4. Noem 8 dingen over Nicola**

1

2

3

4

5

6

7

8

**5. Vind iemand die...**

a. ...kranten lezen leuk vindt.

b. ...zwemmen haat.

c. ...veel aan sport doet.

d. ... een klein beetje krachttraining doet.

e. ... twee keer per week gaat dansen.

# Hoofdstuk 14. Vrije tijd: VERTALEN

## 1. Vertaling met gaten

a. Ich gehe oft in die Disko.
*Ik ga __________ naar de disco.*

b. Ich spiele jeden Tag Schach.
*Ik speel elke dag ____________.*

c. Ich spiele ziemlich oft Tennis.
*Ik speel ________ _______ tennis.*

d. Ich spiele sehr gern ____________.
*Ik speel erg graag kaarten.*

e. Ich gehe gern __________________.
*Ik ga graag zwemmen.*

f. Manchmal gehe ich klettern.
*__________________ ga ik klimmen.*

g. Ich mache nie Krafttraining.
*Ik doe nooit __________________.*

h. Wenn es _________ ist, gehe ich joggen.
Als *het zonnig is, ga ik joggen.*

## 3. Vertaal naar het Nederlands

a. Ich gehe oft mit meinem Vater angeln.

b. Ich spiele jeden Tag mit meinem Bruder Karten.

c. Ich gehe oft mit meiner Mutter klettern.

d. Ich spiele gern mit meinem besten Freund Schach.

e. Ich spiele jeden Tag mit meinem Bruder PlayStation.

f. Ich gehe jeden Samstag mit meinen Freunden in die Disko.

g. Ich spiele oft mit meiner Freundin Mia Monopoly.

## 2. Vertaal naar het Nederlands

a. sehr

b. jedes Wochenende

c. wenn das Wetter schlecht ist

d. zu meinem Freund

e. nie

f. jeden Tag

g. ich gehe klettern

h. ich gehe in die Disko

i. ich gehe angeln

## 4. Vertaal naar het Duits

| a. vrije tijd | F |
| b. klimmen | K |
| c. zwemmen | S |
| d. vissen | A |
| e. krachttraining | K |
| f. computerspellen | C |
| g. schaak | S |
| h. kaarten | K |
| i. wandelen | W |
| j. joggen | J |

## 5. Vertaal naar het Duits [let op: de eerste letters van de woorden zijn tussen haakjes gegeven]

a. Ik ga joggen.   (I g j)    f. Ik doe met mijn vrienden yoga.   (I m m m F Y)

b. Ik speel graag schaak.   (I s g S)    g. Ik ga elk weekend naar de disco.   (I g j W i d D)

c. Ik ga vaak klimmen.   (I g o k)    h. Ik speel vaak computerspellen.   (I s o C)

d. Ik ga met mijn broer zwemmen.   (I g m m B s)   i. Ik ga graag fietsen.   (I g g R f)

e. Ik doe vaak karate.   (I m o K)    j. Ik speel twee keer per week voetbal.   (I s z p W F)

# Hoofdstuk 14. Vrije tijd: SCHRIJVEN

## 1. Gesplitste zinnen

| | |
|---|---|
| **Ich gehe nie ins** | Tag joggen. |
| **Ich spiele mit meinem** | Karate. |
| **Ich gehe oft zu meiner** | Bergen klettern. |
| **Ich gehe jeden** | Bruder Schach. |
| **Ich spiele sehr** | Freundin. |
| **Ich mache oft** | ins Fitnessstudio. |
| **Ich gehe sehr gern** | Sportzentrum. |
| **Ich gehe in den** | gern Karten. |

## 2. Vul in elke zin het ontbrekende woord in

a. Ich ___________ manchmal joggen.

b. Manchmal ____________ ich Schach.

c. Ich _________ ab und zu klettern.

d. Ich _________ oft reiten.

e. Ich ___________ oft Tennis.

f. Ich _________ zu meinem Freund.

g. In meiner _________ gehe ich oft ins Kino.

h. Ich __________ manchmal ins Sportzentrum.

i. Ich _________ meine Hausaufgaben.

## 3. Vind en verbeter fouten [let op: in een aantal gevallen ontbreekt een woord]

a. Ich speile oft Tennis.

b. Ich spiele gern schach.

c. Ich gehe zu mienem Freund.

d. Ich fast nie Fahrrad fahren.

e. Ich mache miene Hausaufgaben.

f. Ich gehen schwimmen.

g. Ich mache krafttraining.

## 4. Vul de woorden aan

a. Scha________________

b. Leichtath____________

c. Kl_____________

d. Computer____________

e. Rei____________

f. Ang______________

g. Schw____________

## 5. Schrijf voor elke onderstaande persoon een alinea in de eerste persoon enkelvoud (ik):

| Naam | Wat ik graag doe | Hoe vaak ik dat doe | Met wie | Wat nog meer | Waarom |
|---|---|---|---|---|---|
| **Laura** | wandelen | elke dag | met mijn vriend | niet graag zwemmen | haat het water |
| **Dylan** | krachttraining | vaak | met mijn vriend James | haat voetbal | het is ongezond |
| **Oskar** | skiën | als het weer mooi is | alleen *(allein)* | gaat vaak paardrijden | houdt van paarden |

# Tijd voor Grammatica 13: SPIELEN, MACHEN, GEHEN
## + Gebruik van bijwoordelijke bepaling om interesse toe te voegen

| Onderwerp-Werkwoord | | Bijwoorden/Bijwoordelijke bepaling | | Rest van de zin | |
|---|---|---|---|---|---|
| **spielen** | *spelen* | | | | |
| | | **gern** | *graag* | **Basketball** | *basketbal* |
| **ich spiele** | *ik speel* | **lieber** | *liever* | **Fußball** | *voetbal* |
| **du spielst** | *jij speelt* | **am liebsten** | *het liefst* | **Karten** | *kaarten* |
| **er/sie spielt** | *hij/zij speelt* | **nicht gern** | *niet graag* | **Korbball** | *korfbal* |
| **wir spielen** | *wij spelen* | **gar nicht gern** | *helemaal niet* | **Schach** | *schaak* |
| **ihr spielt** | *jullie spelen* | | *graag* | **Tennis** | *tennis* |
| **sie spielen** | *zij spelen* | | | **Trompete** | *trompet* |
| **Sie spielen** | *u speelt* | | | | |
| | | **immer** | *altijd* | | |
| **machen** | *doen* | **oft** | *vaak* | | |
| | | **manchmal** | *soms* | **Hausaufgaben** | *huiswerk* |
| **ich mache** | *ik doe* | **selten** | *zelden* | **Kampfsport** | *vechtsport* |
| **du machst** | | **nie** | *nooit* | **Karate** | *karate* |
| **er/sie macht** | | | | **Krafttraining** | *krachttraining* |
| **wir machen** | | | | **Leichtathletik** | *atletiek* |
| **ihr macht** | | **jeden Tag** | *elke dag* | **nichts** | *niets* |
| **sie machen** | | **den ganzen Tag** | *de hele dag* | **Sport** | *sport* |
| **Sie machen** | | **nach der Schule** | *na school* | | |
| | | **am Wochenende** | *in het weekend* | | |
| **gehen** | *gaan* | **allein** | *alleen* | | |
| | | **mit meinem Freund** | *met mijn vriend* | **angeln** | *vissen* |
| **ich gehe** | *ik ga* | **mit meiner Freundin** | *met mijn vriendin* | **joggen** | *joggen* |
| **du gehst** | | **mit meinen Freunden** | *met mijn vrienden* | **klettern** | *klimmen* |
| **er/sie geht** | | **mit meinen Eltern** | *met mijn ouders* | **Rad fahren** | *fietsen* |
| **wir gehen** | | | | **reiten** | *paardrijden* |
| **ihr geht** | | | | **schwimmen** | *zwemmen* |
| **sie gehen** | | **den ganzen Tag** | *de hele dag* | **wandern** | *wandelen* |
| **Sie gehen** | | **für ein bis zwei** | | | |
| | | **Stunden** | *voor 1 of 2 uur* | **an den Strand** | *naar het strand* |
| | | | | **in den Park** | *naar het park* |
| | | | | **in die Disko** | *naar de disco* |
| | | **in den Bergen** | *in de bergen* | **in die Kirche** | *naar de kerk* |
| | | **in der Stadt** | *in de stad* | **ins Schwimmbad** | *naar het* |
| | | **am See** | *bij het meer* | | *zwembad* |

*Opmerking: Over **de positie van bijwoorden en bijwoordelijke bepalingen**: In het Duits staan bijwoorden en bijwoordelijke bepalingen vaak dichtbij het onderwerp en de persoonsvorm in het midden van de zin, zoals te zien is in het schema. Echter, als je nadruk wilt leggen op wat je met een bijwoordelijke bepaling uitdrukt, dan kun je hem ook aan het begin van de zin zetten. Voel je vrij om ermee te spelen! Maar bedenk dat je inversie krijgt (Werkwoord-Onderwerp) als je de bijwoordelijke bepaling aan het begin zet.*

# Training

## 1. Combineer

| heute | met mijn vriend |
|---|---|
| **nach der Schule** | naar het park |
| **mit meinem Freund** | soms |
| **manchmal** | met mij |
| **in den Park** | vandaag |
| **mit mir** | na school |

## 2. Vul de ontbrekende <u>bijwoordelijke bepaling</u> in

a. Ich spiele _____________ Karten.  *Ik speel <u>elke dag</u> kaarten.*

b. Er spielt _____________ Basketball.  *Hij speelt <u>vaak</u> basketbal.*

c. Wir spielen _____________ Tennis.  *Wij spelen <u>de hele dag</u> tennis.*

d. Ich gehe _____________ an den Strand.  *Ik ga <u>alleen</u> naar het strand.*

e. Gehst du _____________ reiten?  *Ga je <u>vandaag</u> paardrijden?*

f. Wir gehen _____________ angeln.  *We gaan <u>na school</u> vissen.*

g. _____________ mache ich nichts.  *<u>Soms</u> doe ik niets.*

h. Ich gehe _____________ joggen.  *Ik ga <u>met mijn vrienden</u> joggen.*

i. Sie macht _____________ Hausaufgaben.  *Ze maakt <u>'s avonds</u> huiswerk.*

## 3. Vul telkens het ontbrekende <u>werkwoord</u> in

a. Ich _______ oft angeln.
*Ik <u>ga</u> vaak vissen.*

b. Du _______ selten Sport.
*Jij <u>doet</u> zelden aan sport.*

c. Heute _______ ich Schach.
*Vandaag <u>speel</u> ik schaak.*

d. Nach der Schule _______ ich nichts.
*Na school <u>doe</u> ik niets.*

e. Wir _______ jedes Wochenende in den Bergen wandern.
*Wij <u>gaan</u> elk weekend in de bergen wandelen.*

f. Mein Freund _______ am Nachmittag Tennis.
*Mijn vriend <u>speelt</u> 's middags tennis.*

g. _______ du oft joggen?
*<u>Ga</u> jij vaak joggen?*

## 4. Onderstreep OW en omcirkel WO

a. Ich gehe gern an den Strand.

b. Nach der Schule gehe ich Rad fahren.

c. Sie geht nach der Schule reiten.

d. Mit meinen Eltern gehe ich oft klettern.

e. Manchmal spielen wir auch Karten.

f. Mein Bruder spielt immer Trompete.

g. Ich mache jeden Tag Sport.

h. An den Strand gehe ich nicht oft.

i. Wann gehst du ins Schwimmbad?

j. Klettern wir heute?

k. Ich gehe am Wochenende reiten.

## 5. Vul het missend onderwerp en werkwoord in. Let op: zet ze in de goede volgorde (OW of WO)!

a. _____________ jeden Tag mit meiner Mutter Karate.  *<u>Ik doe</u> elke dag met mijn moeder karate.*

b. Manchmal _____________ Squash im Sportzentrum.  *Soms <u>spelen we</u> squash in het sportcentrum.*

c. Sonntags _____________ mit meinen Freunden angeln.  *Zondags <u>ga ik</u> met mijn vrienden vissen.*

d. _____________ am Wochenende ins Kino?  *<u>Gaan we</u> in het weekend naar de bioscoop?*

e. _______ oft mit meiner Freundin Ina an den Strand.  *<u>Ik ga</u> vaak met mijn vriendin Ina naar het strand.*

f. Ab und zu _____________ Leichtathletik.  *Af en toe <u>doen ze</u> atletiek.*

g. Wenn es heiß ist, _____________ ein Eis.  *Als het heet is, <u>eet ik</u> een ijsje.*

h. Was _____________ in deiner Freizeit?  *Wat <u>doe jij</u> in je vrije tijd?*

i. _____________ jeden Tag Basketball.  *<u>Ze speelt</u> elke dag basketbal.*

**6. Vul in wat in de zin past: *macht, spielt* of *geht***

a. Meine Mutter ___________ nie Sport, sie ist so faul!

b. Mein Vater ________ selten in die Kirche, aber ich gehe oft. Und du?

c. Mein Freund Selim ______ jeden Freitag in die Moschee.

d. Mein Großvater ________ immer Karten mit mir.

e. Mein großer Bruder ________ Karate, stell dir vor, er hat einen schwarzen Gürtel!

f. Mein Freund Dieter ________ immer PlayStation.

g. Mein kleiner Bruder ________ jeden Tag Rad fahren.

h. Meine Oma ________ jeden Tag an den Strand.

**7. Vul in wat in de zin past: *spielen, machen* of *gehen***

a. Meine Freunde __________ oft Basketball.

b. Meine Brüder __________ jeden Tag Sport.

c. Wir __________ oft Fußball, das ist klasse!

d. Meine Eltern _________ gern schwimmen.

e. Meine Cousins ___________ Karate, cool!

f. Mein Freund und ich, wir ________ jedes Wochenende ins Kino. Das ist super!

g. Mein Onkel und meine Tante __________ oft wandern. Ich finde das cool.

h. Meine Freunde ___________ oft klettern.

i. __________ Sie gern reiten?

j. Meine Freunde Lisa und Franz __________ sehr gut Schach, stell dir vor!

k. Sie ___________ samstags immer ins Schwimmbad. Wie langweilig!

l. Was ____________ Sie am Wochenende?

m. Wir ____________ an den Strand.

n. Was ___________ deine Freunde?

o. Ich denke, sie __________ nichts.

**8. Vertaal naar het Nederlands**

a. Ich spiele nie Tennis.

b. Sie macht oft ihre Hausaufgaben.

c. Wir gehen jedes Wochenende in die Kirche.

d. Sie gehen nicht oft ins Schwimmbad.

e. Wenn das Wetter gut ist, gehen sie in den Park.

f. Mein Opa spielt gern Schach mit mir.

g. Wenn es regnet, gehe ich ins Fitnessstudio.

**9. Vertaal naar het Duits**

a. We gaan nooit naar het zwembad.

b. Zij sporten zelden.

c. Zij speelt elke dag basketbal.

d. Als het weer mooi is, ga ik joggen.

e. Ik fiets zelden.

f. Ik ga vaak klimmen.

g. Mijn vader en ik spelen vaak korfbal.

h. Mijn zus speelt twee keer per week tennis.

i. Ik ga zaterdags naar het zwembad.

j. Als het weer slecht is, ga ik naar de sportschool.

k. Zij maken zelden huiswerk.

l. We spelen nooit schaak.

# Tijd voor Grammatica 14: 3 soorten voegwoorden

## Soort 1: Nevenschikkende Voegwoorden:

Nevenschikkende voegwoorden koppelen twee hoofdzinnen. Ze beïnvloeden niet de woordvolgorde.

| Hoofdzin 1 | Nevensch. Voegw. | Hoofdzin 2 |
|---|---|---|
| Ich habe einen Bruder,<br>*Ik heb een broer* | **und**<br>*en* | ich habe eine Schwester.<br>*ik heb een zus.* |
| | **aber**<br>*maar* | ich habe keine Schwester.<br>*ik heb geen zus.* |
| Ich mag meinen Bruder,<br>*Ik houd van mijn broer* | **denn**<br>*want* | er ist immer nett.<br>*hij is altijd aardig.* |

*Andere nevenschikkende voegwoorden die je vaak zult zien zijn: **oder** [of] en **sondern** [maar]. "sondern" wordt gebruikt om een tegenstelling bij een negatieve bewering te vormen, bijvoorbeeld: „Ich habe keine Schwester, sondern ich habe einen Bruder" [Ik heb geen zus, maar ik heb een broer].*

## Soort 2: Voegwoordelijke Bijwoorden:

Voegwoordelijke bijwoorden vormen een deel van een hoofdzin. Als ze de zin starten, ontstaat er <u>inversie</u>:

| Hoofdzin 1 | Hoofdzin 2 | |
|---|---|---|
| Ich habe einen Bruder,<br>*Ik heb een broer,* | **außerdem**<br>*bovendien* | <u>habe ich</u> eine Schwester.<br>*heb ik een zus* |
| | **jedoch**<br>*echter* | <u>habe ich</u> keine Schwester.<br>*heb ik geen zus* |

*Er zijn veel meer bijwoorden zoals: **deshalb** [daarom], **trotzdem** [desondanks], en **auch** [ook]. Merk op dat **auch** graag achter het werkwoord staat: „Ich habe **auch** eine Schwester" [Ik heb ook een zus].*

## Soort 3: Onderschikkende Voegwoorden:

Onderschikkende voegwoorden leiden een bijzin in. Dit zijn zinnen die niet op zichzelf kunnen staan. In een bijzijn staat het <u>werkwoord</u> aan het einde van de zin.

| Hoofdzin | Bijzin | | | |
|---|---|---|---|---|
| Ich mag meinen Bruder,<br>*Ik houd van mijn broer,* | **weil**<br>*omdat* | er<br>hij | immer nett<br>*altijd aardig* | <u>ist</u>.<br>*is.* |
| | **obwohl**<br>*hoewel* | | oft nervig<br>*vaak irritant* | |

*Andere vaak gebruikte onderschikkende voegwoorden zijn: **damit** [zodat], **dass** [dat] en ook **wenn** [als] en **bevor** [voordat].*

# Training

## 1. Combineer

| | |
|---|---|
| **weil** | hoewel |
| **jedoch** | omdat |
| **obwohl** | en |
| **denn** | echter |
| **und** | bovendien |
| **aber** | of |
| **außerdem** | maar |
| **oder** | want |

## 2. Kies het juiste voegwoord

a. Ich heiße Lisa **und / denn** ich bin vierzehn Jahre alt.

b. Ich wohne in Berlin, **oder / aber** ich komme aus Hamburg.

c. Mein Vater kommt aus Köln, **und / jedoch** wohnt er in Wien.

d. Ich kann gut singen, **jedoch / außerdem** kann ich nicht tanzen.

e. Ich mag meine Oma, **weil / obwohl** sie immer nett zu mir ist.

f. Ich mag meine Schwester, **und/ jedoch** ist sie oft launisch.

g. Ich habe eine Katze, **aber / oder** du hast einen Hund.

h. Meine Mutter mag ihre Arbeit nicht, **weil / denn** sie ist nicht gut bezahlt.

## 3. Welk soort <u>voegwoord</u> is het?

a. Ich esse oft Toast mit Marmelade **und** ich trinke Tee dazu.  _soort 1_

b. Mein Vater isst oft Pizza, **obwohl** es ungesund ist.  _______

c. Kommst du aus Österreich **oder** kommst du aus der Schweiz?  _______

d. Im Sommer ist das Wetter schön, **aber** im Winter regnet es oft.  _______

e. Ich finde Berlin fantastisch, **denn** die Stadt ist total cool.  _______

f. Mein Hund ist sehr lieb, **jedoch** ist er manchmal ein bisschen gefährlich.  _______

## 4. Vul steeds een passend woord uit onderstaande tabel in

a. Ich heiße Martin _________ ich bin zwölf Jahre alt.

b. Ich esse oft Fastfood, ________ es superlecker ist.

c. Ich liebe meinen Bruder, _________ er nicht so nett ist.

d. Am Freitag gehe ich ins Kino ________ ich bleibe zu Hause.

e. Ich kann gut Fußball spielen, ________ ich kann nicht singen.

f. Ich habe einen Lieblingsonkel, _________ wohnt er in Afrika.

g. Ich finde Bananen lecker, _________ sie schmecken total gut.

h. Meine Oma ist total lustig, _________ kann sie super kochen.

| oder | außerdem | und | weil |
|---|---|---|---|
| aber | jedoch | denn | obwohl |

## 5. Vind de fout in de woordvolgorde in het <u>tweede deel van elke zin</u> en herschrijf deze correct

a. Ich kann gut tanzen, <u>aber kann ich nicht schwimmen.</u>  *Ik kan dansen, maar ik kan niet zwemmen.*

b. Ich esse oft Gemüse, <u>weil es ist lecker.</u>  *Ik eet vaak groente, omdat het lekker is.*

c. Meine Mutter ist nett, <u>außerdem sie ist sehr hilfsbereit.</u>  *Mijn moeder is aardig, bovendien is ze erg behulpzaam.*

d. Ich mag meinen Opa, <u>jedoch er sehr geizig ist.</u>  *Ik houd van mijn opa, echter is hij erg gierig.*

e. Ich esse oft Hamburger, <u>obwohl ist es ungesund.</u>  *Ik eet vaak hamburgers, hoewel het ongezond is.*

f. Ich gehe nicht in den Garten, <u>weil regnet es.</u>  *Ik ga niet de tuin in, omdat het regent.*

g. Ich mag meinen Bruder nicht, <u>denn ist er doof.</u>  *Ik houd niet van mijn broer, want hij is stom.*

# HOOFDSTUK 15
## Vertellen over weer en vrije tijd

**Tijd voor Grammatica 15:** SPIELEN, MACHEN, GEHEN (Deel 2) + SEIN & HABEN (Deel 3)

**Even Herhalen 4:** Weer / Vrije tijd / Kleding

**Vraagvaardigheden 3:** Kleding / Vrije tijd / Weer

### In dit hoofdstuk leer je hoe je vertelt:
- Welke vrijetijdsactiviteiten je doet bij verschillende soorten weer
- Waar je ze doet **en** met wie
- Woorden voor plaatsen in de stad

### Je leert ook hoe je vragen stelt en beantwoordt over:
- Kleding
- Vrije tijd
- Weer

### Je herhaalt:
- Sport en hobby's
- De werkwoorden 'machen', 'gehen' en 'spielen' in de tegenwoordige tijd
- Huisdieren
- Plaatsen in de stad
- Kleding
- Familieleden
- Getallen van 1 tot 100

| Bijwoordelijke zin | Werkwoord-Onderwerp | Rest van de zin | |
|---|---|---|---|
| **Wenn das Wetter schön ist,** *Als het weer mooi is,* **Wenn das Wetter schlecht ist,** *Als het weer slecht is,* **Wenn es regnet,** *Als het regent,* | **spiele ich** *speel ik* **spielt meine Freundin Anna** *speelt mijn vriendin Anna* | **Schach** **Karten** **Basketball** **Fußball** **Tennis** **mit meinen Freunden** **mit seinen Freunden** **mit ihren Freunden** | *schaak* *kaarten* *basketbal* *voetbal* *tennis* *met mijn vrienden* *met zijn vrienden* *met haar vrienden* |
| **Wenn es schneit,** *Als het sneeuwt,* **Wenn die Sonne scheint,** *Als de zon schijnt,* **Wenn es bewölkt ist,** *Als het bewolkt is,* | **mache ich** *doe ik* **macht mein Freund Paul** *doet mijn vriend Paul* | **Judo** **Karate** **Leichtathletik** **meine Hausaufgaben** **seine Hausaufgaben** **ihre Hausaufgaben** **Sport** **Yoga** | *judo* *karate* *atletiek* *mijn huiswerk* *zijn huiswerk* *haar huiswerk* *sport* *yoga* |
| **Wenn es heiß ist,** *Als het heet is,* **Wenn es kalt ist,** *Als het koud is,* **Wenn es neblig ist,** *Als het mistig is,* **Wenn es sonnig ist,** *Als het zonnig is,* **Wenn es stürmisch ist,** *Als het stormachtig is,* **Wenn es windig ist,** *Als het winderig is,* | **gehe ich** *ga ik* **geht meine Freundin Mia** *gaat mijn vriendin Mia* | **angeln** **joggen** **klettern** **Rad fahren** **reiten** **Ski fahren** **schwimmen** **tanzen** **wandern** **an den Strand** **in den Park** **ins Sportzentrum** **ins Fitnessstudio** **ins Schwimmbad** **zu meinem Freund** **zu seinem Freund** **zu ihrem Freund** | *vissen* *joggen* *klimmen* *fietsen* *paardrijden* *skiën* *zwemmen* *dansen* *wandelen* *naar het strand* *naar het park* *naar het sportcentrum* *naar de sportschool* *naar het zwembad* *naar mijn vriend* *naar zijn vriend* *naar haar vriend* |
| **Manchmal** *Soms* **Unter der Woche** *Op weekdagen* **Am Wochenende** *In het weekend* | **bleibe ich** *blijf ik* **bleibt mein Freund Ben** *blijft mijn vriend Ben* | **zu Hause** **in meinem Zimmer** **in seinem Zimmer** **in ihrem Zimmer** | *thuis* *in mijn kamer* *in zijn kamer* *in haar kamer* |

# Hoofdstuk 15. Vertellen over weer en vrije tijd WOORDENSCHAT OPBOUWEN 1

## 1. Combineer

| Wenn ... | ... het koud is |
|---|---|
| ... es kalt ist | ... het heet is |
| ... es heiß ist | ... het bewolkt is |
| ... das Wetter schön ist | Als ... |
| ... das Wetter schlecht ist | ... het weer mooi is |
| ... es bewölkt ist | ... het regent |
| ... es regnet | ... het weer slecht is |

## 3. Vertaal naar het Nederlands

a. Es ist bewölkt.

b. Wenn es regnet, ...

c. Wenn es kalt ist, ...

d. Wenn es heiß ist, ...

e. Wenn es schneit, ...

f. Wenn das Wetter schön ist, ...

g. Wenn es neblig ist, ...

h. ... spiele ich Tennis.

i. ... gehe ich Ski fahren.

j. ... bleibe ich zu Hause.

## 2. Vul het ontbrekende woord in

a. wenn das Wetter ___________ ist
*als het weer slecht is*

b. wenn es __________und ________ ist
*als het regent en koud is*

c. wenn es _________ und ________ ist
*als het zonnig en heet is*

d. Wenn es stürmisch ist, _________ ich zu Hause.
*Als het stormachtig is, blijf ik thuis.*

e. Wenn das Wetter ___________ ist, gehe ich in den Park.
*Als het weer mooi is, ga ik naar het park.*

f. Wenn es ___________, gehe ich Ski fahren.
*Als het sneeuwt, ga ik skiën.*

g. Wenn es ___________ ist, bleibe ich zu Hause.
*Als het winderg is, blijf ik thuis.*

h. Ich mag es, wenn es ___________ ist.
*Ik houd ervan als het stormachtig is.*

## 4. Associaties – Combineer elk weertype hieronder met de kleding/activiteiten in de tabel

1. das Wetter ist schlecht: Sturm, Wind, Regen –

2. das Wetter ist schön: Sonne und Hitze -

3. es schneit und es ist kalt:

| Schnee-stiefel | ich bleibe zu Hause | ich gehe Ski fahren | Strand |
|---|---|---|---|
| ich mache nichts | kurze Hose | ich sehe fern | Hut |
| die Berge | Schal | Schlafanzug | Badeanzug |

## 5. Anagrammen weer

| a. tlak | g. ießh |
|---|---|
| b. hcöns | h. mischtürs |
| c. linebg | i. digwin |
| d. tregne | j. nnigso |
| e. wöltkbe | k. tteWer |
| f. chletsch | l. gtu |

## 6. Vul in

a. Das Wetter ist ________.  *Het weer is mooi.*

b. Ich bleibe zu H________.  *Ik blijf thuis.*

c. Wenn es r_________.  *Als het regent.*

d. Ich ______ es, wenn es sonnig ist.  *Ik houd ervan als het zonnig is.*

e. Ich ______ an den Strand.  *Ik ga naar het strand.*

f. wenn es stürmisch ______  *als het stormachtig is*

g. wenn es ________ ist  *als het heet is*

h. wenn es ___________ ist  *als het bewolkt is*

## 1. Combineer

| | |
|---|---|
| **ich spiele Tennis** | ik ga uit |
| **ich spiele Karten** | in zijn kamer |
| **ich gehe reiten** | Max gaat vissen |
| **ich gehe aus** | ik speel tennis |
| **Max geht angeln** | ik ga paardrijden |
| **in seinem Zimmer** | ik speel kaarten |
| **ich bleibe zu Hause** | zwemmen |
| **schwimmen** | ik blijf thuis |

## 3. Vertaal naar het Nederlands

a. Ich gehe zu meinem Freund.

b. Ich gehe reiten.

c. Es ist bewölkt.

d. Ich gehe Rad fahren.

e. Er geht joggen.

f. Er geht ins Sportzentrum.

g. Ich gehe ins Schwimmbad.

h. Er macht Sport.

## 2. Vul het ontbrekende woord in

a. Ich bleibe ______ meinem Zimmer.
*Ik blijf in mijn kamer.*

b. Mein Freund _______ in den Park.
*Mijn vriend gaat naar het park.*

c. Ich gehe zu _________ Freund.
*Ik ga naar mijn vriend.*

d. Manchmal gehe ich ins _________________.
*Soms ga ik naar het sportcentrum.*

e. Unter der Woche ______ ich immer meine Hausaufgaben.
*Op weekdagen maak ik altijd mijn huiswerk.*

f. Ich mag das _______, weil ich mit meinen Freunden spiele.
*Ik houd van het weekend omdat ik met mijn vrienden speel.*

g. Meine Freundin Vero ______ immer zu ________ Freund.
*Mijn vriendin Vero gaat altijd naar haar vriend.*

h. Ich gehe immer __________.
*Ik ga altijd klimmen.*

## 4. Anagrammen activiteiten

| | | |
|---|---|---|
| a. ggenjo | e. ketBallbas | i. daR ahfrne |
| b. chimmwsen | f. ßblalFu | j. zu ienmem uerFnd |
| c. dernwan | g. enrtKa | k. gelnan |
| d. eitenr | h. chSahc | l. zentan |

## 5. Gebroken woorden

a. I___ s______ m____ m________ F_______ F_______.     *Ik speel met mijn vrienden voetbal.*

b. M______ T________ M______ s______ K________.     *Mijn tante Maria speelt kaarten.*

c. I___ g______ z__ m_________ F_________.     *Ik ga naar mijn vriend.*

d. J_____ g_____ i____ S_________________.     *Jens gaat naar het sportcentrum.*

e. I___ g______ r_________, w_____ e__ s________ i__.     *Ik ga paardrijden, als het zonnig is.*

f. M______ F_______ b________ z__ H________ ...     *Mijn vriend blijft thuis ...*

g. ... u______ m______ H______________.     *... en maakt huiswerk.*

## 6. Vul in

a. Ich mache ______________. *Ik maak huiswerk.*

b. Er __________ zu Hause. *Hij blijft thuis.*

c. Er ______ schwimmen. *Hij gaat zwemmen.*

d. Ich _______ in den Park. *Ik ga naar het park.*

e. Sie geht ins ______. *Zij gaat naar de bioscoop.*

f. Ich bleibe zu __________. *Ik blijf thuis.*

g. Ich gehe ___________. *Ik ga klimmen.*

h. Ich gehe ______ fahren, ... *Ik ga skiën ...*

i. ... wenn es ___________. *... als het sneeuwt.*

j. in meinem _____________ *in mijn kamer*

# Hoofdstuk 15. Vertellen over weer en vrije tijd: LEZEN

Ich heiße Pietro. Ich komme aus Italien. Ich bin elf Jahre alt. Ich bin sehr sportlich, deshalb mag ich es, wenn das Wetter gut ist! Wenn die Sonne scheint, gehe ich immer mit meinen Freunden in den Park und wir spielen Fußball. Außerdem, wenn es heiß ist, gehe ich mit meinem Hund an den Strand. Er ist sehr klein und superlustig. Wenn ich an den Strand gehe, trage ich einen Badeanzug, Sandalen und einen Hut.

Ich heiße Isabela. Ich komme aus Rom, in Italien. Ich bin fünfzehn Jahre alt. Ich kaufe gern T-Shirts und Jacken. Ich liebe es, wenn es draußen stürmt! Ich bleibe dann mit meinem kleinen Bruder zu Hause und ich spiele Computerspiele oder Karten mit ihm. Ich finde Unwetter total spannend und interessant. Ich mag es nicht, wenn es kalt ist, denn ich hasse es, einen Mantel oder einen Schal zu tragen. Zu Hause habe ich einen Hund, eine Katze und einen Papagei, der Italienisch spricht!

Ich heiße Ana Laura. Ich komme aus Brasilien. Ich bin zwölf Jahre alt. Mein Hobby ist Singen! Wenn es kalt ist, gehe ich mit meinen Freundinnen ins Einkaufszentrum. Ich trage einen langen Mantel, einen Schal und Stiefel. Ich liebe die Kälte! Mein Lieblingsfilm ist Frozen 2. Wenn es heiß ist, bleibe ich zu Hause. Ich mag die Hitze nicht. Ich gehe auch nie an den Strand. Ich hasse den Strand!

Ich heiße Chloé. Ich komme aus Frankreich. Ich bin vierzehn Jahre alt. Wenn es heiter und sonnig ist, gehe ich immer ins Schwimmbad. Ich gehe auch oft mit meinem Vater mit seinem Boot angeln. Es ist ein bisschen langweilig, aber ich mag es trotzdem. Abends gehe ich mit meinen Freunden aus. Wenn ich in die Disko gehe, trage ich meistens Jeans und ein Hemd. Meine Freundin heißt Sofie. Sie ist nett und intelligent. Wenn das Wetter schlecht ist und es regnet, bleibt sie immer zu Hause und macht ihre Hausaufgaben.

## 1. Vind het Duits voor de volgende woorden in de tekst van Pietro

a. Ik kom uit

b. Ik ben 11 jaar oud.

c. daarom vind ik het leuk

d. Als de zon schijnt

e. als het heet is

f. naar het park

g. met mijn hond

h. erg klein

i. naar het strand

j. een zwempak

## 2. Vind het Duits voor de volgende woorden in de tekst van Chloé

a. Als het onbewolkt is

b. altijd

c. naar het zwembad

d. Ik ga ook vaak

e. een beetje saai

f. ik ga met mijn vrienden uit

g. een overhemd

h. heet

i. zij blijft

j. thuis

## 3. Vul de beweringen over de tekst van Isabela aan

a. Ze is _________ jaar oud.

b. Ze koopt graag __________ en ____________.

c. Ze houdt ervan als het buiten ________.

d. Als het stormt, speelt ze __________ of _________ met haar __________ broer.

e. Isabela houdt niet van _________ weer.

f. Haar huisdier kan Italiaans ___________.

## 4. Beantwoord onderstaande vragen over Ana Laura in het Duits

a. Woher kommt sie?

b. Wie alt ist sie?

c. Was macht sie gern in ihrer Freizeit?

d. Was für ein Wetter mag sie?

e. Wohin geht sie, wenn es kalt ist?

f. Was macht sie, wenn es heiß ist?

g. Wie findet sie die Hitze?

h. Was ist ihr Lieblingsfilm?

## 5. Vind iemand die

a. Wie gaat graag vissen?
b. Wie komt uit Frankrijk?
c. Wie houdt van erg koud weer?
d. Wie heeft thuis drie huisdieren?
e. Wie vindt dat stormen leuk zijn?
f. Wie draagt een spijkerbroek bij het uitgaan?
g. Wie gaat met een dier naar het strand?
h. Wie gaat nooit naar het strand?
i. Wie heeft een boot?

# Hoofdstuk 15. Vertellen over weer en vrije tijd: SCHRIJVEN

## 1. Gesplitste zinnen

| | |
|---|---|
| **Ich mag es, wenn** | den Strand. |
| **Ich mag es** | ich einen warmen Mantel. |
| **Wenn das Wetter schlecht ist,** | es kalt ist. |
| **Wenn es heiß ist, gehe ich an** | nicht, wenn es regnet. |
| **Unwetter sind** | gehe ich Ski fahren. |
| **Wenn das Wetter schön ist, gehe** | bleibe ich zu Hause. |
| **Wenn es sehr kalt ist, trage** | sehr schön. |
| **Wenn es schneit,** | ich an den Strand. |

## 2. Vul het juiste woord uit onderstaande tabel in

a. _________ es kalt ist, trage ich einen Schal.

b. Unter der _________ mache ich meine Hausaufgaben.

c. Wenn es _________, _________ ich zu Hause.

d. Wenn es neblig _________, gehe ich nicht Ski _________.

e. Wenn es _________ ist, gehe ich surfen.

f. Wenn es _________ ist, gehe ich wandern auf dem Land.

g. Wenn das Wetter _________ ist, bleibt mein Freund Alex in _________ Zimmer.

| sonnig | windig | bleibe | fahren | Woche |
|---|---|---|---|---|
| schlecht | ist | Wenn | regnet | seinem |

## 3. Vind en verbeter de grammaticale fouten en spelfouten [let op: in sommige zinnen ontbreekt een woord]

a. Wenn es windig ist, ich gehe ins Fitnessstudio.

b. Wenn es neblig, spielt meine Freundin Mia Tennis.

c. Ich liebe Unwetter, denn sie sehr schön.

d. Wenn das Wetter ist schlecht, bleibe ich zu hause.

e. Wenn es neblig ist, speile ich nicht gern Golf.

f. Am Wochende gehe ich mit meinem Hund an die Strand.

g. Wenn es sonnig ist, tragen ich ein weißes hemd.

h. Ich immer trage Sportschuhe, wenn ich Fußball spielen.

i. Du tragst gern warme Klamotten, wenn es ist kalt.

## 4. Vul de woorden aan

a. k_________     *koud*

b. h_________     *heet*

c. b_________     *bewolkt*

d. w_________     *als*

e. s_________     *zonnig*

f. w_________     *winderig*

g. n_________     *mistig*

## 5. Geleid schrijven – beschrijf in 3 korte alinea's onderstaande personen in de eerste persoon [ik] aan de hand van de gegeven informatie

| Persoon | Woont | Weer | Activiteit | Met |
|---|---|---|---|---|
| **Matthias** | Köln | mooi weer | naar het park | vrienden |
| **Ingrid** | Sylt | zonnig en winderig | naar het strand | hond |
| **Chris** | Wien | koud en regenachtig | thuis blijven | grote zus |

## 6. Beschrijf deze persoon in het Duits in de 3e persoon [zij]

**Naam:** Hanna

**Woont in:** Rostock

**Leeftijd:** 13

**Huisdier:** een bruine hond

**Weer:** mooi en warm weer

**Altijd:** gaat naar het park en speelt voetbal met haar vrienden

**Nooit:** blijft thuis en maakt huiswerk

# Tijd voor Grammatica 15:

## SPIELEN, MACHEN, GEHEN (Deel 2) & SEIN, HABEN

| spielen | | *spelen* |
|---|---|---|
| **ich spiele** <br> *ik speel* | **wir spielen** <br> *wij spelen* | Gitarre <br> Karten <br> Volleyball |
| **du spielst** <br> *jij speelt* | **ihr spielt** <br> *jullie spelen* | mit Freunden <br> im Garten <br> im Park <br> in der Sonne |
| **er/sie/es spielt** <br> *hij/zij/het speelt* | **sie/Sie spielen** <br> *zij/u spelen/speelt* | |

| machen | | *doen* |
|---|---|---|
| **ich mache** | **wir machen** | einen Ausflug <br> eine Radtour <br> einfach nichts! |
| **du machst** | **ihr macht** | Hausaufgaben <br> Karate <br> Yoga |
| **er/sie/es macht** | **sie/Sie machen** | |

| gehen | | *gaan* |
|---|---|---|
| **ich gehe** | **wir gehen** | in den Park <br> in die Stadt <br> ins Schwimmbad |
| **du gehst** | **ihr geht** | Salsa tanzen <br> zu meinem Freund <br> nach Hause |
| **er/sie/es geht** | **sie/Sie gehen** | |

| sein | | *zijn* |
|---|---|---|
| **ich bin** | **wir sind** | groß <br> klein <br> glücklich |
| **du bist** | **ihr seid** | zwölf Jahre alt <br> ein bisschen müde |
| **er/sie/es ist** | **sie/Sie sind** | musikalisch |

| haben | | *hebben* |
|---|---|---|
| **ich habe** | **wir haben** | kurze Haare <br> braune Augen |
| **du hast** | **ihr habt** | einen kleinen Frosch <br> eine süße Katze <br> ein schönes Fahrrad |
| **er/sie/es hat** | **sie/Sie haben** | viele Haustiere |

# Training

## 1. Vul steeds één van de volgende werkwoorden in: *habe – gehe – bin – spiele – mache*

a. ich __________ Sport

b. ich __________ in den Park

c. ich __________ eine Katze

d. ich __________ Fußball

e. ich __________ Karten

f. ich __________ einen Hund

g. ich __________ fünfzehn Jahre alt

h. ich __________ zwei Haustiere

i. ich __________ ins Kino

j. ich __________ klettern

k. ich __________ Rad fahren

l. ich __________ Schach

m. ich __________ glücklich

n. ich __________ braune Augen

o. ich __________ blonde Haare

## 2. Herschrijf de zinnen in de eerste kolom in de derde persoon enkelvoud

| ich | er/sie |
| --- | --- |
| Ich spiele Tennis. | Er spielt Tennis. |
| Ich gehe ins Kino. | |
| Ich habe eine Katze. | |
| Ich bin groß. | |
| Ich mache Yoga. | |

## 3. Vertaal naar het Nederlands

a. Wir gehen schwimmen.

b. Wir spielen Schach.

c. Sie machen nichts.

d. Sie gehen ins Kino.

e. Wir haben zwei Hunde.

f. Ihr macht Hausaufgaben.

g. Er hat keine Geschwister.

h. Ich komme nicht aus Zürich.

i. Was machst du?

## 4. Vul in

a. Ich g________ ins Schwimmbad.

b. Meine Mutter g_______ ins Kino.

c. Wir g_______ oft ins Kino.

d. Mein Bruder h______ eine Katze.

e. Sie s______ dreizehn Jahre alt, aber ich b_____ elf.

f. Meine Eltern h_______ rote Haare.

g. Mein Bruder und ich m_______ Kampfsport.

## 5. Vul telkens het juiste werkwoord in

a. Ich ______ oft mit meinen Eltern ins Kino.

b. Meine Schwester und ich _______ in den Park.

c. Meine Mutter _________ lange blonde Haare.

d. Mein Cousin ______ sehr groß und sportlich.

e. Meine Brüder _________ oft an den Strand.

f. Wenn das Wetter gut ist, _______ er Sport.

g. Sie _________ am liebsten Volleyball.

h. Was _________ du am liebsten in deiner Freizeit?

## 6. Vertaal naar het Duits

a. Ik speel vaak tennis in het park.

b. Mijn moeder gaat in het weekend naar de stad.

c. Mijn broer is lang en slank.

d. Hij heeft blond haar en blauwe ogen.

e. Mijn vader is veertig jaar oud.

f. Mijn broer gaat naar de sportschool.

g. Zij gaan vaak naar het zwembad.

# Even Herhalen 4: Kleding/Vrije tijd/Weer

## 1. Activiteiten - Combineer

| | |
|---|---|
| **Ich mache Hausaufgaben.** | Ik ga naar de bioscoop. |
| **Ich mache Sport.** | Ik ga naar het zwembad. |
| **Ich spiele Basketball.** | Ik ga naar de sportschool. |
| **Ich spiele Karten.** | Ik ga winkelen. |
| **Ich gehe ins Kino.** | Ik maak huiswerk. |
| **Ich gehe ins Schwimmbad.** | Ik ga zwemmen. |
| **Ich gehe ins Fitnessstudio.** | Ik ga klimmen. |
| **Ich gehe shoppen.** | Ik doe aan sport. |
| **Ich gehe schwimmen.** | Ik ga paardrijden. |
| **Ich gehe reiten.** | Ik ga naar het strand. |
| **Ich gehe an den Strand.** | Ik speel kaarten. |
| **Ich gehe klettern.** | Ik speel basketbal. |

## 2. Weer – Vul in

a. Es ist k_ _t.

b. Es ist h_ _ß.

c. Es ist son_ _ _.

d. Es ist neb_ _ _.

e. Das Wett_ _ ist sc_ _n.

f. Das We_ _ _ _ i_ _ schl_ _ _ _.

g. Es ist stür_ _ _ _ _.

h. Es ist wi_ _ _ _.

i. Es re_ _ _ _.

## 3. Vul de ontbrekende Duitse woorden in

a. Wenn es k______ ist, trage ich einen M__________.  *Als het koud is, draag ik een jas.*

b. Wenn das W______ s_________ ist, b_______ ich zu Hause.  *Als het weer slecht is, blijf ik thuis.*

c. Wenn es s_________ ist, gehe ich an den S_________.  *Als het zonnig is, ga ik naar het strand.*

d. Wenn ich Y_______ mache, t______ ich einen Tr____________.  *Als ik yoga doe, draag ik een trainingspak.*

e. Wenn es h______ ist, gehe ich i____ S_______________.  *Als het heet is, ga ik naar het zwembad.*

f. Am Wochenende m________ ich m_______ H______________.  *In het weekend maak ik mijn huiswerk.*

g. Wenn ich Z_______ h______, g________ i_____ k__________.  *Als ik tijd heb, ga ik klimmen.*

## 4. Vertaal naar het Duits

a. Als het heet is ...

b. Als het koud is ...

c. Ik speel basketbal.

d. Ik maak mijn huiswerk.

e. Ik ga klimmen.

f. Als ik tijd heb ...

g. Ik ga naar het zwembad.

h. Ik ga naar de sportschool.

## 5. Vertaal naar het Duits

a. Ik draag een jas.

b. Wij dragen een uniform.

c. Zij spelen basketbal.

d. Zij gaat klimmen.

e. Hij heeft tijd.

f. Zij gaan zwemmen.

# Vraagvaardigheden 3: Kleding / Vrije tijd / Weer

## 1. Vertaal naar het Nederlands

a. Was trägst du, wenn es kalt ist?

b. Wie ist das Wetter, wo du wohnst?

c. Was machst du in deiner Freizeit?

d. Machst du Sport?

e. Wie oft spielst du Basketball?

f. Warum magst du Fußball nicht?

g. Wo gehst du klettern?

h. Was ist dein Lieblingssport?

## 2. Vul het ontbrekende vraagwoord in

a. __________ wohnst du?

b. __________ Sport machst du?

c. __________ magst du lieber, Tennis oder Schach?

d. __________ gehst du schwimmen?

e. __________ findest du meine Schuhe?

f. __________ machst du gern in deiner Freizeit?

g. Mit __________ spielst du Tennis?

h. ________ oft gehst du reiten?

i. ____________ spielst du nicht mit mir? ☹

## 3. Gesplitste vragen

| | |
|---|---|
| **Was machst du in** | du klettern? |
| **Wie oft gehst** | trägst du, wenn es kalt ist? |
| **Gehst du** | oft ins Kino? |
| **Mit wem** | deiner Freizeit? |
| **Was trägst** | du am liebsten? |
| **Was macht** | spielst du Schach? |
| **Hast du viele** | Klamotten? |
| **Was für Klamotten** | dein Bruder nach der Schule? |

## 4. Vertaal naar het Duits

a. Wat?

b. Waar?

c. Hoe?

d. Wanneer?

e. Met wie?

f. Hoeveel?

g. Welke?

h. Waar vandaan?

i. Waarom?

## 5. Schrijf de vragen bij de antwoorden

a. Wenn es kalt ist, trage ich einen Mantel.

b. Am Wochenende mache ich Sport.

c. Ich gehe um fünf Uhr ins Fitnessstudio.

d. Ich habe zwei Trainingsanzüge.

e. Ich spiele mit meinem Bruder Tennis.

f. Ich gehe im Freibad am Stadtrand schwimmen.

g. Ich gehe selten klettern.

## 6. Vertaal naar het Duits

a. Waar speel je tennis?

b. Wat doe je in je vrije tijd?

c. Hoeveel schoenen heb je?

d. Wat is je lievelingssport?

e. Doe jij vaak aan sport?

f. Wanneer maak jij huiswerk?

# HOOFDSTUK 16
# Vertellen over mijn dagelijkse routine

**Even Herhalen 5:**
Kleding / Voedsel / Vrije Tijd / Mensen beschrijven

## In dit hoofdstuk leer je hoe je zegt:

- Wat je elke dag doet
- Hoe laat je het doet
- Volgorde aanbrengen in activiteiten (bijv. met behulp van 'dann', 'schließlich')

## Je herhaalt:
- Getallen
- Vrijetijdsactiviteiten
- Nationaliteiten
- Kleding
- Haar en ogen
- Voedsel
- Beroepen

# HOOFDSTUK 16
## Vertellen over mijn dagelijkse routine

| | | | | |
|---|---|---|---|---|
| **Meistens**<br>*Meestal* | **wache ich ...**<br>*word ik ...* | **um sechs Uhr** *om zes uur*<br>**gegen sieben Uhr** *tegen zeven uur*<br>**um zehn nach acht** *om 8:10 uur*<br>**um Viertel nach acht** *om 8:15 uur*<br>**um zwanzig nach acht** *om 8:20 uur* | | **... auf**<br>*... wakker* |
| **Morgens**<br>*'s Morgens* | **stehe ich ...**<br>*sta ik...* | **um halb neun** *om 8:30 uur*<br>**um zwanzig vor neun** *om 8:40 uur*<br>**um Viertel vor neun** *om 8:45 uur*<br>**um zehn vor neun** *om 8:50 uur* | | **... auf**<br>*... op* |

| | | | |
|---|---|---|---|
| **Zuerst**<br>*Eerst* | **gehe ich ins Bad**<br>*ga ik naar de badkamer* | | **ich packe meine Schultasche**<br>*pak ik mijn schooltas in* |
| **Dann**<br>*Dan* | **dusche ich mich**<br>*douche ik* | | **ich putze meine Zähne**<br>*ik poets mijn tanden* |
| **Danach**<br>*Daarna* | **ziehe ich mich an**<br>*kleed ik mij aan* | **und**<br>*en* | **ich gehe aus dem Haus**<br>*ik verlaat het huis* |
| **Später**<br>*Later* | **frühstücke ich**<br>*ontbijt ik* | | **ich fahre mit dem Bus zur Schule**<br>*ik ga met de bus naar school* |
| **Mittags**<br>*'s Middags* | **komme ich wieder nach Hause**<br>*kom ik weer thuis* | | **ich entspanne mich**<br>*ik ontspan me* |
| **Nachmittags**<br>*In de namiddag* | **esse ich zu Mittag/zu Abend**<br>*lunch ik/dineer ik* | | **ich mache meine Hausaufgaben**<br>*ik maak mijn huiswerk* |
| **Abends**<br>*'s Avonds* | **sehe ich fern**<br>*kijk ik televisie* | | **ich spiele am Computer**<br>*ik speel op de computer* |
| **Zum Schluss**<br>*Ten slotte* | **gehe ich <u>um Mitternacht</u> ins Bett**<br>*ga ik om middernacht naar bed* | | **ich mache das Licht aus**<br>*ik doe het licht uit* |

*Opmerking:*

*In de linker kolom vind je een aantal handige bijwoorden die je in staat stellen om duidelijk te maken in welke <u>volgorde</u> of op welk <u>moment van de dag</u> iets gebeurt. Weet je nog wat er gebeurt als je deze (bij)woorden aan het begin van de zin gebruikt? Kun je het zien in de tabel? Bespreek wat je denkt met klasgenoten en je leraar. Je kunt ook nog even kijken in 'Tijd voor Grammatica' over woordvolgorde in hoofdzinnen in hoofdstuk 12.*

# Hoofdstuk 16. Vertellen over mijn dagelijkse routine: WOORDENSCHAT (Deel 1)

## 1. Combineer

| | |
|---|---|
| **Ich stehe auf** | Ik lunch |
| **Ich fahre zur Schule** | Ik dineer |
| **Ich gehe ins Bett** | Ik sta op |
| **Ich esse zu Mittag** | Ik ontbijt |
| **Ich esse zu Abend** | Ik ontspan me |
| **Ich frühstücke** | Ik ga naar school |
| **Ich entspanne mich** | Ik kom weer thuis |
| **Ich komme wieder nach Hause** | Ik ga naar bed |

## 2. Vertaal naar het Nederlands

a. Ich stehe um sechs Uhr auf.

b. Ich gehe um elf Uhr ins Bett.

c. Ich esse um zwölf Uhr zu Mittag.

d. Ich frühstücke um sieben Uhr.

e. Ich komme um halb vier wieder nach Hause.

f. Ich esse um sieben Uhr zu Abend.

g. Ich sehe fern.

h. Ich höre Musik.

i. Ich gehe um halb acht aus dem Haus.

## 3. Vul de ontbrekende letters in

a. Ich _ntspanne _ich.     *Ik ontspan me.*

b. Dan_ _omme ich ...     *Dan kom ik ...*

c. ... wieder _ach _ ause.     *... weer thuis.*

d. Ich s_he fern.     *Ik kijk tv.*

e. Ich fr_hstüc_e.     *Ik ontbijt.*

f. Ich e_se zu A_end.     *Ik dineer.*

g. Ich geh_ zur S_hule.     *Ik ga naar school.*

h. Ich ste_e au_.     *Ik sta op.*

i. Ich gehe in_ Be_t.     *Ik ga naar bed.*

j. Ich esse zu Mi_tag.     *Ik lunch.*

## 4. Vul het ontbrekende woord in

a. Ich ___________ zur Schule.
*Ik ga naar school.*

b. Ich gehe _______ dem Haus.
*Ik verlaat het huis.*

c. Ich _______ wieder nach Hause.
*Ik kom weer thuis.*

d. Ich ________ fern.
*Ik kijk televisie.*

e. Ich ___________ Hausaufgaben.
*Ik maak huiswerk.*

f. Ich ___________ Musik.
*Ik luister naar muziek.*

g. Ich _______ am Computer.
*Ik speel op de computer.*

h. Ich esse um zwölf Uhr zu _______.
*Ik lunch om 12 uur.*

i. Dann _______ ich meine Schultasche.
*Dan pak ik mijn schooltas in.*

## 5. Slechte vertaling – vind en verbeter alle vertaalfouten

a. Ich entspanne mich ein bisschen.     *Ik douche een beetje.*

b. Ich gehe um Mitternacht ins Bett.     *Ik ga 's middags naar bed.*

c. Ich mache meine Hausaufgaben.     *Ik maak jouw huiswerk.*

d. Ich frühstücke.     *Ik lunch.*

e. Ich fahre zur Schule.     *Ik kom terug van school.*

f. Ich komme wieder nach Hause.     *Ik verlaat het huis.*

g. Ich sehe fern.     *Ik luister naar muziek.*

h. Ich gehe aus dem Haus.     *Ik verlaat school.*

i. Ich putze mir die Zähne.     *Ik was mijn handen.*

## 6. Vertaal de tijden naar het Duits

a. om 6:30 uur     *um halb sieben*

b. om 7:30 uur

c. om 20:20 uur

d. om 12:00 uur

e. om 9:20 uur

f. om 23:00 uur

g. om middernacht

h. om 17:15 uur

i. om 21:45 uur

# Hoofdstuk 16. Vertellen over mijn dagelijkse routine: WOORDENSCHAT (Deel 2)

## 1. Vul de tabel in

| | |
|---|---|
| **Ich gehe ins Bett.** | |
| | Ik poets mijn tanden. |
| **Ich stehe auf.** | |
| | Ik ga naar huis. |
| **Ich esse zu Mittag.** | |
| **Ich frühstücke.** | |
| | Ik dineer. |
| **Ich höre Musik.** | |
| | Ik verlaat het huis. |
| **Ich sehe fern.** | |
| **Ich entspanne mich.** | |
| | Ik douche. |
| **Ich ziehe mich an.** | |

## 2. Vul de zinnen in met de gegeven woorden in onderstaande tabel

a. um halb __________     *om half acht*

b. __________ fünf Uhr     *tegen vijf uur*

c. um elf Uhr __________     *om elf uur 's morgens*

d. um zwölf Uhr __________     *om 12 uur 's middags*

e. um __________ nach elf     *om kwart over elf*

f. gegen zwanzig __________ drei     *tegen 2:40 uur*

g. um __________     *om middernacht*

h. gegen vier __________     *tegen vier uur*

i. um __________ nach zehn     *om vijf over tien*

j. um fünf vor __________ neun     *om 8:25 uur*

| gegen | acht | Uhr | morgens | mittags |
|---|---|---|---|---|
| Viertel | vor | fünf | halb | Mitternacht |

## 3. Vertaal naar het Nederlands (in cijfers)

a. um halb neun     om 8:30 uur

b. um Viertel nach neun     __________________

c. um fünf vor zwölf     __________________

d. um zwölf Uhr mittags     __________________

e. um Mitternacht     __________________

f. um fünf nach halb acht     __________________

g. um Viertel nach zwei     __________________

h. abends um halb zehn     __________________

## 4. Vul in

a. um h______ s________     *om 5:30 uur*

b. g________ V______ n______ a_____     *tegen 8:15 uur*

c. m___________     *'s middags*

d. u_ z________ v_______ n_______     *om 8:40 uur*

e. um M______________     *om middernacht*

f. um f_____ n_____ h______ z_______     *om 11:35 uur*

g. g________ n______ U______     *tegen 9 uur*

h. um z_______ v______ d_______     *om 2:50 uur*

## 5. Vertaal naar het Nederlands

a. Ich stehe um halb sieben auf.

b. Ich komme um vier Uhr wieder nach Hause.

c. Gegen sechs Uhr sehe ich fern.

d. Um fünf Uhr mache ich meine Hausaufgaben.

e. Ich frühstücke um Viertel vor sieben.

f. Ich gehe gegen elf Uhr ins Bett.

g. Gegen ein Uhr esse ich zu Mittag.

## 6. Vertaal naar het Duits

a. Ik sta om half zes op.

b. Ik kom om vijf uur weer thuis.

c. Tegen acht uur ontspan ik me.

d. Dan kijk ik televisie.

e. Ik ontbijt om kwart over acht.

f. Ik ga tegen tien uur naar bed.

g. Ik doe om middernacht het licht uit.

# Hoofdstuk 16. Vertellen over mijn dagelijkse routine: LEZEN (Deel 1)

Ich heiße Hiroto. Ich komme aus Japan. Mein Tagesablauf ist ziemlich einfach. Meistens stehe ich gegen sechs Uhr auf. Dann dusche ich mich und ich ziehe mich an. Danach frühstücke ich mit meinem Vater und meinem kleinen Bruder. Dann putze ich mir die Zähne. Gegen halb acht gehe ich aus dem Haus und ich fahre mit dem Fahrrad zur Schule. Ich komme gegen vier Uhr wieder nach Hause. Dann entspanne ich mich – meistens sehe ich zuerst ein bisschen fern und dann gehe ich mit meinen Freunden in den Park. Von sechs bis sieben Uhr mache ich meine Hausaufgaben. Um acht Uhr esse ich mit meinen Eltern zu Abend. Ich esse nicht viel, meistens nur einen Hamburger. Danach sehe ich einen Film im Fernsehen und gegen elf Uhr gehe ich ins Bett.

Ich heiße Gregorio. Ich komme aus Mexiko. Mein Tagesablauf ist sehr einfach. Normalerweise stehe ich um Viertel nach sechs auf. Dann dusche ich mich und ich frühstücke mit meinen zwei Brüdern. Dann putze ich mir die Zähne und ich packe meine Schultasche. Gegen sieben gehe ich aus dem Haus und ich gehe zu Fuß zur Schule. Ich komme gegen halb vier wieder nach Hause. Dann entspanne ich mich ein bisschen. Meistens surfe ich im Internet, sehe eine Serie auf Netflix oder chatte mit meinen Freunden auf WhatsApp oder Snapchat. Von fünf bis sechs Uhr mache ich meine Hausaufgaben. Danach, um halb acht, esse ich mit meiner Familie zu Abend. Ich esse Reis oder Salat. Später sehe ich fern und gegen halb zwölf gehe ich ins Bett.

Ich heiße Andreas. Ich komme aus Deutschland. Mein Tagesablauf ist ziemlich einfach. Meistens stehe ich sehr früh auf, gegen fünf Uhr. Ich gehe joggen und dann dusche ich mich und ich ziehe mich an. Danach, gegen halb sieben, frühstücke ich mit meiner Mutter und meiner Schwester. Meistens essen wir Müsli mit Milch und ein bisschen Obst. Dann putze ich mir die Zähne und ich packe meine Schultasche. Gegen Viertel nach sieben gehe ich aus dem Haus und ich gehe zur Schule. Ich komme gegen halb vier wieder nach Hause. Dann entspanne ich mich ein bisschen. Meistens sehe ich fern oder ich chatte mit meinen Freunden im Internet. Von sechs bis acht Uhr mache ich meine Hausaufgaben und um Viertel nach acht esse ich mit meinen Eltern zu Abend. Ich esse nicht viel. Später spiele ich auf der PlayStation bis Mitternacht, dann gehe ich ins Bett.

## 1. Beantwoord de volgende vragen over Hiroto

a. Waar komt hij vandaan?

b. Hoe laat staat hij op?

c. Met wie ontbijt hij?

d. Hoe laat verlaat hij het huis?

e. Tot hoe laat blijft hij in het park?

f. Hoe gaat hij naar school?

## 2. Vind het Duits voor de onderstaande zinnen in de tekst van Hiroto

a. tegen elf uur

b. met mijn vrienden

c. ik ga op de fiets

d. dan ga ik naar het park

e. Dan douche ik

f. Ik eet niet veel

g. Van zes tot zeven

h. Daarna kijk ik een film

## 3. Vind het Duits voor de volgende woorden in de tekst van Gregorio

a. Ik kom uit Mexico.

b. Dan douche ik

c. met mijn twee broers

d. Dan ontspan ik mij een beetje

e. Ik eet rijst of salade.

f. Meestal surf ik op internet.

g. Later kijk ik televisie.

## 4. Vul de beweringen over de tekst van Andreas aan

a. Hij staat op om ________________________________.

b. Hij komt terug van school tegen ____________________.

c. Als ontbijt eet hij ________________________________.

d. Hij ontbijt met ________________________________.

e. Na het opstaan ______________ hij en dan doucht hij.

f. Meestal ____________ hij ____________ tot middernacht.

g. Na het ontbijt, poetst hij zijn tanden en dan __________.
________________________________.

# Hoofdstuk 16. Vertellen over mijn dagelijkse routine: LEZEN (Deel 2)

Ich heiße Yang. Ich bin zwölf Jahre alt und ich komme aus China. Mein Tagesablauf ist sehr einfach. Meistens stehe ich gegen halb sieben auf. Zuerst dusche ich mich und ich ziehe mich an. Danach frühstücke ich mit meiner Mutter und meinem Bruder Li Wei. Dann putze ich mir die Zähne und ich packe meine Schultasche. Gegen halb acht gehe ich aus dem Haus und ich gehe zur Schule. Gegen vier Uhr komme ich wieder nach Hause. Dann entspanne ich mich ein bisschen. Meistens sehe ich fern, höre Musik oder ich lese meine Lieblingscomics. Von sechs bis halb acht mache ich meine Hausaufgaben. Danach, um acht Uhr, esse ich mit meiner Familie zu Abend. Ich esse nicht viel. Später sehe ich einen Film im Fernsehen und gegen elf Uhr gehe ich ins Bett.

Ich heiße Kim. Ich bin Engländerin und ich bin fünfzehn Jahre alt. Mein Tagesablauf ist sehr einfach. Meistens stehe ich früh auf, gegen halb sechs. Ich mache Sport und dann wasche ich mich und ich ziehe mich an. Danach frühstücke ich gegen sieben Uhr mit meiner Mutter und meiner Stiefschwester. Dann putze ich mir die Zähne und ich packe meine Schulsachen. Gegen halb acht gehe ich aus dem Haus und ich gehe zur Schule. Um drei Uhr komme ich wieder nach Hause. Dann entspanne ich mich ein bisschen. Meistens höre ich Musik oder ich chatte mit meinen Freunden im Internet. Von sechs bis acht mache ich meine Hausaufgaben. Danach, um Viertel nach acht Uhr, esse ich mit meiner Familie zu Abend. Ich esse ziemlich viel. Später sehe ich einen Film im Fernsehen bis Mitternacht, schließlich gehe ich ins Bett.

Ich heiße Anna. Ich bin Italienerin. Mein Tagesablauf ist sehr einfach. Normalerweise stehe ich um Viertel nach sechs auf. Dann wasche ich mich und ich frühstücke mit meiner großen Schwester. Dann putze ich mir die Zähne und ich packe meine Schulsachen. Gegen sieben Uhr fahre ich mit dem Bus zur Schule. Um halb drei komme ich wieder nach Hause. Dann entspanne ich mich ein bisschen. Meistens surfe ich im Internet, sehe fern oder ich lese ein Modemagazin. Von fünf bis sechs Uhr mache ich meine Hausaufgaben. Später, um acht Uhr, esse ich mit meiner Familie zu Abend. Ich esse Obst oder Salat. Dann lese ich ein spannendes Buch und gegen halb zwölf gehe ich ins Bett.

## 1. Vind het Duits voor de volgende woorden in de tekst van Yang

a. ik kom uit China.

b. Mijn dagelijkse routine

c. Eerst douche ik

d. heel eenvoudig

e. tegen 6:30 uur

f. Ik eet niet veel.

g. Meestal kijk ik televisie

h. en ik ga naar school

i. ik maak mijn huiswerk.

j. Van 6:00 tot 7:30 uur

k. ik kijk een film

## 2. Vertaal onderstaande woorden uit de tekst van Kim

a. Ik ben Engelse

b. meestal

c. tegen 5:30 uur

d. met mijn moeder en mijn stiefzus

e. ik kom thuis

f. Om drie uur

g. ik dineer met mijn familie.

h. Dan ontspan ik mij een beetje

i. ik poets mijn tanden

## 3. Beantwoord de volgende vragen over de tekst van Anna

a. Welke nationaliteit heeft Anna?

b. Hoe laat staat ze op?

c. Welke drie dingen doet ze na school?

d. Hoe gaat ze naar school?

e. Met wie ontbijt ze?

f. Hoe laat gaat ze naar bed?

g. Wat eet ze als diner?

h. Wat leest ze voordat ze naar bed gaat?

## 4. Vind iemand die ...

a. ... met haar grote zus ontbijt.

b. ... 's morgens oefeningen doet.

c. ... modetijdschriften leest.

d. ... om 5:30 uur opstaat.

e. ... met haar broer en moeder ontbijt.

f. ... na school op internet met vrienden chat.

g. ... 's avonds geen televisie kijkt.

# Hoofdstuk 16. Vertellen over mijn dagelijkse routine: SCHRIJVEN

## 1. Gesplitste zinnen

| | |
|---|---|
| **Ich fahre mit** | wieder nach Hause. |
| **Ich komme um vier Uhr** | Hausaufgaben. |
| **Ich mache meine** | dem Bus zur Schule. |
| **Ich sehe** | sechs Uhr auf. |
| **Dann spiele ich am** | Mitternacht ins Bett. |
| **Ich stehe um** | dem Haus. |
| **Ich gehe um** | ein bisschen fern. |
| **Ich gehe um elf aus** | Computer. |

## 2. Vul telkens een woord uit onderstaande tabel in

a. Ich stehe morgens __________ sieben Uhr auf.

b. Ich mache __________ Hausaufgaben.

c. Ich __________ fern.

d. Ich __________ am Computer.

e. Ich gehe um Mitternacht ins __________.

f. Ich komme um drei Uhr wieder __________ Hause.

g. Ich gehe __________ dem Haus.

h. Ich fahre mit dem __________ zur Schule.

| spiele | Bett | um | nach |
|---|---|---|---|
| sehe | meine | aus | Bus |

## 3. Vind en verbeter de grammaticale fouten en spelfouten [in sommige zinnen ontbreekt een woord]

a. Ich fahren mit dem fahrrad zur Schule.

b. Ich stehe auf um halb acht.

c. Ich gehen um acht Uhr aus Haus.

d. Ich komme wieder Hause.

e. Ich fahrt mit Bus zur Schule.

f. Ich gehst um elf Ur ins Bett.

g. Ich essen veirtel vor acht zu Abend.

h. Ich mache um halb sechs miene Hausaufaben.

## 4. Vul de woorden aan

| | |
|---|---|
| a. Vi________ | *kwart* |
| b. h________ | *half* |
| c. um z_____ U_____ | *om 10 uur* |
| d. g________ | *tegen* |
| e. u_ a______ U_____ | *om 8 uur* |
| f. zw________ | *twintig* |
| g. d________ | *dan* |
| h. z________ | *eerst* |
| i. i__ k______ w______ | *ik kom weer* |
| j. i__ s________ | *ik speel* |

## 5. Geleid schrijven – schrijf 3 korte alinea's in de eerste persoon [ik] m.b.v. onderstaande gegevens

| Persoon | Staat op | Doucht | Gaat naar school | Komt weer thuis | Kijkt televisie | Dineert | Gaat naar bed |
|---|---|---|---|---|---|---|---|
| **Basti** | 6.30 | 7.00 | 8.05 | 3.30 | 6.00 | 8.10 | 11.10 |
| **Luzi** | 6.40 | 7.10 | 7.40 | 4.00 | 6.30 | 8.15 | 12.00 |
| **Mehmet** | 7.15 | 7.30 | 8.00 | 3.15 | 6.40 | 8.20 | 11.30 |

# Even Herhalen 5: Kleding / Voedsel / Vrije Tijd / Mensen beschrijven

## 1. Kleding – Combineer

| | |
|---|---|
| **ich trage** | een wollen muts |
| **einen Anzug** | een rok |
| **eine Wollmütze** | een jurk |
| **eine Krawatte** | een overhemd |
| **einen Rock** | een t-shirt |
| **ein Kleid** | een spijkerbroek |
| **ein Hemd** | een (net) pak |
| **ein T-Shirt** | sokken |
| **Jeans** | een broek |
| **Socken** | ik draag |
| **eine Hose** | een stropdas |

## 2. Voedsel – Geef bij onderstaande aanwijzingen een woord dat begint met de aangegeven letter

| | |
|---|---|
| Een fruitsoort met een **Ä** | Äpfel |
| Een groente met een **T** | |
| Een melkproduct met een **J** | |
| Een vleessoort met **Sch** | |
| Een drankje met een **O** | |
| Een drankje gemaakt van appels met een **A** | |
| Een zoet toetje met een **E** | |
| Een fruitsoort met een **E** | |

## 3. Vul de onderstaande vertalingen aan

a. schoenen     *Sch___________*

b. broek     *Ho___________*

c. haar     *Ha___________*

d. krullend     *lo___________*

e. blauw     *bl___________*

f. melk     *Mi___________*

g. water     *Wa___________*

h. pasta     *Nu___________*

i. werk     *Ar___________*

j. kleren     *Klam___________*

## 4. Sorteer de woorden naar de juiste categorie

| Kleidung | Farben | Berufe | Essen |
|---|---|---|---|
| | | | |
| | | | |
| | | | |
| | | | |

| | | | |
|---|---|---|---|
| Hemd | blau | Anwalt | Journalist |
| Fleisch | rosa | Lehrerin | Hähnchen |
| Anzug | Koch | Käse | Krawatte |
| orange | Hut | Reis | rot |

## 5. Combineer vragen en antwoorden

| | |
|---|---|
| **Was ist dein Lieblingsberuf?** | Einen Trainings-anzug |
| **Was ist deine Lieblingsfarbe?** | Mein Kunstlehrer |
| **Was isst du am liebsten zum Frühstück?** | Journalist |
| **Was trägst du im Fitnessstudio?** | Schach |
| **Wer ist dein Lieblingslehrer?** | Blau |
| **Was ist dein Lieblingsgetränk?** | Haferbrei mit Rosinen |
| **Was ist dein Lieblingshobby?** | Apfelsaft |

## 6. (Vrije tijd) Vul in wat past: *mache, gehe* of *spiele*

a. Ich ___________ jeden Tag Sport.

b. Ich ___________ nie Basketball.

c. Ich ___________ oft ins Fitnessstudio.

d. Ich ___________ immer meine Hausaufgaben.

e. Manchmal ___________ ich am Computer.

f. Heute ___________ ich nicht ins Schwimmbad.

g. In meiner Freizeit ___________ ich gern Judo.

## 7. Vul het ontbrekende werkwoord in, kies het antwoord uit onderstaande tabel

a. Ich ______________ oft Orangensaft.

b. Ich ______________ Erdbeeren!

c. Wenn ich die Hausaufgaben gemacht habe, ____________ ich ins Fitnessstudio oder ich ___________ am Computer.

d. Ich _____________ viel Sport.

e. Morgens ____________ ich nicht viel. Nur einen Toast mit Marmelade.

f. Mein Vater ____________ als Ingenieur. Ich ___________ noch nicht. Ich ___________ Student.

g. Ich _________ nicht gern Zeichentrickfilme. Ich ___________ Serien auf Netflix besser.

h. Morgens _________ ich gegen sechs Uhr auf.

| stehe | spiele | liebe | arbeite |
|---|---|---|---|
| gehe | mache | sehe | bin |
| arbeitet | trinke | finde | esse |

## 8. Bijwoorden van frequentie – Vertaal

a. nie

b. ab und zu

c. immer

d. jeden Tag

e. selten

f. einmal pro Woche

g. zweimal pro Monat

## 9. Gesplitste zinnen (Verstandhoudingen)

| | |
|---|---|
| **Ich verstehe mich gut mit** | Cousine. |
| **Ich verstehe mich nicht** | meiner Mutter. |
| **Meine Eltern sind immer** | ist supernervig. |
| **Ich** | gut mit Max. |
| **Mein Bruder** | mich gut mit ihm. |
| **Ich mag meinen** | sehr großzügig. |
| **Meine Freundin wohnt** | verstehen uns gut. |
| **Ich hasse meine** | im Stadtzentrum. |
| **Ich verstehe** | Opa sehr! |
| **Mein Bruder und ich** | liebe meine Oma. |

## 10. Vertaal naar het Duits

a. Ik speel elke dag tennis.


b. Ik draag soms een jas.


c. Ik ga vaak naar de sportschool.


d. Ik kijk niet graag naar tekenfilms.


e. Ik sta tegen zes uur op.


f. Ik douche twee keer per dag.

## 11. Vul de vertaling aan

a. Mein Bruder ist A____________.
*Mijn broer is advocaat.*

b. Ich ____________ nicht. Ich bin _______________.
*Ik werk niet. Ik ben student.*

c. Ab und zu _______ ich mit meinem Vater ins Kino.
*Af en toe ga ik met mijn vader naar de bioscoop.*

d. Ich _________ nie fern.
*Ik kijk nooit televisie.*

e. Ich ________ meine Lehrer.
*Ik haat mijn leraren.*

f. Meine Eltern sind meistens sehr _________.
*Mijn ouders zijn meestal erg streng.*

g. Ich __________ _______ joggen.
*Ik ga nooit joggen.*

h. Ich _______ am liebsten _________.
*Ik speel het liefst schaak.*

# HOOFDSTUK 17
# Mijn huis beschrijven:
## - aangeven waar hij staat
## - vertellen wat ik er (niet) leuk aan vind

**Tijd voor Grammatica 16:** WOHNEN + plaatsbepalingen in de 3e naamval
**Tijd voor Grammatica 17:** WEDERKERENDE WERKWOORDEN (Deel 1)
**Tijd voor Grammatica 18:** ES GIBT + onbepaald lidwoord + bijv. nw. + zelfst. nw.

## In dit hoofdstuk leer je hoe je in het Duits vertelt

- Waar je huis/appartement staat
- Wat je lievelingskamer is
- Wat je graag in elke kamer doet
- De tegenwoordige tijd van reflexieve werkwoorden

## Je herhaalt:
- Bijvoeglijk naamwoorden om plaatsen te beschrijven
- Bijwoorden van frequentie
- Landen
- Onbepaald lidwoord+bijv. nw.+zelfst. nw. in de 4e naamval

# HOOFDSTUK 17 - Mijn huis beschrijven

| **Ich wohne in einem**<br>*Ik woon in een* | **alten**<br>**großen**<br>**hässlichen** | *oud*<br>*groot*<br>*lelijk* | **Haus**<br>*huis* | **am Stadtrand**<br>**an der Küste** | *in de buitenwijken*<br>*aan de kust* |
|---|---|---|---|---|---|
| **Ich wohne in einer**<br>*Ik woon in een* | **kleinen**<br>**neuen**<br>**schönen** | *klein*<br>*nieuw*<br>*mooi* | **Wohnung**<br>*appartement* | **auf dem Land**<br>**im Stadtzentrum**<br>**in den Bergen** | *op het platteland*<br>*in het stadscentrum*<br>*in de bergen* |

**In meinem Haus/In meiner Wohnung gibt es vier/fünf/sechs Zimmer.**
*In mijn huis/In mijn appartement zijn er vier/vijf/zes kamers.*

| | | |
|---|---|---|
| | **das Badezimmer** | *de badkamer* |
| | **der Balkon** | *het balkon* |
| | **der Dachboden** | *de zolder* |
| | **das Esszimmer** | *de eetkamer* |
| **Mein Lieblingszimmer ist …**<br>*Mijn lievelingskamer is …* | **die Garage** | *de garage* |
| | **der Garten** | *de tuin* |
| | **der Keller** | *de kelder* |
| | **das Klo** | *de wc* |
| | **die Küche** | *de keuken* |
| **Mein Lieblingsort ist …**<br>*Mijn lievelingsplaats is …* | **die Terrasse** | *het terras* |
| | **das Wohnzimmer** | *de woonkamer* |
| | **das Zimmer von meinem Bruder** | *de kamer van mijn broer* |
| | **das Zimmer von meinen Eltern** | *de kamer van mijn ouders* |
| | **mein Zimmer** | *mijn kamer* |

| | | | | |
|---|---|---|---|---|
| **Hier** | *Hier* | | | |
| **Auf dem Balkon** | *Op het balkon* | | | |
| **Auf dem Dachboden** | *Op zolder* | | **einfach nichts tun** | *gewoon niks doen* |
| **Auf dem Klo** | *Op de wc* | | **mich gut entspannen** | *mij goed ontspannen* |
| **Auf der Terrasse** | *Op het terras* | | **mich gut konzentrieren** | *mij goed concentreren* |
| **Im Badezimmer** | *In de badkamer* | | **schön in der Sonne sitzen** | *mooi in de zon zitten* |
| **Im Esszimmer** | *In de eetkamer* | **kann ich**<br>*kan ik* | **in Ruhe ein Buch lesen** | *rustig een boek lezen* |
| **Im Garten** | *In de tuin* | | **in Ruhe fernsehen** | *rustig televisie kijken* |
| **Im Keller** | *In de kelder* | | **Hausaufgaben machen** | *huiswerk maken* |
| **Im Wohnzimmer** | *In de woonkamer* | | **laut Musik hören** | *naar harde muziek luisteren* |
| **In der Garage** | *In de garage* | | | |
| **In der Küche** | *In de keuken* | | | |
| **In meinem Zimmer** | *In mijn kamer* | | | |

# Hoofdstuk 17. Mijn huis beschrijven: WOORDENSCHAT OPBOUWEN [Deel 1]

## 1. Combineer

| | |
|---|---|
| **ich wohne** | *in een appartement* |
| **in einem Haus** | *gewoon niks doen* |
| **in einer Wohnung** | *hier kan ik* |
| **im Wohnzimmer** | *in de buitenwijken* |
| **hier kann ich** | *ik woon* |
| **auf dem Land** | *in een huis* |
| **am Stadtrand** | *in de woonkamer* |
| **einfach nichts tun** | *op het (platte)land* |

## 2. Vertaal naar het Nederlands

a. Ich wohne in einem alten Haus.

b. Ich wohne in einer neuen Wohnung.

c. Meine Wohnung ist am Stadtrand.

d. Im Wohnzimmer kann ich in Ruhe fernsehen.

e. Mein Lieblingszimmer ist mein Schlafzimmer.

f. Ich bin gern in der Küche, denn sie ist sehr modern.

g. Der Balkon ist mein Lieblingsort in meinem Haus.

h. Ich mag <u>den</u> Balkon, denn hier kann ich mich gut entspannen.

i. Im Garten kann ich in Ruhe ein Buch lesen.

## 3. Vul de ontbrekende woorden in

a. Ich wohne ___ der Küste.
*Ik woon aan de kust.*

b. Ich _______ mein Haus.
*Ik houd van mijn huis.*

c. Ich _______ in einem alten, aber ________ Haus.
*Ik woon in een oud maar mooi huis.*

d. Ich entspanne mich _______ im Wohnzimmer.
*Ik ontspan me graag in de woonkamer.*

e. Mein _________ ist am Stadtrand.
*Mijn huis is in de buitenwijken.*

f. Ich _________ mich nie im Garten!
*Ik douche nooit in de tuin!*

g. Ich bin _________ auf dem Klo.
*Ik ben graag op de wc.*

## 4. Vul de woorden aan

a. i__ e________ H_______
*in een huis*

b. a___ S_____________
*in de buitenwijken*

c. Das H________ ist n_____.
*Het huis is nieuw.*

d. I____ m_____ den B_________.
*Ik houd van het balkon.*

e. a____ d____ T___________
*op het terras*

f. i__ e_______ k________ W____________
*in een klein appartement*

## 5. Sorteer onderstaande woorden naar categorie

a. immer
b. spielen
c. nie
d. wohnen
e. neu
f. groß
g. manchmal
h. Esszimmer
i. schön
j. klein
k. in den Bergen
l. arbeiten
m. duschen
n. Zimmer
o. Küste

| Bijwoord & Bijw. bep. | Zelfst. naamw. | Werk- woorden | Bijvoeglijk naamwoord |
|---|---|---|---|
| *a.* | | | |

## 6. Vertaal naar het Duits

a. Ik woon in een oud appartement.

b. Ik woon in een nieuw huis.

c. in het stadscentrum

d. Ik ontspan me graag in de keuken.

e. Ik ben graag in de badkamer.

f. In de tuin kan ik gewoon niks doen.

g. Mijn lievelingskamer is de keuken.

# Hoofdstuk 17. Mijn huis beschrijven: WOORDENSCHAT OPBOUWEN [Deel 2]

## 1. Gesplitste woordgroepen

| | |
|---|---|
| **auf der** | nichts tun |
| **in der** | Terrasse |
| **einfach** | einer Wohnung |
| **im** | hören |
| **ich wohne in** | Balkon |
| **mein Lieblings-** | Wohnzimmer |
| **ich mag den** | Küche |
| **Musik** | ort |

## 2. Gebroken woorden

a. Ich entspanne mich g________.          *Ik ontspan me graag.*

b. Ich wohne in den B__________.          *Ik woon in de bergen.*

c. Ich bin oft im W____________.          *Ik ben vaak in de woonkamer.*

d. Hier kann ich s_______ ...          *Hier kan ik mooi ...*

e. ...in der Sonne s________.          *... in de zon zitten.*

f. Mein L__________________ ist ...          *Mijn lievelingskamer is ...*

g. ... das K____________.          *... het toilet.*

## 3. Vertaal naar het Nederlands

a. Ich wohne in einem alten Haus.

b. Es ist am Stadtrand.

c. Es ist groß, aber hässlich.

d. Mein Lieblingsort ist das Klo.

e. Ich bin oft auf der Terrasse.

f. Ich arbeite gern im Esszimmer.

g. Ich entspanne mich gern.

h. Hier kann ich in Ruhe lesen.

i. Ich dusche mich oft im Garten.

## 4. Vul de ontbrekende woorden uit onderstaande tabel in

a. Ich ____________ mich gern.          *Ik ontspan me graag.*

b. Sie ist klein, aber __________.          *Hij (appartement) is klein maar mooi.*

c. Es ist im _______________.          *Het (huis) is in het stadscentrum.*

d. Sie ist am _____________.          *Hij (appartement) is in de buitenwijken.*

e. Ich wohne in einem _________ Haus.          *Ik woon in een groot huis.*

f. Das Haus ist in den __________.          *Het huis is in de bergen.*

g. Mein __________zimmer ist ...          *Mijn lievelingskamer is ...*

h. Hier ___ ich einfach nichts tun.          *Hier kan ik gewoon niks doen.*

i. Ich bin gern in meinem ___________.          *Ik ben graag in mijn kamer.*

j. Es ________ vier Zimmer.          *Er zijn vier kamers.*

| kann | entspanne | gibt | Stadtzentrum | Stadtrand |
|---|---|---|---|---|
| großen | Zimmer | schön | Lieblings- | Bergen |

## 5. 'der', 'die' of 'das'?

a. **die** Küche

b. ____ Wohnzimmer

c. ____ Esszimmer

d. ____ Balkon

e. ____ Garten

f. ____ Keller

g. ____ Klo

h. ____ Terrasse

i. ____ Dachboden

j. ____ Arbeitszimmer

## 6. Slechte vertaling – vind alle vertaalfouten en verbeter ze

a. Ich wohne in einem schönen Haus.          *Ik woon in een klein huis.*

b. Mein Lieblingszimmer ist das Wohnzimmer.          *Mijn lievelingskamer is de eetkamer.*

c. Hier kann ich in Ruhe fernsehen.          *Hier kan ik me rustig ontspannen.*

d. Ich wohne in einer kleinen Wohnung.          *Ik woon in een groot appartement.*

e. Ich mag mein Haus, denn es ist groß und schön.          *Ik vind mijn huis niet leuk, want het is groot en lelijk.*

f. Im Esszimmer kann ich gut arbeiten.          *In de keuken kan ik goed werken.*

g. In meinem Zimmer kann ich sehr gut Musik hören.          *In mijn kamer kan ik goed naar muziek luisteren.*

# Hoofdstuk 17. Mijn huis beschrijven: LEZEN

Ich heiße Dante. Ich komme aus Italien. Ich wohne in einem schönen großen Haus an der Küste. In meinem Haus gibt es zehn Zimmer! Mein Lieblingszimmer ist die Küche. Ich bin oft in der Küche, denn ich koche gern, am liebsten Nudeln! Morgens stehe ich immer auf, dann gehe ich ins Bad und ich dusche mich. Dann ziehe ich mich in meinem Zimmer an.

Mein Freund Pablo wohnt in einem kleinen Haus in den Bergen. Er ist sehr lustig und superfleißig. Er mag sein Haus nicht, da es sehr klein ist.

Ich heiße Michael und ich komme aus Basel in der Schweiz. Ich wohne in einem Reihenhaus im Stadtzentrum. Zu Hause sprechen wir Deutsch und Französisch, da mein Vater aus der deutschen und meine Mutter aus der französischen Schweiz kommt. Mein Haus ist klein, aber neu und total schön. Es gibt sechs Zimmer und es gibt auch einen großen Garten. Im Garten wohnt mein Pferd, das Luis heißt. Mein Lieblingszimmer ist das Esszimmer, weil ich supergern esse. In meinem Zimmer kann ich mich sehr gut entspannen. Ich sehe immer Zeichentrickfilme oder Serien auf Netflix. Ich kann hier auch in Ruhe arbeiten, wenn ich Hausaufgaben habe. Das ist super.

Hallo, ich bin Lenny. Ich komme aus Südtirol und ich wohne in einem sehr alten, aber sehr schönen Haus auf dem Land. Ich liebe es! In meinem Haus gibt es fünf Zimmer, aber mein Lieblingszimmer ist das Wohnzimmer – hier kann ich mich jeden Tag nach der Schule entspannen und mit meiner Schwester fernsehen. Jedoch mag ich das Badezimmer nicht, weil es hier manchmal Ratten gibt! Igitt!

Ich heiße Ariane. Ich komme aus Österreich. Ich stehe jeden Morgen um fünf Uhr auf, weil ich weit weg von der Schule wohne, am Stadtrand. Ich wohne in einer Wohnung in einem sehr alten Mehrfamilienhaus. Die Wohnung ist sehr alt und ein bisschen hässlich, aber ich mag sie. Im Wohnzimmer kann ich mich sehr gut entspannen, zum Beispiel lese ich Bücher oder ich höre Musik auf Spotify. Aber mein Lieblingszimmer ist mein Zimmer!

## 1. Beantwoord de volgende vragen over Dante

a. Waar komt hij vandaan?

b. Hoe ziet zijn huis eruit?

c. Hoeveel kamers heeft zijn huis?

d. Wat is zijn lievelingskamer en waarom?

e. Waar kleed hij zich aan?

f. Waar woont Pablo?

g. Vindt hij zijn huis leuk? (Waarom?)

## 2. Vind het Duits voor onderstaande woorden in de tekst van Michael

a. Ik woon in een rijtjeshuis.

b. Thuis spreken we

c. uit Franstalig Zwitserland

d. er is ook een grote tuin

e. omdat ik graag eet.

f. Ik kijk altijd tekenfilms

g. Ik kan hier rustig werken

h. als ik huiswerk heb.

## 3. Vind in de tekst van Ariane het Duits voor de volgende woorden

a. Ik kom uit Oostenrijk.

b. Ik sta elke ochtend om vijf uur op

c. ver weg van school

d. Het appartement is erg oud

e. en een beetje lelijk

f. maar ik vind hem leuk.

g. bijvoorbeeld lees ik boeken

## 4. Vind iemand die: welke persoon ...

a. ... woont ver van school?

b. ... spreekt twee talen?

c. ... heeft een heel erg groot huis?

d. ... vindt soms ongewenste gasten in de badkamer?

e. ... heeft een groot huisdier dat buiten het huis woont?

f. ... luistert naar muziek op een streaming platform?

g. ... houdt erg van eten?

h. ... heeft een vriend die zijn/haar huis niet mooi vindt?

# Hoofdstuk 17. Mijn huis beschrijven: VERTALEN

## 1. Vertalingen met gaten

a. Ich wohne in den Bergen.
*Ik woon in de ______________.*

b. Ich wohne in einer kleinen hässlichen Wohnung.
*Ik woon in een _______ lelijk ________.*

c. Sie ist am Stadtrand.
*Het is in de ____________.*

d. Ich ________ im ___________.
*Ik woon in het stadscentrum.*

e. In meinem Haus ________ es fünf Zimmer.
*In mijn huis zijn er vijf kamers.*

f. Ich mag die _________ nicht, weil sie sehr __________ ist.
*Ik vind de keuken niet leuk, omdat hij erg oud is.*

## 2. Vertaal naar het Nederlands

a. an der Küste

b. auf dem Land

c. ich wohne

d. im Stadtzentrum

e. im Esszimmer

f. Hier kann ich in Ruhe essen.

g. Ich entspanne mich gern.

h. auf meinem Zimmer

i. auf dem Balkon

## 3. Vertaal naar het Nederlands

a. Ich wohne in einem kleinen, aber schönen Haus.

b. Mein Haus ist modern, aber sehr hässlich.

c. Mein Lieblingsort ist der Garten.

d. Hier kann ich mich gut entspannen.

e. Ich mag den Balkon, denn er ist schön groß.

f. In meinem Zimmer kann ich in Ruhe Musik hören.

## 4. Vertaal naar het Duits

a. groot     g________

b. klein     k_______

c. in de buitenwijken     a__ S________

d. aan de kust     a___ d___ K_____

e. de woonkamer     d___ W_________

f. in de eetkamer     i__ E________

g. lelijk     h_________

h. de kamer     d____ Z_________

i. er zijn     e___ g_______

j. oud     a______

## 5. Vertaal naar het Duits

a. Ik woon in een klein huis.

b. in het stadscentrum

c. In mijn huis zijn er ...

d. zeven kamers

e. Mijn lievelingskamer is ...

f. de woonkamer

g. Ik ontspan mij graag in mijn slaapkamer.

h. In de woonkamer kan ik rustig televisie kijken.

i. Hier kan ik rustig een boek lezen.

j. Ik kan rustig mijn huiswerk maken.

# Tijd voor Grammatica 16: WOHNEN + plaatsbepalingen in de 3e naamval

| WOHNEN | Plaatsbepalingen in de 3e naamval | | |
|---|---|---|---|
| **ich wohne**<br>*ik woon*<br><br>**du wohnst**<br>*jij woont*<br><br>**er/sie wohnt**<br>*hij/zij woont*<br><br>**wir wohnen**<br>*wij wonen*<br><br>**ihr wohnt**<br>*jullie wonen*<br><br>**sie/Sie wohnen**<br>*zij/u wonen/woont* | **in einem**<br>*in een*<br><br>**in einer**<br>*in een*<br><br>**in einem**<br>*in een* | **alten**<br>*oud(e)*<br><br>**gemütlichen**<br>*gezellig(e)*<br><br>**großen**<br>*gro(o)t(e)*<br><br>**hässlichen**<br>*lelijk(e)*<br><br>**kleinen**<br>*klein(e)*<br><br>**neuen**<br>*nieuw(e)*<br><br>**schönen**<br>*mooi(e)*<br><br>**ungemütlichen**<br>*ongezellig(e)* | **Bungalow**<br>*bungalow*<br><br>**Wohnblock**<br>*flatgebouw*<br><br>**Doppelhaushälfte**<br>*twee onder één kap*<br><br>**Wohnung**<br>*appartement*<br><br>**Bauernhaus**<br>*boerderij*<br><br>**Einfamilienhaus**<br>*vrijstaand huis*<br><br>**Hochhaus**<br>*wolkenkrabber*<br><br>**Mehrfamilienhaus**<br>*appartementencomplex*<br><br>**Reihenhaus**<br>*rijtjeshuis* | **am* Stadtrand**<br>*in de buitenwijken*<br><br>**an der Küste**<br>*aan de kust*<br><br>**auf dem Land**<br>*op het (platte)land*<br><br>**im* Stadtzentrum**<br>*in het stadscentrum*<br><br>**in der Stadt**<br>*in de stad*<br><br>**in den Bergen**<br>*in de bergen*<br><br><br>**am = an dem*<br>*in/aan de/het*<br>*im = in dem*<br>*in de/het* |

*Opmerking:*

*Als je praat over een plaats waar je woont, dan staat na voorzetsels als "in" [in] of "an/auf" [in/op] de naamwoordgroep in de **derde naamval**. Om die reden kun je in bovenstaande tabel de vormen in de derde naamval van het lidwoord "een", voor mannelijke (bovenste rij), vrouwelijke (middelste rij) en onzijdige zelfstandige naamwoorden (onderste rij) vinden. Je kunt ook zien hoe de verbuiging van het bijvoeglijk naamwoord in de 3e naamval na een lidwoord eruit ziet (altijd "-en"). In de rechter kolom kun je zien hoe de voorzetsels van invloed zijn op het bepaald lidwoord "de" of "het" in de derde naamval, als je praat over verschillende locaties waar je huis zou kunnen staan.*

*Als je de oefeningen hieronder maakt, let dan op deze patronen. Overleg met je klasgenoot/leraar: Wat is het verschil met wat je weet van de vormen van de 1e en de 4e naamval?*

# Training

## 1. Combineer

| sie wohnen | ik woon |
|---|---|
| wir wohnen | jij woont |
| sie wohnt | zij woont |
| ich wohne | wij wonen |
| ihr wohnt | zij wonen |
| du wohnst | jullie wonen |

## 3. Vul de juiste vorm van 'wohnen' in

a. Meine Mutter und ich ______________ in Paris. Mein Vater ____________ in Madrid.

b. Wo ____________ ihr?

c. Ich _________ in London. Mein Bruder ____________ in Rom.

d. Meine zwei Onkel ____________ in den Vereinigten Staaten, in Los Angeles.

e. Meine Freundin ____________ nicht hier.

f. Ich ____________ in einem sehr großen Haus am Stadtrand.

g. Du ____________ in einem großen Haus.

## 2. Vul de juiste vorm van 'wohnen' in

a. Ich ____________ in einem schönen Bauernhaus.
*Ik woon in een mooie boerderij.*

b. Wo ____________ du?
*Waar woon jij?*

c. Wir ____________ in einem Bungalow am Stadtrand.
*Wij wonen in een bungalow in de buitenwijken.*

d. Sie ____________ in einem Haus an der Küste.
*Zij woont in een huis aan de kust.*

e. ____________ ihr in einem Haus oder einer Wohnung?
*Wonen jullie in een huis of in een appartement?*

f. Sie ____________ in einer alten Wohnung im Zentrum.
*Zij wonen in een oud appartement in het centrum.*

g. Wir ____________ in einem Einfamilienhaus am Stadtrand.
*Wij wonen in een vrijstaand huis in de buitenwijken.*

h. Mein Vater ____________ in einem Bauernhaus.
*Mijn vader woont in een boerderij.*

## 4. Vind en verbeter de fouten (maximaal 2 per zin)

a. Ich wohnt in einem Hochhaus im Stadtzentrum.

b. Meine Eltern wohnen in einem Wohnung in Berlin.

c. Meine Freundin wohnen an der Küste.

d. Meine Mutter und ich wohne am Stadtrand.

e. Mein Brüder Max und Leo wohnt in Stuttgart.

f. Meine Opa wohne in einem Reihenhaus in Innsbruck.

## 5. Maak de vertalingen af

a. Mijn broers en zussen wonen op het land.
*Meine ____________ _________ auf dem _______.*

b. Wij wonen in de buitenwijken.
*Wir ____________ am ____________.*

c. Mijn oma woont in een appartementencomplex.
*Meine Oma ______ in einem ________________.*

d. Waar woon je?
*Wo ________ du?*

e. Zij wonen in een klein huis.
*Sie ________ in einem ____________ ________.*

## 6. Vertaal naar het Duits

a. Mijn ouders en ik wonen in een gezellig huis.

b. Mijn moeder woont in een klein huis aan de kust.

c. Mijn oom woont in een mooi huis in de bergen.

d. Mijn vriendin woont in een modern appartement in het centrum.

e. Mijn zussen wonen in een oud appartement in de stad.

f. Mijn vriend Paco woont in een groot appartement in het stadscentrum.

# Tijd voor Grammatica 17: Wederkerende werkwoorden (Deel 1)

## NUTTIGE WOORDENSCHAT

| | |
|---|---|
| **sich amüsieren** | zich amuseren |
| **sich anziehen** | zich aankleden |
| **sich baden** | een bad nemen |
| **sich duschen** | douchen |
| **sich entspannen** | zich ontspannen |
| **sich fertig machen** | zich klaar maken |
| **sich rasieren** | zich scheren |
| **sich schminken** | make-up opdoen |
| **sich waschen** | zich wassen |
| **sich die Zähne putzen*** | tandenpoetsen |
| **sich die Haare kämmen*** | het haar kammen |

## Tegenwoordige tijd van wederkerende werkwoorden

| | sich duschen | sich waschen | sich die Zähne putzen |
|---|---|---|---|
| **ich** | dusche mich | wasche mich | putze *mir* … |
| **du** | duschst dich | wäschst dich | putzt *dir* … |
| **er, sie, es** | duscht sich | wäscht sich | putzt sich … |
| **wir** | duschen uns | waschen uns | putzen uns … |
| **ihr** | duscht euch | wascht euch | putzt euch … |
| **sie, Sie** | duschen sich | waschen sich | putzen sich … |

*"mir" en "dir" zijn meewerkend voorwerp. Je gebruikt deze hier omdat je niet letterlijk jezelf poetst, maar de tanden <u>voor jezelf</u> (3e naamval)!*

### 1. Vul in <u>mich</u>, <u>sich</u> of <u>uns</u>

a. Sie duschen ______

b. Ich rasiere ______

c. Sie schminkt ______

d. Wir waschen ______

e. Er macht ______ fertig

f. Wir amüsieren ______

g. Sie entspannen ______

h. Ich bade ______

### 2. Vul de juiste vorm van het werkwoord in

a. _____ _____________ _____ — sich enstpannen, *zij (ev)*

b. _____ ____________ _____ — sich duschen, *wij*

c. _____ __________ ______ — sich schminken, *ik*

d. _____ _____________ ______ — sich rasieren, *hij*

e. _____ ___________ ____ ________ — sich fertig machen, *zij (mv)*

f. _____ _________ _____ — sich waschen, *jullie*

g. _____ _____________ _____ — sich amüsieren, *hij*

h. _____ _____________ _____ — die Zähne sich putzen, *jij*

### 3. Vertaal naar het Nederlands

a. Ich stehe jeden Morgen früh auf, dann dusche ich mich und ich ziehe mich an.

b. Meine Schwester schminkt sich jeden Morgen. Ich finde, sie braucht das nicht.

c. Ich rasiere mich fast jeden Tag. Mein Vater rasiert sich nie!

d. Mein Bruder putzt sich nur einmal am Tag die Zähne. Aber ich putze mir die Zähne dreimal am Tag.

e. Mein Vater hat keine Haare. Also kämmt er sich nie.

f. Meine Mutter hat viele Haare. Sie kämmt sich zwanzig Minuten lang, bevor sie aus dem Haus geht.

g. Wir haben keine Badewanne *[badkuip]*. Also baden wir uns nie, sondern wir duschen uns immer.

h. Ich wasche mich jeden Abend, bevor ich ins Bett gehe.

Ich stehe immer um sechs Uhr auf, eine halbe Stunde nach meiner Mutter. Ich wasche mich, ich rasiere mich und ich kämme mir die Haare. Schließlich ziehe ich mich an und gehe in die Küche. Ich frühstücke immer allein, meistens Müsli mit Milch und einen Toast mit Marmelade. Dazu trinke ich einen Becher Kaffee mit Milch. Dann putze ich mir die Zähne und ich mache mich fertig für die Schule. Gegen sieben Uhr gehe ich aus dem Haus. (Nils, 14)

## 5. Vind in bovenstaande tekst van Nils het Duits voor

a. Ik sta altijd op

b. Ik was me

c. ik kam mijn haar

d. Dan poets ik mijn tanden

e. ik maak me klaar

f. ik scheer me

g. meestal muesli met melk

h. Daarbij drink ik

## 6. Vul in

a. Ich dusch__ mich.          *Ik douche.*

b. Er rasier__ sich.          *Hij scheert zich.*

c. Wir dusch__ __ uns.        *Wij douchen.*

d. Ihr wasch__ euch.          *Jullie wassen je.*

e. Ich mach__ mich fertig.    *Ik maak me klaar.*

f. Sie kämm__ sich die Haare. *Zij kamt haar haar.*

g. Ich putz__ mir die Zähne.  *Ik poets mijn tanden.*

h. Sie bad__ __ sich.         *Zijn nemen een bad.*

## 8. Vertaal

a. Meestal douche ik om zeven uur.

b. Hij poetst nooit zijn tanden.

c. Wij scheren ons drie keer per week.

d. Zij staan vroeg op.

e. Hij kamt nooit zijn haar.

f. Ik neem geen bad.

g. Wij maken ons klaar voor school.

h. Zij ontspannen zich nooit.

## 4. Vind in onderstaande tekst van Maik het Duits voor

a. Eerst doucht zij

b. zij doet haar make-up op

c. Hij doucht

d. hij kamt zijn haar

e. Mijn moeder maakt zich klaar voor haar werk.

f. een half uur later

g. altijd nogal vroeg

h. dan mijn moeder

i. een beetje

Meine Eltern stehen immer ziemlich früh auf. Meine Mutter steht meistens gegen halb sechs auf. Zuerst duscht sie sich, zieht sich an, schminkt sich und macht sich fertig für die Arbeit. Dann macht sie das Frühstück für meinen Vater und uns, sieht ein bisschen fern und trinkt einen Kaffee. Mein Vater steht eine halbe Stunde später auf. Er duscht sich, rasiert sich, kämmt sich die Haare und zieht sich an. Dann geht er in die Küche und frühstückt mit meiner Mutter. Er geht eine halbe Stunde später als meine Mutter, gegen sieben Uhr, aus dem Haus. (Maik, 12)

## 7. Vul in

a. ____ __________ um sechs Uhr ______.
*Zij staan om zes uur op.*

b. ____ ____________ ____ um sieben Uhr.
*Zij scheren zich om zeven uur.*

c. ____ ___________ ____ jeden Morgen.
*Ik douche elke ochtend.*

d. ____ __________ ______ nie.
*Hij scheert zich nooit.*

e. ____ _________ ____ die Zähne.
*Wij poetsen onze tanden.*

f. ____ __________ ______ stundenlang.
*Zij doet urenlang make-up op.*

# Tijd voor Grammatica 18: Wat is er in jouw huis?

## ES GIBT + onbepaald lidwoord + bijv. naamw. + zelfst. naamw.

| Onderwerp-Werkwoord (+/- bijwoordelijke bepaling) | Lijdend voorwerp (Naamwoordgroep in de 4e naamval) | | |
|---|---|---|---|
| | een/geen | bijv. nw. + verbuiging | zelfstandig naamwoord |
| **In meinem Haus gibt es** <br> *In mijn huis is/zijn er* <br><br> **In meinem Haus haben wir** <br> *In mijn huis hebben we* | **ein<u>en</u>** <br> *een* <br><br> **kein<u>en</u>** <br> *geen* | **dunkl*-** <br> *donker(e)* <br><br><br> **elegant-** <br> *elegant(e)* | **-en** | **Balkon** — *balkon* <br> **Dachboden** — *zolder* <br> **Eingang** — *entree* <br> **Flur** — *gang* <br> **Garten** — *tuin* <br> **Keller** — *kelder* |
| **Unten gibt es** <br> *Beneden is/zijn er* <br><br> **Oben gibt es** <br> *Boven hebben we* | **ein<u>e</u>** <br><br> **kein<u>e</u>** | **gemütlich-** <br> *gezellig(e)* <br><br> **groß-** <br> *gro(o)t(e)* <br><br> **hässlich-** <br> *lelijk(e)* | **-e** | **Garage** — *garage* <br> **Küche** — *keuken* <br> **Terrasse** — *terras* <br> **Toilette** — *toilet* <br> **Treppe** — *trap* <br> **Tür** — *deur* <br> **Waschküche** — *bijkeuken* |
| **Im ersten Stock gibt es** <br> *Op de 1e etage is/zijn er* <br><br> **Im zweiten Stock gibt es** <br> *Op de 2e etage is/zijn er* <br><br> **Im Keller gibt es** <br> *In de kelder hebben we* | **ein** <br><br> **kein** | **hell-** <br> *licht(e)* <br><br> **klein-** <br> *klein(e)* | **-es** | **Arbeitszimmer** — *studeerkamer* <br> **Badezimmer** — *badkamer* <br> **Esszimmer** — *eetkamer* <br> **Gästezimmer** — *logeerkamer* <br> **Klo** — *wc* <br> **Schlafzimmer** — *slaapkamer* |
| **Außerdem gibt es** <br> *Bovendien is/zijn er* <br><br> **Leider gibt es** <br> *Helaas is/zijn er* | **viele** | **modern-** <br> *modern(e)* <br><br> **schön-** <br> *mooi(e)* | **-e** | **Fenster** — *ramen* <br> **Möbel** — *meubels* <br> **Sofas** — *banken* <br> **Teppiche** — *tapijten* <br> **Türen** — *deuren* <br> **Zimmer** — *kamers* |
| **Ich hätte gern** <br> *Ik zou graag … hebben* | **kein<u>e</u>** | | **-en** | |

*Opmerking:*

**Het bijvoeglijk naamwoord "dunkel" [donker] wordt normaal gesproken met een "e" tussen de letters "k" en "l" geschreven. Echter, als het een verbuiging krijgt, vervalt de "e".*

# Training

## 1. Combineer

| es gibt | een grote keuken |
|---|---|
| **wir haben** | veel banken |
| **oben** | er is/zijn |
| **ein kleines Klo** | boven |
| **eine große Küche** | een donkere gang |
| **viele Sofas** | we hebben |
| **außerdem gibt es** | een kleine wc |
| **einen dunklen Flur** | bovendien is/zijn er |

## 2. Vul het ontbrekende woord in

a. Wir haben einen ______________ Garten.
*Wij hebben een grote tuin.*

b. Unten haben wir eine ______________ Küche.
*Beneden hebben we een moderne keuken.*

c. In meinem Haus gibt es viele ______________ Fenster.
*In mijn huis zijn er veel grote ramen.*

d. Unser Haus hat einen ______________ Eingang.
*Ons huis heeft een elegante entree.*

e. In meiner Wohnung gibt es ein ______________ Klo.
*In mijn appartement is er een kleine wc.*

## 3. Omcirkel het bijv. nw. met de juiste verbuiging

In meinem Haus gibt es …

a. einen **große / großes / großen** Garten

b. ein **gemütliche / gemütliches / gemütlichen** Klo

c. ein **helles / helle / hellen** Esszimmer

d. eine **modernen / modernes / moderne** Garage

e. viele **schönes / schönen / schöne** Fenster

f. eine **modern / moderne / modernes** Küche

g. einen **dunklen / dunkle / dunkle** Keller

h. ein **große / großes / großen** Wohnzimmer

i. kein **schönen / schöne / schönes** Schlafzimmer

## 4. Vul de juiste verbuiging in

In meinem Haus gibt es …

a. eine groß___ Terrasse

b. einen schön___ Eingang

c. eine klein___ Küche

d. einen hässlich___ Dachboden

e. keinen schön___ Garten

f. eine dunkl___ Treppe

g. ein klein___, aber schön___ Klo

h. viele schön___ Möbel

i. ein hell___ und sehr groß___ Esszimmer

## 5. Omcirkel het juiste lidwoord

Ich hätte gern …

a. **einen / eine / ein** schönen Garten

b. **eine / einen / ein** großes Zimmer

c. **eine / ein / einen** moderne Küche

d. **ein / eine / einen** gemütliches Klo

e. **einen / eine / ein** helles Wohnzimmer

f. **eine / ein / einen** großen Dachboden

g. **ein / einen / eine** schöne Terrasse

h. **eine / einen / ein** neue Tür

i. **ein / einen / eine** großes Zimmer

## 6. Vul de verbuigingen in. Let erop dat het gat open laten soms het juiste antwoord kan zijn!

a. Wir haben ein___ schön___ groß___ Garten.

b. Im ersten Stock gibt es ein___ klein___ Klo.

c. Außerdem gibt es ein___ gemütlich___ Gästezimmer.

d. Mein Bruder hat ein___ kleiner___ Zimmer als ich.

e. Leider haben wir kein___ schön___ Möbel.

f. Unten gibt es ein___ hässlich___ Keller.

g. Oben gibt es ein___ groß___ praktisch___ Dachboden.

h. Außerdem haben wir ein___ hell___ Badezimmer.

i. Ich hätte gern ein___ größer___ Zimmer.

Ich wohne mit meinen Eltern in einem kleinen Bungalow am Stadtrand. Wir haben ein großes Wohnzimmer und eine schöne neue Küche. Außerdem haben wir ein sehr großes helles Badezimmer. Das finde ich ziemlich cool! Aber: Mein Lieblingszimmer ist mein Zimmer! Ich finde es super, denn es ist groß und gemütlich. Hier kann ich super entspannen und laut Musik hören. Leider haben wir keinen großen Garten, das ist schade. (Lena, 15)

## 8. Vind in bovenstaande tekst van Lena het Duits voor de volgende Nederlandse woorden

a. Wij hebben

b. een grote woonkamer

c. nogal cool

d. een mooie nieuwe keuken

e. Mijn lievelingskamer

f. het is groot en gezellig

g. Hier kan ik

h. Helaas hebben we

i. dat is jammer.

## 9. Beantwoord de volgende vragen over Maik

a. Waar staat zijn huis?

b. Hoe ziet zijn woonkamer eruit?

c. Wat is zijn lievelingskamer?

d. Wat heeft hij aan de muur van zijn kamer?

e. Wat is er helemaal boven?

f. Wat heeft hij daar?

g. Hoe denkt hij over zijn huis?

Ich wohne in einem schönen Haus direkt in den Bergen. Das ist so cool! Im Winter kann ich jeden Tag Ski fahren gehen. In unserem Haus haben wir eine moderne Küche, ein gemütliches Wohnzimmer und ein schönes Badezimmer. Mein Lieblingszimmer ist mein Zimmer. Es ist frisch gestrichen und es gibt viele Poster an der Wand. Ganz oben gibt es einen großen Dachboden. Hier gibt es viele alte Skier und auch mein altes Snowboard. (Maik, 14)

## 7. Vind in onderstaande tekst van Ulli het Duits voor de volgende Nederlandse woorden

a. een kleine keuken

b. een beetje eng

c. niet zo mooi

d. drie slaapkamers

e. ik kan hier niets doen.

f. groter dan de mijne

g. Beneden

h. Er is gewoon geen ruimte!

i. Tenminste

Ich wohne mit meinem Bruder und meinen Eltern in einer kleinen Wohnung im Stadtzentrum. Es gibt einen kleinen Flur, eine kleine Küche und ein kleines Klo. Außerdem gibt es drei Schlafzimmer. Leider ist mein Zimmer nicht so schön. Es ist ganz dunkel und auch total klein! Ich finde das nicht gut, denn ich kann hier nichts machen. Es gibt einfach keinen Platz! Immerhin ist das Wohnzimmer ganz gemütlich und es gibt ein schönes Sofa. Hier kann ich mich gut entspannen und mit meinem Bruder fernsehen. Sein Zimmer ist größer als meins. Das finde ich unfair! Unten im Haus haben wir auch einen Keller, aber er ist total dunkel. Das finde ich ein bisschen unheimlich, huaaa! (Ulli, 11)

## 10. Geleid schrijven – schrijf 2 korte alinea's in de eerste persoon [ik] m.b.v. deze gegevens

| | Lisa | André |
|---|---|---|
| **Soort huis, locatie** | mooi huis in de buitenwijken | groot appartement in het stadscentrum |
| **Kamers** | moderne keuken, kleine badkamer, 3 slaapkamers | elegante entree, oude keuken |
| **Lievelings-kamer (reden), activiteit** | eigen kamer (gezellig), kan rustig een boek lezen | woonkamer (licht en gezellig), televisie kijken |
| **Zou graag hebben** | een grotere tuin | een lichtere kamer |

# HOOFDSTUK 18
## Vertellen wat ik thuis doe, hoe vaak, wanneer en waar

**Tijd voor Grammatica 19**: Bestemmingen vs Locaties

**Tijd voor Grammatica 20**: SPIELEN, MACHEN, GEHEN (Deel 3)

**In dit hoofdstuk leer je hoe je een meer gedetailleerd verslag geeft van je dagelijkse activiteiten, voortbouwend op de woordenschat uit het vorige hoofdstuk.**

**Je herhaalt:**
- Tijdsbepalingen
- Wederkerende werkwoorden
- Onderdelen van het huis
- Beschrijving van mensen en plaatsen
- De tijd vertellen
- De werkwoorden 'machen, 'spielen' en 'gehen'

| Wann? *Wanneer?* | WO | Wohin? *Waar naartoe?* | + | Was machst du? *Wat doe je?* |
|---|---|---|---|---|
| **Morgens** <br> *'s Morgens* <br> **Nach dem Frühstück** <br> *Na het ontbijt* <br> **Nachmittags** <br> *'s Middags* <br> **Abends** <br> *'s Avonds* | **gehe ich** <br> *ga ik* | **auf den Balkon** <br> *naar het balkon* <br> **auf den Dachboden** <br> *naar de zolder* <br> **in den Garten** <br> *naar de tuin* <br> **in den Keller** <br> *naar de kelder* | **und ich** <br> *en ik* | **entspanne mich** <br> *ontspan me* <br> **esse etwas** <br> *eet iets* <br> **gehe ins Internet** <br> *ga op internet* <br> **höre Musik** <br> *luister naar muziek* <br> **lese ein Buch** <br> *lees een boek* <br> **lese ein Magazin** <br> *lees een tijdschrift* <br> **mache Hausaufgaben** <br> *maak huiswerk* <br> **mache einfach nichts** <br> *doe gewoon niets* <br> **mähe den Rasen** <br> *maai het gazon* |
| **Wenn ich Zeit habe,** <br> *Als ik tijd heb,* <br> **Wenn ich Hunger habe,** <br> *Als ik trek heb,* <br> **Wenn ich müde bin,** <br> *Als ik moe ben,* <br> **Wenn ich Ruhe brauche,** <br> *Als ik rust nodig heb,* | **gehe ich oft** <br> *ga ik vaak* | **auf die Terrasse** <br> *naar het terras* <br> **in die Küche** <br> *naar de keuken* <br> **in die Garage** <br> *naar de garage* | | **poste etwas im Internet** <br> *zet iets op internet* <br> **putze mir die Zähne** <br> *poets mijn tanden* <br> **quatsche mit meiner Oma** <br> *chat met mijn oma* <br> **schlafe ein bisschen** <br> *slaap een beetje* <br> **sehe einen Film** <br> *kijk een film* <br> **sehe fern** <br> *kijk televisie* |
| **Bevor ich schlafen gehe** <br> *Voordat ik ga slapen,* | **gehe ich gern** <br> *ga ik graag* | **in mein Zimmer** <br> *naar mijn kamer* <br> **ins Arbeitszimmer** <br> *naar de studeerkamer* <br> **ins Badezimmer** <br> *naar de badkamer* <br> **ins Esszimmer** <br> *naar de eetkamer* <br> **ins Wohnzimmer** <br> *naar de woonkamer* | | **sehe Serien auf Netflix** <br> *kijk series op Netflix* <br> **spiele PlayStation** <br> *speel op de PlayStation* <br> **skype mit meinem Opa** <br> *skype met mijn opa* <br> **übe Klavier** <br> *oefen piano* <br> **ziehe mich an** <br> *kleed mij aan* |

# Hoofdstuk 18. Vertellen wat ik thuis doe: WOORDENSCHAT [Deel 1]

## 1. Combineer

| | |
|---|---|
| **ich lese Comics** | ik chat met |
| **ich sehe einen Film** | ik maai het gazon |
| **ich esse etwas** | ik kijk een film |
| **ich lese ein Magazin** | ik eet iets |
| **ich ziehe mich an** | ik lees een tijdschrift |
| **ich quatsche mit** | ik douche |
| **ich mähe den Rasen** | ik kleed me aan |
| **ich dusche mich** | ik lees strips |

## 2. Vertaal naar het Nederlands

a. Meistens dusche ich mich gegen sieben Uhr.

b. Ich gehe oft ins Wohnzimmer und sehe fern.

c. Bevor ich schlafen gehe, lese ich ein spannendes Buch.

d. Wenn ich Ruhe brauche, gehe ich in mein Zimmer.

e. Abends quatsche ich oft mit meinem Vater.

f. Wenn ich Hunger habe, gehe ich in die Küche und esse etwas.

g. Manchmal gehe ich ins Wohnzimmer und spiele PlayStation mit meinem Bruder.

h. Wenn ich Zeit habe, gehe ich in den Garten und ich spiele Fußball.

## 3. Vul de ontbrekende woorden in

a. Ich __________ mich an.  *Ik kleed me aan.*

b. Ich __________ einen Film.  *Ik kijk een film.*

c. Ich __________ ein Buch.  *Ik lees een boek.*

d. Ich __________ fern.  *Ik kijk televisie.*

e. Ich dusche __________.  *Ik douche.*

f. Ich __________ etwas.  *Ik eet iets.*

g. Ich __________ ins Internet.  *Ik ga op internet.*

h. Ich höre __________.  *Ik luister naar muziek.*

i. Ich __________ ein bisschen.  *Ik slaap een beetje.*

j. Ich __________ Klavier.  *Ik oefen piano.*

## 4. Vul de woorden aan

| | | | |
|---|---|---|---|
| a. ich q_______ | *ik chat* | g. ich g_______ | *ik ga* |
| b. ich s_______ | *ik kijk* | h. ich s_______ | *ik speel* |
| c. ich e_______ | *ik eet* | i. ich ü_______ | *ik oefen* |
| d. ich m_______ | *ik maak* | j. ich p_______ | *ik zet* |
| e. ich p_______ | *ik poets* | k. ich m_______ | *ik maai* |
| f. ich s_______ | *ik slaap* | l. ich l_______ | *ik lees* |

## 5. Sorteer naar categorie in onderstaande tabel

a. gegen sechs Uhr
b. immer
c. nie
d. in meinem Zimmer
e. ich sehe fern
f. ich spiele PlayStation
g. ich wasche mich
h. auf dem Balkon
i. ich putze mir die Zähne
j. manchmal
k. jeden Tag
l. ich höre Musik
m. ich lese Comics
n. ich spiele Fußball
o. im Badezimmer
p. ich übe Gitarre

| Tijd/ Frequentie | Plaatsen in het huis | Wat je in de badkamer doet | Vrijetijds- activiteiten |
|---|---|---|---|
| *a.* | | | |

## 6. Vul in de tabel in welke activiteit je in welke ruimte doet

| | |
|---|---|
| **Ich spiele am Computer** | in meinem Zimmer |
| **Ich sehe fern** | |
| **Ich dusche mich** | |
| **Ich mache meine Hausaufgaben** | |
| **Ich übe Trompete** | |
| **Ich entspanne mich** | |
| **Ich lese ein spannendes Buch** | |

# Hoofdstuk 18. Vertellen wat ik thuis doe: WOORDENSCHAT [Deel 2]

## 7. Vul de tabel in

| Nederlands | Deutsch |
|---|---|
|  | Ich ziehe mich an. |
| Ik douche (mezelf). |  |
|  | Ich mache Hausaufgaben. |
| Ik slaap een beetje. |  |
|  | Ich esse etwas. |
|  | Ich quatsche mit meinem Bruder. |
| Ik ontspan me. |  |

## 8. Meerkeuze quiz

|  | Optie a | Optie b | Optie c |
|---|---|---|---|
| **nie** | altijd | nooit | soms |
| **manchmal** | soms | altijd | nooit |
| **Zimmer** | kamer | salon | tuin |
| **ich sehe** | ik scheer | ik kijk | ik ga uit |
| **ich esse** | ik drink | ik ga uit | ik eet |
| **ich lese** | ik lees | ik kijk | ik ontspan |
| **ich gehe aus** | ik maai | ik ga uit | ik slaap |
| **Küche** | slaapkamer | salon | keuken |
| **ich spiele** | ik rust | ik speel | ik maak |
| **ich höre** | ik luister | ik lees | ik speel |
| **ich schlafe** | ik slaap | ik ontspan | ik lees |
| **immer** | altijd | nooit | elke dag |

## 9. Anagrammen

mi tenGar          *im Garten*          *in de tuin*

uaf med konBal

chmalman

ni der üKech

afu mde olK

chi esel

hic hese refn

## 10. Vul in vanuit je geheugen

a. Ich __________ ein spannendes Buch.

b. Ich __________ mir die Zähne im Bad.

c. Ich __________ Serien auf Netflix.

d. Ich __________ nie Popmusik.

e. Ich __________ meine Hausaufgaben.

f. Ich __________ oft Fotos auf Instagram.

g. Am Wochenende __________ ich Fahrrad.

h. Ich __________ gegen ein Uhr aus dem Haus.

i. Ich __________ das Abendessen.

j. Ich __________ Karten im Wohnzimmer.

## 11. Vul in op basis van de gegeven vertaling

a. G________ halb a______ p______ ich m______ die Z________.
*Tegen half acht poets ik mijn tanden.*

b. G________ V______ nach s________ f__________ ich.
*Tegen kwart over zeven ontbijt ik.*

c. W______ i___ H________ h______, g______ i___ in die K________.
*Als ik trek heb, ga ik naar de keuken.*

d. I___ s______ i______ f____, bevor i____ s______ g_____.
*Ik kijk altijd televisie voordat ik ga slapen.*

e. I___ l_____ o____ e___ B______ i___ W__________.
*Ik lees vaak een boek in de woonkamer.*

f. I___ h_____ am liebsten M______ i___ m__________ Z______.
*Ik luister het liefst naar muziek in mijn kamer.*

g. G______ f______ m_______ i___ m________ H__________.
*Tegen vijf uur maak ik mijn huiswerk.*

## 12. Gebroken woorden

a. die K__________          *de keuken*

b. auf die Ter________          *naar het terras*

c. manch__________          *soms*

d. im____________          *altijd*

e. auf dem B__________          *op het balkon*

f. ich lese ein B________          *ik lees een boek*

g. in meinem Z________          *in mijn kamer*

h. ich esse e__________          *ik eet iets*

i. ich qu____________          *ik chat*

# Hoofdstuk 18.  Vertellen wat ik thuis doe: LEZEN

Ich heiße Fabian. Ich komme aus Frankfurt. Zuhause habe ich einen Hund. Ich stehe früh auf, um Viertel nach fünf. Dann gehe ich ins Fitnessstudio und ich mache Krafttraining. Wenn ich wieder nach Hause komme, dusche ich mich. Mein Bruder Max ist sehr faul – er macht nie Sport. Deshalb ist er ein bisschen pummelig. Nachmittags bin ich meistens in meinem Zimmer und ich lese Comics oder ich höre Musik. Unter der Woche, wenn ich wieder nach Hause komme, mache ich meine Hausaufgaben mit meiner Mutter im Wohnzimmer. Ich finde das super, denn meine Mutter ist sehr schlau und sie kann mir super helfen. Schließlich gehe ich um neun Uhr ins Bett. Wo? In meinem Zimmer – ist doch klar! ☺

Ich heiße Valentina und ich komme aus Italien. Ich wache immer früh auf, gegen halb sieben. Dann gehe ich ins Bad und ich dusche mich. Ich frühstücke nie morgens, aber meine Schwester Valeria isst immer Müsli mit Milch mit meinem Vater im Esszimmer. Ich gehe immer zu Fuß zur Schule. Ich komme meistens gegen halb vier wieder nach Hause. Dann gehe ich ins Wohnzimmer und ich sehe ein bisschen fern. Manchmal gehe ich auch in mein Zimmer und ich poste etwas im Internet oder ich sehe Serien auf Netflix. Später, gegen acht Uhr, gehe ich in die Küche und ich mache mit meinem Vater das Abendessen in der Küche. Am liebsten mache ich einen grünen Salat, das finde ich total lecker! Ich gehe oft spät ins Bett, um zehn Uhr.

Ich heiße Eddie und ich wohne in Dänemark. Jeden Tag stehe ich morgens um fünf Uhr auf, stell dir vor! Zuerst dusche ich mich, dann frühstücke ich im Garten. Ich gehe um sieben Uhr aus dem Haus und ich reite auf meinem Pferd zur Schule. Das macht Spaß! Wenn ich wieder nach Hause komme, gehe ich in mein Zimmer und ich skype mit meiner Oma in England. Danach fahre ich Fahrrad im Garten und ich spiele mit meinen zwei Hunden. Manchmal bin ich im Zimmer von meinem Bruder und ich sehe Zeichentrickfilme oder ich poste Fotos auf Instagram. Mein Bruder Samuel postet Videos auf TikTok. Ich mag meinen Bruder, weil er sehr lustig und immer aktiv ist. Er kann super tanzen! Ich quatsche total oft mit ihm und wir spielen sehr oft Karten. Samuel und ich – wir sind wie beste Freunde!

## 1. Beantwoord de volgende vragen over Fabian

a. Waar komt hij vandaan?

b. Wat voor dier heeft hij?

c. Wat doet hij nadat hij opstaat?

d. Waarom is Max een beetje mollig?

e. Waar doet hij op weekdagen zijn huiswerk?

f. Wie helpt hem met zijn huiswerk?

g. Waar gaat hij naar bed?

## 2. Vind het Duits voor onderstaande woorden in de tekst van Eddie

a. stel je voor

b. Eerst douche ik

c. verlaat het huis

d. op mijn paard

e. ik ga naar mijn kamer

f. ik skype met mijn oma

g. in de kamer van mijn broer

h. Ik chat echt vaak

i. we zijn als beste vrienden!

## 3. Vind het Duits voor onderstaande woorden in de tekst van Valentina

a. ik kom uit Italië.

b. Ik word altijd vroeg wakker

c. Ik ontbijt nooit

d. Valeria eet altijd met mijn vader

e. in de eetkamer

f. naar de woonkamer

g. Het liefst maak ik

## 4. Vind iemand die: welke persoon ...

a. ... staat het vroegst op?

b. ... heeft een familielid die van dansen houdt?

c. ... kijkt graag naar video's van dansende mensen?

d. ... ontbijt niet?

e. ... heeft een echt luie broer?

f. ... maakt graag gezond eten klaar?

g. ... heeft een familielid die ook de beste vriend(in) is?

h. ... gaat op de spannendste manier naar school?

# Hoofdstuk 18. Vertellen wat ik thuis doe: SCHRIJVEN

## 1. Gesplitste zinnen

| | |
|---|---|
| **Ich quatsche** | das Essen. |
| **Ich entspanne** | meinem Bruder. |
| **Ich mache** | mit meiner Mutter. |
| **Ich poste Fotos** | mich im Garten. |
| **Ich mache meine** | ein spannendes Buch. |
| **Ich gehe in** | auf Instagram. |
| **Ich spiele mit** | die Küche. |
| **Ich lese** | Hausaufgaben. |

## 2. Vul steeds het juiste woord uit de tabel in

a. Ich stehe um sechs Uhr morgens ______________.

b. Ich spiele Fußball im ______________ .

c. Ich sehe einen Film in ______________.

d. Ich höre Musik in der ______________.

e. Ich mache das ______________ mit meinem Vater.

f. Ich ______________ mir die Zähne.

g. Ich ______________ gern Science-Fiction-Filme.

h. Ich ______________ auf meinem Pferd zur Schule.

| Küche | auf | sehe | meinem Zimmer |
|---|---|---|---|
| reite | Essen | putze | Garten |

## 3. Vind en verbeter de grammaticale en spelfouten [let op: in sommige zinnen ontbreekt een woord]

a. Ich dusche mich Badezimmer.

b. Ich frühstücke in Kuche.

c. Ich lese in mienem Zimmer.

d. Ich speile computer.

e. Ich gehe in der Garten.

f. Ich mache meine hausaufgaben.

g. Ich siehe Serien auf Netflix.

h. Ich riete auf meine Pferd.

i. Im Zimmer meinem Bruder.

## 4. Vul de woorden aan

a. ich früh____________ — *ik ontbijt*

b. in der K____________ — *in de keuken*

c. in meinem Z____________ — *in mijn kamer*

d. die G____________ — *de garage*

e. Ich g______ a____ d____ H______. — *Ik verlaat het huis.*

f. im W________________ — *in de woonkamer*

g. im E________________ — *in de eetkamer*

h. im B________________ — *in de badkamer*

i. Ich s______ F________ … — *Ik kijk films …*

j. … i____ Z________ … — *… in de kamer …*

k. … v____ m__________ B__________. — *… van mijn broer.*

## 5. Geleid schrijven – schrijf 3 alinea's in de eerste persoon [ik] m.b.v. onderstaande gegevens

| Persoon | Staat op | Doucht | Ontbijt | Gaat naar school | Middag-activiteit | Activiteit na het diner |
|---|---|---|---|---|---|---|
| **Marcel** | 6.15 | in de badkamer | keuken | met broer | maakt eten klaar in de keuken | kijkt televisie in de woonkamer |
| **Tim** | 7.30 | in de badkamer | eetkamer | met moeder | maakt huiswerk op het balkon | leest een boek |
| **Marianne** | 6.45 | in de badkamer | woon-kamer | met oom | luistert naar muziek in de tuin | zet foto's op Instagram |

# Tijd voor Grammatica 19:
## Bestemmingen vs Locaties

| **Wohin gehst du?**<br>*Waar ga je naartoe?* | | **Wo bist du?**<br>*Waar ben je?* | |
|---|---|---|---|
| **auf den** Balkon | *naar het balkon* | **auf dem** Balkon | *op het balkon* |
| **in den** Garten | *naar de tuin* | **im** Garten | *in de tuin* |
| **in den** Keller | *naar de kelder* | **im** Keller | *in de kelder* |
| **an den** Strand | *naar het strand* | **am** Strand | *op het strand* |
| **in den** Park | *naar het park* | **im** Park | *in het park* |
| **auf die** Terrasse | *naar het terras* | **auf der** Terrasse | *op het terras* |
| **in die** Garage | *naar de garage* | **in der** Garage | *in de garage* |
| **in die** Küche | *naar de keuken* | **in der** Küche | *in de keuken* |
| **in die** Schule | *naar school* | **in der** Schule | *op school* |
| **in die** Stadt | *naar de stad* | **in der** Stadt | *in de stad* |
| **auf das** Dach | *naar het dak* | **auf dem** Dach | *op het dak* |
| **ins** Wohnzimmer | *naar de woonkamer* | **im** Wohnzimmer | *in de woonkamer* |
| **in mein** Zimmer | *naar mijn kamer* | **in meinem** Zimmer | *in mijn kamer* |
| **ins** Kino | *naar de bioscoop* | **im** Kino | *in de bioscoop* |
| **ins** Stadion | *naar het stadion* | **im** Stadion | *in het stadion* |
| **in die** Berge | *naar de bergen* | **in den** Bergen | *in de bergen* |

Ich gehe *(Ik ga)* — Ich bin *(Ik ben)*

*Opmerking:*

*Als voorzetsels als "in", "an" en "auf" worden gebruikt om een beweging ergens naartoe uit te drukken, dan staat de naamwoordgroep achter het voorzetsel in de **4e naamval** (linker kolom). Als ze worden gebruikt om aan te geven waar iets gebeurt of waar je je bevindt, dan wordt de **3e naamval** (rechter kolom) toegepast.*

*Sommige combinaties van voorzetsel en bepaald lidwoord worden vaak afgekort: in + dem = **im** / an + dem = **am** / in + das = **ins** / an + das = **ans**.*

# Bestemmingen vs Locaties. Training

## 1. Combineer

| | |
|---|---|
| **im Badezimmer** | naar de tuin |
| **in die Küche** | in de badkamer |
| **im Garten** | in de woonkamer |
| **ins Badezimmer** | naar de woonkamer |
| **im Wohnzimmer** | in de keuken |
| **in der Küche** | naar de badkamer |
| **ins Wohnzimmer** | naar de keuken |
| **in den Garten** | in de tuin |

## 2. Vul het voorzetsel en het lidwoord in

a. Ich gehe __ins__ Badezimmer.
*Ik ga naar de badkamer.*

b. Ich bin _______ Wohnzimmer.
*Ik ben in de woonkamer.*

c. Mein Vater arbeitet _______ Arbeitszimmer.
*Mijn vader werkt in de studeerkamer.*

d. Wir gehen _______ Garten und spielen Fußball.
*We gaan naar de tuin en spelen voetbal.*

e. Mein Opa geht _______ Keller und spielt Saxophon.
*Mijn opa gaat naar de kelder en speelt saxofoon.*

f. Wir fahren am Wochenende _______ Berge!
*We gaan in het weekend naar de bergen!*

g. Ich frühstücke immer _______ Küche.
*Ik ontbijt altijd in de keuken.*

## 3. Onderstreep de juiste optie

a. Ich lese ein Buch **im Badezimmer / ins Badezimmer**.

b. Nach dem Essen gehe ich **im Garten / in den Garten**.

c. Ich entspanne mich **auf der Terrasse / auf die Terrasse**.

d. Ich putze mir **im Badezimmer / ins Badezimmer** die Zähne.

e. Mein Onkel geht oft **an den Strand / am Strand**.

f. Meine Mutter ist **auf dem Dach / auf das Dach**.

g. Ich bin oft **in der Garage / in die Garage**.

h. Meine Schwester geht **in der Küche / in die Küche**.

## 4. Vul de <u>locatie</u> aan met het juiste woord

a. Ich bin auf ____ Balkon.

b. Ich lese ein Buch auf ____ Terrasse.

c. Ich esse etwas in _____ Küche.

d. Mein Fahrrad ist in _____ Garage.

e. Die Katze ist auf _______ Dach.

f. Ich sehe ____ Wohnzimmer fern.

g. Ich mähe den Rasen ____ Garten.

## 5. Vul de <u>bestemming</u> aan met het juiste woord

a. Ich gehe auf _____ Balkon.

b. Ich gehe auf _____ Terrasse.

c. Ich gehe in _____ Küche.

d. Ich gehe in _____ Garten.

e. Ich gehe oft _____ Stadion ...

f. ... und dann an _____ Strand.

g. Ich fahre in _____ Stadt, ...

h. ... dann _____ Fitnessstudio.

i. Um zehn gehe ich _____ Bett.

## 6. Vul de <u>bestemming of locatie</u> in met een woord uit onderstaande tabel

a. Wenn ich Hunger habe, gehe ich in die ___________.

b. Wenn ich müde bin, lege ich mich ins ___________.

c. Wenn es sonnig ist, chille ich im ___________.

d. Morgens gehe ich ins ___________ und ich dusche mich.

e. Das Auto ist in der ___________.

f. Die Katze entspannt sich oben auf dem ___________.

g. Am Wochenende fahren wir an den ___________.

h. Ich mache Krafttraining im ___________.

| Küche | Dach | Garten | Strand |
|---|---|---|---|
| Fitnessstudio | Garage | Bett | Badezimmer |

# Tijd voor Grammatica 20:
## SPIELEN, MACHEN, GEHEN (Deel 3) + Wederkerend werkwoord (Deel 2)

## 1. Vul in 'mache', 'spiele' of 'gehe'

a. ich __________ meine Hausaufgaben

b. ich __________ Schach

c. ich __________ klettern

d. ich __________ ins Schwimmbad

e. ich __________ am Computer

f. ich __________ das Essen

g. ich __________ Karten

h. ich __________ einfach nichts

## 3. Vul het juiste werkwoord in

a. Meine Mutter __________ jeden Samstag in die Kirche.

b. Meine Schwester __________ nie ihre Hausaufgaben.

c. Wir __________ jeden Tag Basketball.

d. Meine Eltern __________ nicht viel Sport.

e. Meine Brüder __________ oft Schach.

f. Meine Freundin und ich __________ zu Fuß zur Schule.

g. Was __________ du?

h. Wohin __________ ihr?

i. Was __________ du beruflich?

j. Meine Onkel __________ Fußball mit uns.

k. Meine Freunde __________ oft ins Stadion.

l. Mein Vater __________ oft Tennis.

m. Im Sommer __________ meine Eltern und ich manchmal klettern.

n. Am Wochenende __________ meine Eltern und ich einfach nichts.

## 2. Vul de ontbrekende vormen van onderstaande werkwoorden in de tegenwoordige tijd in

|  | machen | gehen | spielen |
|---|---|---|---|
| **ich** *ik* |  | gehe | spiele |
| **du** *jij* | machst |  |  |
| **er, sie, es** *hij/zij/het* |  |  |  |
| **wir** *wij* |  |  |  |
| **ihr** *jullie* | macht |  | spielt |
| **sie, Sie** *zij, u* |  | gehen |  |

## 4. Vul de juiste vorm van spielen in

a. ich __________ Tennis

b. du __________ Karten

c. Sie __________ Gitarre

d. ich __________ im Garten

e. wir __________ manchmal

f. Was __________ du?

g. er __________ Cricket

h. ihr __________ Rugby

i. du __________ Klavier

j. es __________ im Garten

k. du __________ gern

l. sie __________ Schach

## 5. Vul de juiste vorm van gehen in

a. ich ______ ins Kino

b. du ______ nach Hause

c. sie ______ auf den Balkon

d. er ______ in die Küche

e. ich ______ surfen

f. wir ______ an den Strand

g. du ______ ins Bad

h. ich ______ zur Schule

i. wir ______ aufs Klo

j. ihr ______ segeln

k. du ______ in den Park

l. Sie ______ wandern

# Training

<table>
<tr><td colspan="4">Tegenw. tijd van wederkerende werkwoorden</td></tr>
<tr><td></td><td>sich waschen</td><td>sich duschen</td><td>sich anziehen</td></tr>
<tr><td>ich</td><td>wasche mich</td><td>dusche mich</td><td>ziehe mich ...an</td></tr>
<tr><td>du</td><td>wäschst dich</td><td>duschst dich</td><td>ziehst dich ...an</td></tr>
<tr><td>er, sie, es</td><td>wäscht sich</td><td>duscht sich</td><td>zieht sich ...an</td></tr>
<tr><td>wir</td><td>waschen uns</td><td>duschen uns</td><td>ziehen uns ...an</td></tr>
<tr><td>ihr</td><td>wascht euch</td><td>duscht euch</td><td>zieht euch ...an</td></tr>
<tr><td>sie, Sie</td><td>waschen sich</td><td>duschen sich</td><td>ziehen sich ...an</td></tr>
</table>

**NUTTIGE WOORDENSCHAT**

| | |
|---|---|
| **ich amüsiere mich** | ik amuseer me |
| **ich bade mich** | ik neem een bad |
| **ich dusche mich** | ik douche |
| **ich entspanne mich** | ik ontspan me |
| **ich kämme _mir_ die Haare** | ik kam mijn haar |
| **ich mache mich fertig** | ik maak me klaar |
| **ich putze _mir_ die Zähe** | ik poets mijn tanden |
| **ich rasiere mich** | ik scheer me |
| **ich wasche mich** | ik was me |
| **ich ziehe mich an** | ik kleed me aan |

## 6. Vertaal naar het Nederlands

a. Wir spielen oft am Computer.

b. Mein Bruder macht nie Krafttraining.

c. Meine Schwester spielt jeden Tag Korbball.

d. Mein Vater spielt am liebsten Tennis.

e. Was arbeitet ihr?

f. Wohin geht ihr nach der Schule?

g. Mein Bruder und ich spielen oft Schach.

h. Meine Eltern und ich gehen oft klettern.

i. Mein Bruder geht nie ins Kino.

j. Mein bester Freund geht jeden Samstag ins Stadion.

## 7. Vul de juiste uitgang van het werkwoord en het wederkerend voornaamwoord in

a. Meine Mutter putz__ ________ die Zähne.

b. Mein Bruder wäsch__ ________ nie.

c. Ich dusch__ ________ oft.

d. Mein Vater rasier__ ________ jeden Tag.

e. Du mach__ ________ fertig.

f. Wir bad____ ________ gegen sieben Uhr.

g. Wann zieh__ du ________ an?

h. Rasier__ ihr ________ nie?

i. Amüsier__ du ________?

## 8. Vertaal naar het Duits

a. We douchen om zes uur.

b. Hij doucht en dan scheert hij zich.

c. Ik douche tegen zeven uur.

d. Mijn vader scheert zich nooit.

e. Mijn broers wassen zich nooit.

f. Hij kleedt zich aan.

g. Zij nemen een bad.

h. Ze maakt zich klaar.

i. Hij poetst zijn tanden.

j. Wanneer ontspannen jullie je?

# HOOFDSTUK 19
## Mijn vakantieplannen

**Even Herhalen 6:** Dagelijkse Routine/ Huis / Huiselijk leven / Vakantie

**Vraagvaardigheden 4:** Dagelijkse routine / Huis / Huiselijk leven / Vakantie

**In dit hoofdstuk leer je te vertellen over:**

- Wat je van plan bent te doen tijdens toekomstige vakanties
- Waar je naartoe gaat
- Waar je gaat overnachten
- Met wie je op reis gaat
- Hoe het zal zijn
- Vervoermiddelen

**Je herhaalt:**
- Het werkwoord 'gehen'
- Vrijetijdsactiviteiten
- Eerdere bijvoeglijke naamwoorden

| | | | | |
|---|---|---|---|---|
| **Diesen Sommer werde ich** <br> *Deze zomer ga ik* | **mit meiner Familie** <br> *met mijn familie* <br><br> **mit dem Auto** <br> *met de auto* <br><br> **mit dem Flugzeug** <br> *met het vliegtuig* <br><br> **mit dem Schiff** <br> *met de boot* <br><br> **mit dem Zug** <br> *met de trein* | **nach Deutschland** <br> *naar Duitsland* <br><br> **nach Österreich** <br> *naar Oostenrijk* <br><br> **in die Schweiz** <br> *naar Zwitserland* <br><br> **dorthin** <br> *daar naartoe* | **fahren** <br> - <br><br> **fliegen** <br> - <br><br> **reisen** <br> - | **Das wird super!** <br> *Dat wordt super!* <br><br><br><br> **Das wird Spaß machen!** <br> *Dat wordt leuk!* |
| **Wir werden** <br> *We zullen* | **eine Woche** <br> *één week* <br><br> **zwei Wochen** <br> *twee weken* | **dort** <br> *daar* <br><br> **auf einem Campingplatz** <br> *op een camping* <br><br> **in einem günstigen Hotel** <br> *in een goedkoop hotel* <br><br> **in einem Luxushotel** <br> *in een luxe hotel* | **bleiben** <br> *verblijven* <br><br> **wohnen** <br> *verblijven* | **Ich freue mich schon darauf!** <br> *Ik kijk er al naar uit!* |
| **Ich werde** <br> *Ik ga* <br><br><br> **Wir werden** <br> *Wij gaan* <br><br><br> **Ich würde gern** <br> *Ik zou graag* <br><br><br> **Wir würden gern** <br> *Wij zouden graag* | **an den Strand gehen** <br> **die Sehenswürdigkeiten besichtigen** <br> **eine Stadtrundfahrt machen** <br> **Fahrrad fahren** <br> **in der Sonne liegen** <br> **lecker essen** <br> **neue Leute treffen** <br> **nichts tun** <br> **nur essen und schlafen** <br> **Party machen** <br> **Souvenirs kaufen** <br> **Salsa tanzen** <br> **Sport machen** <br> **tauchen gehen** <br> **Ukulele spielen** | *naar het strand* <br> *de bezienswaardigheden bekijken* <br> *een stadstour maken* <br> *fietsen* <br> *in de zon liggen* <br> *lekker eten* <br> *nieuwe mensen ontmoeten* <br> *niks doen* <br> *alleen eten en slapen* <br> *feesten* <br> *souvenirs kopen* <br> *salsa dansen* <br> *aan sport doen* <br> *gaan duiken* <br> *ukulele spelen* | | **Das wird der Hammer!** <br> *Dat wordt geweldig!* <br><br><br> **Das wird total langweilig!** <br> *Dat wordt echt saai!* |

# Hoofdstuk 19. Mijn vakantieplannen: WOORDENSCHAT OPBOUWEN

## 1. Combineer

| | |
|---|---|
| **Diesen Sommer** | in de vakantie |
| **werde ich** | in de zon liggen |
| **nach Deutschland** | Deze zomer |
| **in den Ferien** | reizen |
| **in der Sonne liegen** | blijven |
| **ich würde gern** | naar Duitsland |
| **bleiben** | ik zou graag |
| **reisen** | zal ik / ga ik |

## 2. Vul het ontbrekende woord in

a. Ich werde mich ___________ ...
*Ik ga me ontspannen ...*

b. ... und nur essen und _________.
*... en alleen eten en slapen.*

c. Ich werde ______________ gehen.
*Ik ga duiken.*

d. Wir werden mit dem ______________ nach Italien reisen.
*We gaan met de auto naar Italië.*

e. Ich werde auf einem __________________ bleiben.
*Ik zal op een camping blijven.*

f. Das wird ___________ machen.
*Dat wordt leuk.*

g. Wir werden lecker ___________.
*We gaan lekker eten.*

h. Ich werde mit dem ___________ reisen.
*Ik ga met de trein.*

## 3. Vertaal naar het Nederlands

a. Diesen Sommer werde ich nach Italien fliegen.

b. Wir werden drei Wochen dort bleiben.

c. Ich werde nach Kuba fliegen.

d. Wir werden jeden Tag Souvenirs kaufen.

e. Ich würde gern jeden Tag Party machen.

f. Ich werde mit meinen Freunden spielen.

g. Ich würde gern nur essen und trinken.

h. Ich werde mich entspannen.

i. Ich werde mit meinem Bruder Sport machen

## 4. Gebroken woorden

a. Ich werde es_____ und tri______.   *Ik ga eten en drinken.*

b. Wir werden nichts ma______.   *We gaan niks doen.*

c. Ich werde 2 Wochen bl_______.   *Ik zal 2 weken blijven.*

d. Ich w_______ gern ...   *Ik zou graag ...*

e. eine Stadtrundf_______ machen.   *een stadstour maken*

f. Fahrrad fa________   *fietsen*

g. in der Sonne li_________   *in de zon liggen*

## 5. 'gehen, 'spielen' of 'machen'?

a. Karten _____________

b. klettern _____________

c. ins Kino _____________

d. eine Stadtrundfahrt _________

e. tauchen _____________

f. Party _____________

g. mit Freunden ___________

h. Sport _____________

i. Schach _____________

j. an den Strand ___________

## 6. Slechte vertaling: vind alle vertaalfouten en verbeter ze

a. Diesen Sommer werden wir ...
*Vorige zomer ga ik ...*

b. Ich werde in den Ferien nach Argentinien reisen.
*We gaan in de vakantie naar Argentinië.*

c. Wir werden eine Woche in einem Hotel bleiben.
*We zullen twee weken in een appartement verblijven.*

d. Ich würde gern jeden Tag tauchen gehen.
*Ik zou graag in het weekend gaan skiën.*

e. Wir werden viel Sport machen und jeden Tag an den Strand gehen.
*We gaan niet veel sporten en elke dag naar de stad.*

f. Ich werde mit dem Zug dorthin reisen.
*Ik ga met het vliegtuig daar naartoe.*

g. Ich werde neue Leute treffen.
*Ik ga nieuwe dieren zien.*

# Hoofdstuk 19. Mijn vakantieplannen: LEZEN (Deel 1)

Ich heiße Hugo. Ich komme aus Köln, aber ich wohne in Berlin. Diesen Sommer werde ich mit meinem Freund Alex nach Cádiz fahren. Das ist im Süden von Spanien! Wir werden mit dem Auto reisen und vier Wochen dort bleiben. Wir werden jeden Tag an den Strand gehen! Wir werden auch lecker essen. Ich werde nicht die Sehenswürdigkeiten besichtigen, weil das total langweilig ist. Ich liege lieber in der Sonne!

Ich heiße Deryk und ich komme aus Kanada. In meiner Familie gibt es vier Personen. Am liebsten mag ich meine Frau Anna. Diesen Sommer werden wir zuerst nach England und dann nach Québec in Kanada reisen. In England werde ich Bücher lesen und mich entspannen und dann werde ich in Kanada Ski fahren und mit meinen Freunden Party machen. Anna wird Fahrrad fahren und lecker essen, zum Beispiel „Poutine" – das sind Pommes mit Käse, stell dir vor! Mmmh, lecker!

Hallo! Ich bin Dino und ich komme aus Venedig in Italien. Diesen Sommer werde ich in den Ferien nach Mexiko fliegen. Ich werde zwei Wochen dort bleiben, allein, und ich werde in einem Zelt am Strand übernachten. Ich werde jeden Tag Sehenswürdigkeiten, Museen und Kunstgalerien besichtigen. Sport werde ich nicht machen, aber Kultur, ja, das liebe ich! - Und du, was wirst du in den Ferien machen?

Ich heiße Diana. Ich komme aus Polen, aber ich wohne in China. Diesen Sommer werde ich mit meiner Freundin Olivia nach Chile reisen. Wir werden mit dem Schiff fahren, denn wir haben viel Zeit! Ich werde fünf Wochen dort bleiben und in einem Luxushotel wohnen. Ich tanze total gern, also werden wir jeden Tag tanzen gehen. Ich werde auch viel essen und trinken. Ich werde nicht ins Museum gehen, weil ich das nicht so spannend finde.

**1. Vind het Duits voor de volgende woorden in de tekst van Hugo**

a. Ik kom uit

b. maar ik woon in

c. Deze zomer ga ik

d. met mijn vriend

e. We gaan met de auto

f. elke dag

g. Ik ga niet

h. Ik lig liever in de zon!

**2. Vind het Duits voor de volgende woorden in de tekst van Diana**

a. met de boot

b. we hebben veel tijd!

c. Ik verblijf daar 5 weken

d. Ik dans echt graag

e. dus gaan we

f. Ik ga ook

g. veel eten

h. niet zo spannend

**3. Vul de volgende beweringen over Deryk aan**

a. Hij komt uit _______________.

b. De persoon in zijn familie die hij het leukst vindt, is _______.

c. Ze gaan naar _____________ en _____________.

d. Deryk gaat _______________ en ___________.

e. Anna gaat _______________ en ___________.

f. 'Poutine' is gemaakt van _____________ en _____________.

**4. Noem 7 details over Dino (in de 3ᵉ persoon) in het Nederlands**

1.

2.

3.

4.

5.

6.

7.

**5. Vind iemand die ...**

a. ... graag voor lange tijd op zee is.

b. ... graag over cultuur leert.

c. ... liever naar het strand gaat dan aan sport te doen.

d. ... tegenovergestelde interesses heeft van Dino.

e. ... met de auto reist

# Hoofdstuk 19. Mijn vakantieplannen: LEZEN (Deel 2)

Hallo! Ich heiße Marlene. Ich komme aus Hamburg. Zu Hause habe ich eine Schildkröte, stell dir vor! Sie ist sehr langsam und sehr faul, aber ich liebe sie. Sie ist meine beste Freundin! Diesen Sommer werde ich mit meiner Familie an den Chiemsee fahren. Das ist im Süden von Deutschland. Wir werden für drei Wochen dort bleiben und in einem superschicken Luxushotel wohnen. Das wird der Hammer! Wir werden jeden Tag schwimmen gehen und viel in der Sonne liegen. Hoffentlich wird das Wetter gut! Wir werden auch mit dem Auto nach München fahren und die Sehenswürdigkeiten besichtigen, zum Beispiel die Frauenkirche und den Olympiapark. Ich freue mich schon darauf!

Ich heiße Franziska und ich komme aus Innsbruck, in Österreich. Diesen Sommer werde ich für eine Woche mit meinem Bruder Stefan nach Wien fahren. Wir werden mit dem Zug dorthin reisen, denn das ist günstig und bequem. In Wien werden wir natürlich in den Prater gehen, das ist ein Freizeitpark mit vielen Attraktionen! Außerdem werden wir viele Souvenirs kaufen und lecker essen. Ich möchte auch mindestens einen Tag einfach nichts tun und mich im Hotel entspannen. Mein Bruder und ich werden auch viel Musik hören. Magst du Musik? Unsere Lieblingsband heißt Queen und meine Lieblingsmusik ist Rockmusik!

Ich heiße Nikolas und ich wohne in Basel, im Norden der Schweiz. Diesen Sommer werde ich nach Hamburg reisen. Das ist im Norden von Deutschland. Ich werde mit dem Auto dorthin reisen und zwei Wochen in einem günstigen Hotel in der Stadtmitte wohnen. In Hamburg würde ich gern den Hafen besichtigen. Er ist sehr groß und berühmt und man kann super Fischbrötchen essen! Ich werde auch das Miniatur-Wunderland besichtigen. Das ist eine riesengroße Modelleisenbahn. Ich freue mich schon darauf, denn ich habe selbst eine Modelleisenbahn zu Hause! Ich habe auch einen Freund in Hamburg, der Julius heißt. Wir werden zusammen in die Kneipe gehen und ein Bier trinken. Das wird supercool sein!

## 1. Beantwoord de volgende vragen over Marlene

a. Waar komt zij vandaan?

b. Welk huisdier heeft ze?

c. Met wie gaat ze op vakantie?

d. Waar zal ze overnachten?

e. Wat gaan ze elke dag doen?

f. Waar hoopt ze op?

g. Hoe gaan ze naar München?

h. Wat gaan ze daar doen?

## 2. Vind het Duits in de tekst van Nikolas

a. Deze zomer

b. met de auto

c. in een goedkoop hotel

d. de haven

e. groot en beroemd

f. een modelspoorbaan

g. die Julius heet

h. Dat wordt supercool!

## 3. Vind het Duits voor de volgende woorden in de tekst van Franziska

a. met mijn broer Stefan

b. een pretpark

c. met veel attracties

d. Bovendien zullen we

e. Ik zou ook graag willen (3 woorden)

f. gewoon niks doen

g. Onze lievelingsband

h. goedkoop en comfortabel

## 4. Vind iemand die: welke persoon ...

a. ... gaat naar het zuiden?

b. ... gaat met een vriend naar het café?

c. ... heeft een langzaam bewegend huisdier?

d. ... gaat zich een dag ontspannen en niks doen?

e. ... gaat een aantal grote schepen bekijken?

f. ... gaat met de trein?

g. ... zal in een dure accommodatie overnachten?

h. ... zal het langst wegblijven?

# Hoofdstuk 19. Mijn vakantieplannen: VERTALEN/SCHRIJVEN

## 1. Vertaling met gaten

a. *Ik ga naar Duitsland.*
Ich _________ nach Deutschland reisen.

b. *Ik ga met de auto.*
Ich werde mit dem _________ fahren.

c. *We zullen daar een week overnachten.*
Wir werden eine Woche dort ___________.

d. *Ik zal in een goedkoop hotel overnachten.*
Ich _________ in einem günstigen Hotel ___________.

e. *We gaan elke dag naar het strand.*
Wir _________ jeden Tag an den _________ gehen.

f. *Als het weer mooi is, ga ik in de zon liggen.*
Wenn das Wetter _________ ist, werde ich in der Sonne _________.

g. *Ik ga veel foto's maken.*
Ich werde viele Fotos __________.

## 3. Vind en verbeter de grammaticale fouten en spelfouten
[let op: in sommige zinnen ontbreekt een woord]

a. Ich werden viel Sport machen.

b. Ich werde ein Woche dort blieben.

c. Ich werde in eine Luxushotel wohnen.

d. Ich werde auf einem Campingplatz.

e. Ich jeden Tag Fußball spiele.

f. Wir werde in der stadt party machen.

g. Ich werde an Strand gehen.

h. Ich werde spielen mit meine Freunden.

## 2. Vertaal naar het Nederlands

a. ein Eis essen

b. Souvenirs kaufen

c. sich entspannen

d. Fotos machen

e. an den Strand gehen

f. jeden Tag

g. mit dem Flugzeug

h. tauchen gehen

i. Party machen

## 4. Positief of Negatief?
*Schrijf P of N*

a. Das wird Spaß machen     **P**

b. Das wird langweilig

c. Das wird fantastisch

d. Das wird total doof

e. Das wird interessant

f. Das wird schrecklich

g. Das wird spannend

h. Das wird ekelhaft

i. Das wird schlecht

j. Das wird schön

## 5. Vertaal naar het Duits

a. Ik ga me ontspannen.

b. Ik ga duiken.

c. We gaan elke dag naar het strand.

d. Ik zou graag in de zon liggen.

e. Ik zou graag de bezienswaardigheden bezichtigen.

f. Ik zal in een hotel verblijven.

g. We zullen op een camping verblijven.

h. We gaan met het vliegtuig.

i. Ik ga met de auto.

j. Dat wordt leuk!

# **Even Herhalen 6:** Dagelijkse Routine/Huis/Huiselijk Leven/Vakantie

## 1. Combineer de locaties

| | |
|---|---|
| **am Stadtrand** | in de tuin |
| **im Badezimmer** | in de woonkamer |
| **in der Küche** | in mijn kamer |
| **in meinem Haus** | in mijn huis |
| **im Garten** | in de douche |
| **in meinem Zimmer** | in de eetkamer |
| **im Esszimmer** | in de badkamer |
| **in der Dusche** | in de keuken |
| **im Wohnzimmer** | in de buitenwijken |

## 2. Vul de ontbrekende letters in

a. ich du______ mich — *ik douche*

b. ich st______ auf — *ik sta op*

c. ich se______ fern — *ik kijk televisie*

d. ich le______ Comics — *ik lees strips*

e. ich ge______ aus dem Haus — *ik verlaat het huis*

f. ich ko______ in der Schule an — *ik kom aan op school*

g. ich fa______ mit dem Bus — *ik ga met de bus*

h. ich zi______ mich an — *ik kleed mij aan*

i. ich frühstü______ — *ik ontbijt*

## 3. Vind en verbeter alle onderstaande zinnen die nergens op slaan

a. Ich dusche mich im Wohnzimmer.

b. Ich esse in der Garage.

c. Ich mache das Essen im Badezimmer.

d. Ich wasche mir die Haare in der Küche.

e. Ich fahre mit dem Bett zur Schule.

f. Ich spiele Tischtennis mit meinem Hund.

g. Das Sofa ist auf dem Klo.

h. Ich sehe im Ofen fern.

i. Ich schlafe im Keller.

j. Ich parke das Auto in meinem Zimmer.

## 4. Gesplitste zinnen

| | |
|---|---|
| **Ich sehe** | mit dem Bus. |
| **Ich höre** | Müsli mit Milch. |
| **Ich lese** | fern. |
| **Ich fahre** | einen Kaffee. |
| **Ich frühstücke** | Musik. |
| **Ich fliege** | ein spannendes Buch. |
| **Ich trinke** | Hausaufgaben. |
| **Ich poste Fotos** | in die Karibik. |
| **Ich mache** | auf Instagram. |
| **Ich liege** | Karten. |
| **Ich arbeite** | in der Sonne. |
| **Ich spiele** | im Büro. |

## 5. Combineer de tegenstellingen

| | |
|---|---|
| **gut** | ungesund |
| **nett** | schlecht |
| **leicht** | schön |
| **spannend** | gemein |
| **gesund** | schwierig |
| **hässlich** | langweilig |
| **teuer** | schnell |
| **langsam** | groß |
| **oft** | billig |
| **nie** | selten |
| **klein** | immer |

## 6. Vul het ontbrekende woord in

a. Ich reise _______ dem Flugzeug nach Japan.

b. Ich fahre mit meinen Eltern _______ Italien.

c. Ich wohne ______ einem Hotel.

d. Ich gehe oft ______ den Strand.

e. Wir bleiben ______ einem Campingplatz.

f. Ich werde einmal ____ Woche in den Park gehen.

g. Ich gehe _____ Internet.

h. Ich poste Fotos ______ Instagram.

## 7. Zet een streepje tussen alle woorden

a. ichspielegernTennis

b. ichsehefernundichhöreMusik

c. inmeinerFreizeitgeheichoftinsKino

d. ichwerdemitdemAutonachItalienfahren

e. wirwerdeneineWochedortbleiben

f. ichwerdejedenMorgenandenStrandgehen

g. amSamstagwerdeichPartymachen

h. ichmachenieHausaufgaben

## 8. Vind de vertaalfouten en verbeter ze

a. Ich stehe früh auf.
*Ik ga vroeg naar bed.*

b. Ich hasse Basketball.
*Ik haat volleybal.*

c. Ich werde ins Kino gehen.
*Ik ga naar het strand.*

d. Heute werden wir nichts tun.
*Vandaag ga ik niks doen.*

e. Ich werde klettern gehen.
*Ik ga paardrijden*

f. Ich werde mit dem Auto reisen.
*Ik ga met het vliegtuig*

g. Ich werde in einem Luxushotel wohnen.
*Ik zal in een goedkoop hotel overnachten.*

h. Ich werde einen Film sehen.
*Ik ga een serie kijken.*

## 9. Vertaal naar het Nederlands

a. Ich reise mit dem Bus.

b. Ich werde zu Hause bleiben.

c. Ich werde Tennis spielen.

d. Ich wasche mich.

e. Ich sehe einen Film.

f. Ich räume mein Zimmer auf.

g. Ich esse Gemüse.

h. Ich esse Eier zum Frühstück.

i. Ich mache nichts.

j. Ich arbeite am Computer.

## 10. Vertaal naar het Nederlands

a. Zuerst dusche ich mich und dann frühstücke ich.

b. Morgen werde ich nach Japan reisen.

c. Ich entspanne mich in meinem Zimmer.

d. Ich spiele nie Basketball, aber oft Fußball.

e. Ich stehe jeden Tag früh auf, und du?

f. Ich esse normalerweise nichts zum Frühstück.

g. Ich werde mit dem Auto nach Italien fahren.

h. In meiner Freizeit spiele ich oft Schach.

i. Ich bin nicht oft im Internet. Ich finde das langweilig.

## 11. Vul de ontbrekende letters in

a. ik ontbijt     ich frühs_ _ _ _ _

b. ik kijk     ich s_ _ _

c. ik doe     ich m_ _ _ _

d. ik poets     ich p_ _ _ _

e. ik lees     ich l_ _ _

f. ik werk     ich ar_ _ _ _ _

g. ik douche     ich du_ _ _ _ m_ _ _

h. ik slaap     ich sc_ _ _ _ _

i. ik ga     ich g_ _ _

# Vraagvaardigheden 4: Dagelijkse routine/Huis/Huiselijk leven/Vakantie

## 1. Vul telkens het juiste vraagwoord in

| Wohin | Wann | Wie viele | Was |
|---|---|---|---|
| Warum | Welche | Wie oft | Seit wann |

a. _____________ stehst du auf?

b. _____________ machst du in deiner Freizeit?

c. _____________ gehst du nach der Schule?

d. _____________ Musik hörst du am liebsten?

e. _____________ Haustiere hast du?

f. _____________ bist du Vegetarier?

g. _____________ putzt du dir die Zähne am Tag?

h. _____________ spielst du Gitarre?

## 3. Combineer elk onderstaand antwoord met een vraag uit oefening 1 hierboven

a. Zwei, einen Hamster und ein Pferd.

b. Am liebsten Popmusik.

c. Weil ich Tiere liebe.

d. Gegen sieben Uhr.

e. Ich spiele oft Fußball.

f. Zweimal, einmal morgens und einmal abends.

g. Seit drei Jahren.

h. Ich gehe mit meinen Freunden in die Stadt.

## 5. Vertaal

a. Waar is je huis?

b. Waar ga je na school naartoe?

c. Wat doe je in je vrije tijd?

d. Sinds wanneer speel je schaak?

e. Wat is je lievelingseten?

f. Hoeveel broers en/of zussen heb je?

g. Wie is je beste vriend?

## 2. Gesplitste vragen

| | |
|---|---|
| **Wie viel** | spielst du nicht Fußball im Park? |
| **Was isst du** | gehst du ins Fitnessstudio pro Woche? |
| **Was machst** | Taschengeld bekommst du? |
| **Kannst du** | dein Lieblingszimmer? |
| **Warum** | zum Frühstück? |
| **Wie oft** | Hockey spielen? |
| **Was ist** | du in deiner Freizeit? |
| **Wohin wirst du** | deine beste Freundin? |
| **Wer ist** | im Sommer fahren? |

## 4. Vertaal naar het Duits

a. Wie?

b. Wanneer?

c. Met wie?

d. Waarom?

e. Hoeveel (telbaar)?

f. Hoeveel (niet telbaar)?

g. Welke muziek?

h. Waar naartoe?

i. Doe jij ...?

j. Kun jij ...?

k. Waar is ...?

l. Hoeveel huisdieren?

m. Wat?

n. Ga je ...?

# WOORDENSCHAT TOETSEN

Op de volgende pagina's vind je een woordenschat toets voor elk hoofdstuk in het boek. Je kunt ze inzetten als proefwerk of als huiswerk aan het einde van een hoofdstuk. Leerlingen kunnen ze ook gebruiken om onafhankelijk te oefenen.

| 1a. Vertaal de volgende zinnen (elk één punt waard) naar het Duits | |
| --- | --- |
| Hoe heet jij? | |
| Ik heet Alex. | |
| Hoe oud ben jij? | |
| Ik ben vijf jaar oud. | |
| Ik ben zeven jaar oud. | |
| Ik ben negen jaar oud. | |
| Ik ben tien jaar oud. | |
| Ik ben elf jaar oud. | |
| Ik ben twaalf jaar oud. | |
| Ik ben dertien jaar oud. | |
| **Score** | **/10** |

| 1b. Vertaal de volgende zinnen (elk twee punten waard) naar het Duits | |
| --- | --- |
| Hoe heet jouw broer? | |
| Hoe heet jouw zus? | |
| Mijn broer heet Markus. | |
| Mijn zus is veertien jaar oud. | |
| Mijn broer is vijftien jaar oud. | |
| Ik heet Lena en ik woon in Berlijn. | |
| Ik heb een broer, hij heet Linus. | |
| Ik heb geen broers en/of zussen. | |
| Dat is de hoofdstad van Zwitserland. | |
| Dat is de hoofdstad van Oostenrijk. | |
| **Score** | **/20** |

**1a. Vertaal de volgende zinnen (elk één punt waard) naar het Duits**

| | |
|---|---|
| Ik heet Julia. | |
| Ik ben elf jaar oud. | |
| Ik ben vijftien jaar oud. | |
| Ik ben achttien jaar oud. | |
| Mijn verjaardag is ... | |
| ... op 4 mei. | |
| ... op 4 juni. | |
| ... op 6 september. | |
| ... op 10 oktober. | |
| ... op 11 juli. | |
| **Score** | **/10** |

**1b. Vertaal de volgende zinnen (elk twee punten waard) naar het Duits**

| | |
|---|---|
| Ik ben 17 jaar oud. Mijn verjaardag is op 21 juni. | |
| Mijn broer heet Simon. Hij is 19. | |
| Mijn zus heet Kathrin. Zij is 22. | |
| Mijn broer heet Mark. Zijn verjaardag is op 23 maart. | |
| Ik heet Sinan. Ik ben 15. Mijn verjaardag is op 27 juli. | |
| Ik heet Angela. Ik ben 18. Mijn verjaardag is op 30 juni. | |
| Wanneer is jouw verjaardag? | |
| Is jouw verjaardag in oktober of in november? | |
| Mijn broer heet Peter. Zijn verjaardag is op 31 januari. | |
| Is jouw verjaardag in mei of juni? | |
| **Score** | **/20** |

**1a. Vertaal de volgende woordgroepen (elk één punt waard) naar het Duits**

| | |
|---|---|
| zwart haar | |
| donkerbruine ogen | |
| blond haar | |
| blauwe ogen | |
| Ik heet Benjamin. | |
| Ik ben 12 jaar oud. | |
| Ik heb lang haar. | |
| Ik heb kort haar. | |
| Ik heb groene ogen. | |
| Ik heb bruine ogen. | |
| **Score** | **/10** |

**1b. Vertaal de volgende zinnen (elk twee punten waard) naar het Duits**

| | |
|---|---|
| Ik heb grijs haar en blauwe ogen. | |
| Ik heb steil rood haar. | |
| Ik heb krullend wit haar. | |
| Ik heb bruin haar en bruine ogen. | |
| Ik draag een bril en ik heb golvend haar. | |
| Ik draag geen bril, maar ik heb een baard. | |
| Mijn broer heeft blond haar en zomersproeten. | |
| Mijn broer is 22 jaar oud, en hij heeft halflang zwart haar. | |
| Draag je een bril? | |
| Mijn zus heeft groene ogen en krullend zwart haar. | |
| **Score** | **/20** |

**1a. Vertaal de volgende woordgroepen (elk één punt waard) naar het Duits**

| | |
|---|---|
| Ik heet | |
| Ik kom uit | |
| Ik woon | |
| in een huis | |
| in een appartement | |
| in een modern gebouw | |
| in de buitenwijken | |
| in het stadscentrum | |
| op het platteland | |
| in Berlijn | |
| **Score** | **/10** |

**1b. Vertaal de volgende zinnen (elk twee punten waard) naar het Duits**

| | |
|---|---|
| Mijn broer heet Maik. | |
| Mijn zus heet Jenny. | |
| Ik woon in een oud gebouw. | |
| Ik woon in een klein huis. | |
| Ik woon in een mooi huis in de bergen. | |
| Ik woon in een lelijk huis in het stadscentrum. | |
| Ik ben 15 en ik woon in Keulen, in het westen van Duitsland. | |
| Ik kom uit Basel, maar ik woon in het centrum van Luzern. | |
| Ik kom uit Oostenrijk en ik woon in een mooi huis in Wenen. | |
| Ik woon in een kleine appartement op het platteland. | |
| **Score** | **/20** |

**1a. Vertaal de volgende woorden (elk één punt waard) naar het Duits**

| | |
|---|---|
| Het weer is ... | |
| mooi | |
| slecht | |
| het is | |
| koud | |
| warm | |
| zonnig | |
| bewolkt | |
| onbewolkt | |
| het regent | |
| **Score** | **/10** |

**1b. Vertaal de volgende zinnen (elk twee punten waard) naar het Duits**

| | |
|---|---|
| Het weer is mooi in Berlijn. | |
| Het is vaak zonnig. | |
| Het is soms te koud. | |
| Het sneeuwt zelden. | |
| Het regent vaak, waar ik woon. | |
| In de zomer is het altijd heet. | |
| Er is vaak onweer. | |
| Het weer is slecht in de herfst. | |
| Ik houd ervan als het heet is. | |
| Ik vind het weer hier oké. | |
| **Score** | **/20** |

**1a. Vertaal de volgende woordgroepen (elk één punt waard) naar het Duits**

| | |
|---|---|
| Er is … | |
| mijn grote zus | |
| mijn kleine broer | |
| mijn kleine zus | |
| mijn vader | |
| mijn moeder | |
| mijn oom | |
| mijn tante | |
| mijn neef | |
| mijn nicht | |
| **Score** | **/10** |

**1b. Vertaal de volgende zinnen (elk twee punten waard) naar het Duits**

| | |
|---|---|
| In mijn familie zijn er vier personen. | |
| Er zijn mijn vader, mijn moeder en mijn twee broers. | |
| Ik kan het goed met mijn broer vinden. | |
| Mijn zus is 22 jaar oud. | |
| Mijn broer is 16 jaar oud. | |
| Mijn opa is 78. | |
| Mijn oma is 67. | |
| Mijn oom heet Josef en hij is 54. | |
| Mijn tante heet Annika en zij is 44. | |
| Mijn nicht Lisa is 17 jaar oud. | |
| **Score** | **/20** |

**1a. Vertaal de volgende woordgroepen (elk één punt waard) naar het Duits**

| | |
|---|---|
| Hij is | |
| Zij is | |
| lang | |
| mooi | |
| een beetje mollig | |
| grappig | |
| altijd aardig voor mij | |
| erg gespierd | |
| nogal irritant | |
| normaalgesproken vriendelijk | |
| **Score** | **/10** |

**1b. Vertaal de volgende zinnen (elk twee punten waard) naar het Duits**

| | |
|---|---|
| Mijn moeder is nogal streng. | |
| Mijn vader is erg koppig maar aardig. | |
| Mijn grote zus is altijd ijverig. | |
| Mijn kleine broer is een beetje lui. | |
| In mijn familie zijn er vijf personen. | |
| Ik kan het goed vinden met mijn zus want ze is aardig voor me. | |
| Ik kan het niet goed met mijn broer vinden want hij is superirritant. | |
| Ik houd van mijn groutouders, want ze zijn erg grappig en gul. | |
| Hoe zijn jouw ouders? | |
| Ik mag mijn oom want hij is altijd vriendelijk en hulpvaardig. | |
| **Score** | **/20** |

**1a. Vertaal de volgende woordgroepen (elk één punt waard) naar het Duits**

| | |
|---|---|
| ik kan | |
| zwemmen | |
| koken | |
| dansen | |
| gitaarspelen | |
| jij kunt | |
| wij kunnen | |
| jongleren | |
| eenwieleren | |
| zingen | |
| **Score** | **/10** |

**1b. Vertaal de volgende zinnen (elk twee punten waard) naar het Duits**

| | |
|---|---|
| Ik kan goed zingen. | |
| Ik kan niet dansen. | |
| Wij kunnen in een team werken. | |
| Mijn oom kan heel goed gitaarspelen. | |
| Ik kan goed klimmen en koken. | |
| Mijn oma kan yoga. Stel je voor! | |
| Mijn lievelingstante is supergrappig en ze kan goed zwemmen. | |
| Ik mag mijn oom want hij kan goed duiken. | |
| Wat kun jij? | |
| Mijn grote broer kan goed schilderen. | |
| **Score** | **/20** |

---

### 1a. Vertaal de volgende woordgroepen (elk één punt waard) naar het Duits

| | |
|---|---|
| Ik heb ... | |
| een hond | |
| een kat | |
| een paard | |
| een parkiet | |
| een papegaai | |
| een slang | |
| een kikker | |
| twee honden | |
| twee konijnen | |
| **Score** | **/10** |

---

### 1b. Vertaal de volgende zinnen (elk drie punten waard) naar het Duits

| | |
|---|---|
| Ik heb een papegaai. Hij heet Rico. | |
| Ik heb een schildpad die Speedy heet. | |
| Thuis hebben we twee vissen. | |
| Mijn zus heeft een spin. | |
| Ik heb geen huisdieren. | |
| Mijn oom Dieter heeft een slang. | |
| Hij (de slang) heet Gonzalo. | |
| Ik zou graag een paard hebben. | |
| Ik heb een kat. Ze is erg schattig. | |
| Hoeveel huisdieren heb jij thuis? | |
| **Score** | **/30** |

| **1a. Vertaal de volgende zinnen (elk één punt waard) naar het Duits** | |
| --- | --- |
| Hij is kok. | |
| Zij is journalist. | |
| Zij is advocate. | |
| Hij is verpleger. | |
| Hij is huisman. | |
| Zij is dokter. | |
| Hij is leraar. | |
| Zij is zakenvrouw. | |
| Hij is kapper. | |
| Zij is boerin. | |
| **Score** | **/10** |

| **1b. Vertaal de volgende zinnen (elk drie punten waard) naar het Duits** | |
| --- | --- |
| Mijn oom is kok. | |
| Mijn moeder is verpleegster. | |
| Mijn grootouders werken niet. | |
| Mijn zus werkt als lerares. | |
| Mijn tante is actrice. | |
| Mijn neef is student. | |
| Mijn nicht is advocate. | |
| Hij houdt van zijn werk, want het is opwindend. | |
| Zij houdt van haar werk, want het is verrijkend. | |
| Hij haat zijn werk, want het is stressvol. | |
| **Score** | **/30** |

## 1a. Vertaal de volgende zinnen (elk twee punten waard) naar het Duits

| | |
|---|---|
| Ik ben langer dan mijn broer. | |
| Ik ben kleiner dan mijn zus. | |
| Ik ben sportiever dan hij. | |
| Hij is molliger dan zij. | |
| Zij is grappiger dan hij. | |
| Mijn opa is strenger dan mijn oma. | |
| Wij zijn luier dan jullie. | |
| Mijn hond is luidruchtiger dan mijn kat. | |
| Mijn konijn is schattiger dan mijn paard. | |
| Mijn oom is slanker dan mijn vader. | |
| **Score** | **/20** |

## 1b. Vertaal de volgende zinnen (elk drie punten waard) naar het Duits

| | |
|---|---|
| Mijn broer is guller dan mijn neef. | |
| Mijn moeder is een beetje slimmer dan mijn vader. | |
| Mijn oom is niet zo mooi als mijn vader. | |
| Mijn grote zus is veel spraakzamer dan mijn kleine zus. | |
| Mijn zus en ik zijn niet zo lang als mijn neven en nichten. | |
| Mijn opa is niet zo streng als mijn oma. | |
| Mijn vriend Max is veel vriendelijker dan mijn vriend Alex. | |
| Mijn konijn is veel brutaler dan mijn cavia. | |
| Mijn kat is veel sneller dan mijn hond. | |
| Mijn papegaai is niet zo gevaarlijk als mijn schildpad. | |
| **Score** | **/30** |

**1a. Vertaal de volgende zinnen (elk één punt waard) naar het Duits**

| | |
|---|---|
| Ik heb een pen. | |
| Ik heb een lineaal. | |
| Ik heb een gum. | |
| In mijn tas heb ik ... | |
| in mijn etui | |
| mijn vriend Julian | |
| Anna heeft ... | |
| Ik heb geen schrift. | |
| Het is groen (het schrift). | |
| De puntenslijper is geel. | |
| **Score** | **/10** |

**1b. Vertaal de volgende zinnen (elk drie punten waard) naar het Duits**

| | |
|---|---|
| In mijn tas heb ik vier boeken. | |
| Ik heb een gele etui. | |
| Ik heb een rode waterfles. | |
| Ik heb geen zwarte viltstiften. | |
| Er zijn twee blauwe pennen. | |
| Mijn vriendin Miriam heeft een paarse brooddoos. | |
| Hebben jullie een gum? | |
| Heb jij een rode pen? | |
| Heb je een lineaal in je etui? | |
| Wat heb je in je schooltas? | |
| **Score** | **/30** |

**1a. Vertaal de volgende zinnen (elk drie punten waard) naar het Duits**

| | |
|---|---|
| Ik drink graag melk. | |
| Ik eet graag chocola. | |
| Ik eet niet graag vlees. | |
| Ik eet liever vis. | |
| Fruit is erg gezond. | |
| Honing is te zoet. | |
| Ik drink het liefst thee. | |
| Ik haat melk. | |
| Ik houd van water. | |
| Ik houd van kaas. | |
| **Score** | **/30** |

**1b. Vertaal de volgende zinnen (elk vijf punten waard) naar het Duits**

| | |
|---|---|
| Ik eet graag chocola omdat het lekker is. | |
| Ik eet graag appels omdat het gezond is. | |
| Ik eet het liefst fruit want het is rijk aan vitaminen. | |
| Ik eet niet graag hamburgers want het is te vet. | |
| Maar ik eet graag vis, want het is rijk aan proteïnen. | |
| Ik houd van aardappelen. Dat is mijn lievelingseten! | |
| Ik eet ook graag fruit omdat het lekker en rijk aan vitaminen is. | |
| Wat eet en drink je graag? | |
| Ik drink graag koffie, hoewel het ongezond is. | |
| Ik drink liever thee omdat het gezonder is dan koffie. | |
| **Score** | **/50** |

## 1a. Vertaal de volgende woordgroepen (elk één punt waard) naar het Duits

| | |
|---|---|
| als ontbijt | |
| als lunch | |
| als diner | |
| ik eet vaak | |
| daarbij drink ik | |
| het is lekker | |
| het is vies | |
| te vet | |
| Ik houd ervan. | |
| Mmm! | |
| **Score** | **/10** |

## 1b. Vertaal de volgende zinnen (elk drie punten waard) naar het Duits

| | |
|---|---|
| Ik eet muesli met melk als ontbijt. | |
| Ik eet soms brood met kaas. | |
| Ik eet nooit iets warms als avondeten. | |
| Ik eet liever iets kouds. | |
| Mijn zus eet vaak toast met jam. | |
| Ik haat het omdat het te zoet is. | |
| Ik eet het liefst pasta met tomatensaus als lunch. | |
| Daarbij drink ik normaal gesproken sinaasappelsap. | |
| Mijn broer drinkt liever water omdat het gezond is. | |
| Ik houd van koffie als ontbijt, want het maakt me wakker. | |
| **Score** | **/30** |

| **1a. Vertaal de volgende woordgroepen (elk twee punten waard) naar het Duits** | |
|---|---|
| Ik draag | |
| Thuis draag ik ... | |
| Ik draag vaak ... | |
| een comfortabele hoody | |
| een wit shirt | |
| een coole pet | |
| een warme jas | |
| zwarte sportschoenen | |
| een elegant uniform | |
| bruine laarzen | |
| **Score** | **/20** |

| **1b. Vertaal de volgende zinnen (elk drie punten waard) naar het Duits** | |
|---|---|
| Ik draag vaak een groene trui. | |
| Thuis draag ik een trainingspak. | |
| Op school dragen we een blauw uniform. | |
| Op het strand draag ik een rood badpak. | |
| Mijn zus draagt altijd een spijkerbroek. | |
| Mijn broer draagt nooit een horloge. | |
| Mijn moeder draagt merkkleding. | |
| Ik draag zelden een pak. | |
| Mijn vriendin draagt een modieuze jurk. | |
| Mijn broers dragen altijd sportschoenen. | |
| **Score** | **/30** |

**1a. Vertaal de volgende zinnen (elk twee punten waard) naar het Duits**

| | |
|---|---|
| Ik maak huiswerk. | |
| Ik speel voetbal. | |
| Ik ga klimmen. | |
| Ik ga fietsen. | |
| Ik speel trompet. | |
| Ik ga naar het zwembad. | |
| Ik doe aan sport. | |
| Ik ga paardrijden. | |
| Ik speel tennis. | |
| Ik ga naar het strand. | |
| **Score** | **/20** |

**1b. Vertaal de volgende zinnen (elk vijf punten waard) naar het Duits**

| | |
|---|---|
| In mijn vrije tijd speel ik vaak schaak met mijn broer. | |
| Ik speel elke dag PlayStation. | |
| Ik ga soms met mijn vrienden zwemmen. | |
| Mijn broer en ik gaan vaak naar het sportcentrum. | |
| Ik doe krachttraining en ga elke dag joggen. | |
| Als het weer mooi is, gaan we wandelen. | |
| Als het weer slecht is, speel ik schaak. | |
| Mijn vader gaat in het weekend zwemmen. | |
| Mijn kleine broers gaan na school naar het park. | |
| In mijn vrije tijd ga ik klimmen of naar mijn vriend. | |
| **Score** | **/50** |

THE LANGUAGE GYM

**1a. Vertaal de volgende woordgroepen (elk twee punten waard) naar het Duits**

| | |
|---|---|
| als het weer mooi is | |
| als het weer slecht is | |
| als het zonnig is | |
| als het koud is | |
| als het heet is | |
| ik ga skiën | |
| ik speel met mijn vrienden | |
| ik speel schaak | |
| ik ga naar het sportcentrum | |
| ik ga fietsen | |
| **Score** | **/20** |

**1b. Vertaal de volgende zinnen (elk vier punten waard) naar het Duits**

| | |
|---|---|
| Als het weer mooi is, ga ik joggen. | |
| Als het regent, gaan we naar het sportcentrum en doen we krachttraining. | |
| In het weekend maak ik mijn huiswerk en ga ik naar de sportschool. | |
| Als het heet is, gaat ze naar het strand of ze gaat fietsen. | |
| Als de zon schijnt, ga ik met mijn vader joggen. | |
| Als het stormt, blijven we thuis en spelen kaarten. | |
| Als het zonnig is, gaan ze naar het park en spelen voetbal. | |
| In het weekend ga ik met mijn vriendin naar het strand. | |
| Wij doen nooit aan sport. Wij spelen op de computer of kijken televisie. | |
| Als het sneeuwt gaan we naar de bergen en gaan we skiën. | |
| **Score** | **/40** |

**1a. Vertaal de volgende woordgroepen (elk één punt waard) naar het Duits**

| | |
|---|---|
| ik sta op | |
| ik ontbijt | |
| ik eet | |
| ik drink | |
| ik ga naar bed | |
| rond zes uur | |
| ik ontspan me | |
| 's middags | |
| 's nachts | |
| ik maak mijn huiswerk | |
| **Score** | **/10** |

**1b. Vertaal de volgende zinnen (elk drie punten waard) naar het Duits**

| | |
|---|---|
| Tegen 7 uur 's morgens ontbijt ik. | |
| Ik douche en dan kleed ik me aan. | |
| Ik eet en dan poets ik mijn tanden. | |
| Tegen 8 uur 's avonds dineer ik. | |
| Ik ga met de bus naar school. | |
| 's Middags kijk ik televisie. | |
| Ik kom weer thuis om half vijf. | |
| Van 6 tot 7 speel ik op de computer. | |
| Daarna, tegen half twaalf, ga ik naar bed. | |
| Mijn dagverloop is eenvoudig. | |
| **Score** | **/30** |

**1a. Vertaal de volgende woordgroepen (elk één punt waard) naar het Duits**

| | |
|---|---|
| Ik woon ... | |
| in een nieuw huis | |
| in een oud huis | |
| in een klein huis | |
| in een groot huis | |
| op het platteland | |
| in de bergen | |
| in een lelijke appartement | |
| in de buitenwijken | |
| in het stadscentrum | |
| **Score** | **/10** |

**1b. Vertaal de volgende zinnen (elk drie punten waard) naar het Duits**

| | |
|---|---|
| In mijn huis zijn er vier kamers. | |
| Mijn lievelingskamer is de keuken. | |
| Ik ontspan me graag in de woonkamer. | |
| In mijn appartement zijn er zeven kamers. | |
| Mijn ouders wonen in een groot huis. | |
| Mijn oom woont in een klein huis. | |
| Wij wonen in een vrijstaand huis. | |
| Mijn vriend Max woont op een boerderij. | |
| Mijn oom woont in Hamburg. | |
| Mijn ouders en ik wonen in een mooi huis. | |
| **Score** | **/30** |

## 1a. Vertaal de volgende zinnen (elk één punt waard) naar het Duits

| | |
|---|---|
| Ik speel PlayStation. | |
| Ik chat met mijn moeder. | |
| Ik lees tijdschriften. | |
| Ik lees een boek. | |
| Ik kijk een film. | |
| Ik luister naar muziek. | |
| Ik ontspan me. | |
| Ik maak mijn huiswerk. | |
| Ik kijk televisie. | |
| Ik verlaat het huis. | |
| **Score** | **/10** |

## 1b. Vertaal de volgende zinnen (elk drie punten waard) naar het Duits

| | |
|---|---|
| 's Morgens ga ik naar het balkon en ik ontspan me. | |
| Ik ga vaak naar de woonkamer en ik kijk televisie. | |
| Als ik honger heb, ga ik naar de keuken en ik eet iets. | |
| Ik ga nooit naar de kelder omdat het te donker is. | |
| 's Avonds kijk ik series op Netflix. | |
| Ik ontbijt normaal gesproken tegen half acht. | |
| Na school ga ik naar de tuin en ontspan ik me. | |
| Als ik tijd heb, speel ik met mijn broer. | |
| Mijn lievelingskamer is mijn kamer, want het is groot en licht. | |
| Ik kijk soms een film in mijn kamer. | |
| **Score** | **/30** |

**1a. Vertaal de volgende woordgroepen (elk twee punten waard) naar het Duits**

| | |
|---|---|
| ik ga | |
| met mijn familie | |
| naar Duitsland | |
| reizen | |
| we gaan | |
| in een hotel | |
| blijven | |
| Ik ga naar het strand. | |
| Ik ga aan sport doen. | |
| Dat wordt leuk! | |
| **Score** | **/20** |

**1b. Vertaal de volgende zinnen (elk vijf punten waard) naar het Duits**

| | |
|---|---|
| We gaan souvenirs en kleren kopen. | |
| Ik zal een week in een hotel verblijven. | |
| We zullen daar drie weken verblijven en elke dag lekker eten eten. | |
| We gaan elke dag naar het strand en we gaan in de zon liggen. | |
| Deze zomer ga ik met mijn familie naar Italië. | |
| We gaan voor twee weken met het vliegtuig naar Spanje. | |
| Ik zou graag aan sport doen, naar het strand gaan en dansen. | |
| We zullen drie weken in Oostenrijk blijven. We overnachten op een camping. | |
| We zullen in een luxe hotel verblijven en nieuwe mensen ontmoeten. | |
| Dat wordt leuk! Ik kijk er al naar uit! | |
| **Score** | **/50** |

THE LANGUAGE GYM

# Einde

We hopen dat je dit werkboek met plezier hebt gebruikt en dat je het nuttig vond.

Zoals velen van jullie zullen waarderen, is de pinguïn een fantastisch dier. Bij Language Gym beschouwen we het als een symbool van veerkracht, moed en goed humeur; in staat om te gedijen in de moeilijkst mogelijke omgevingen en met, aantoonbaar, de beste tred in het dierenrijk (zwarte panter of pinguïn, jouw keuze).

Er zijn diverse verborgen pinguïns (afbeeldingen) in dit boek. Heb je ze allemaal kunnen vinden?

www.ingramcontent.com/pod-product-compliance
Lightning Source LLC
LaVergne TN
LVHW070951180726
843512LV00017B/1215